발달장애아동
통합치료교육

발달장애아동
통합치료교육

Integrative Therapeutic Education
for Children with Developmental Disorder

박랑규 · 안동현 · 유희정 · 어수지 · 이 솔 · 신혜민 공저

학지사

머리말

우리나라는 1981년 세계장애인의 날을 기념하며 발달장애에 대한 치료교육이 시작되었다. 아이코리아는 1993년 사단법인으로는 최초로 자폐학교인 한국육영학교를 설립하고, 장애아동 통합치료교육기관으로 아동발달교육연구원을 설립하였다.

연구원 설립 이후 장애아동과 적응 문제를 보인 육천여 명의 아동을 진단평가하고 통합치료교육과 부모상담, 전문가 양성, 후원사업, 국가기관사업, 사회공헌사업 등을 지속적으로 해 왔다.

장애아동의 통합치료교육은 미국 하버드대학교에서 시작한 이상적 치료 모델로, 필요성과 효과성은 입증되었으나 여러 학문 분야 전문가들의 지속적인 통합회의 등 시간과 비용의 경제적 측면에서 부담이 보고되었다. 특히 국내에서는 이론적으로 발달적 관점에서 장애아동에 대한 통합적 접근의 필요성은 인식되고 있었으나 현실적으로 실행하기는 어려운 실정이었다.

이러한 어려움에도 불구하고 2009년 국내에서 최초로 한양대학교 정신건강의학과 안동현 교수의 제의로 연구원과 협력체계를 맺고 자폐아동을 대상으로 통합치료교육을 3년간 집중적으로 실시하여 발달 향상을 보인 희망이 되는 사례를 보고하였다(『내일을 기다리는 아이』, 이랑, 2013). 이 책은 초기에 자폐스펙트럼장애로 진단받은 영유아의 부모들에게 치료교육의 기본적 지침이 되고 있다(한국자폐학회 부모용 우수도서상, 2014).

그동안 연구원에서 발전을 보여 준 많은 아동이 있지만 이번에 소개하는 몇몇 사례들은 9년, 7년, 5년간의 장기간 통합치료교육을 받고 적응과 성장 과정을 확실하게 보여 주는 모범적 사례들이다. 『내일을 기다리는 아이』의 주인공은 3년간의 집중치료 이후 6년간의 단기치료와 평가, 상담 등 현재 총 9년간 개입이 지속되었다. 또 하나의 사례는 7년간 가족통합치료를 실시하였으며 초기에 전반적 발달지연에서 경계선지능으로, 현재는 정상발달궤도를 달리며 개별 학습과 부모상담을 지속하고 있다. 그리고 또 하나는 5년 동안 통합치료교육을 받으며 언어발달지연, 경계선지능장애에서 주의장애 약물치료 이후 정상발달을 보인 사례이다. 이는 장기간 한 곳의 치료교육기관을 다니는 부모의 절실한 노력과 기관에 대한 전적인 신뢰를 보여 주는 사례들이다.

가족발달놀이치료의 사례는 1년에서 2년 3개월간의 짧은 기간 동안 부모로 하여금 치료사의 역할을 하도록 교육하여 단기간 치료효과를 가져온 경우이다. 이는 부모의 헌신적이고 적극적인 협조와 역할을 보여 준 가족지원의 모범 사례들이다. 그 외 유치원 협력 교육, 취학 준비 집단 프로그램, 발달장애아동의 약물치료를 소개하고 있다. 1장은 박랑규, 안동현 교수가, 2장은 어수지, 안동현 교수가, 3장, 4장은 신혜민, 유희정 교수가, 5장은 이솔 연구원이, 6장은 이솔, 안동현 교수가, 7장은 어수지, 유희정 교수가, 8장은 안동현 교수가 집필하였다.

이 책의 출판을 계획하게 된 것은 연구원에서 25년 이상 지속된 통합치료교육 시스템의 모범적 사례들을 소개함으로써 부모들에게는 지침과 희망을, 전문가들에게는 효과적인 실제 프로그램을 제공하여 장애아동의 발달관점에서의 최적의 치료교육 프로그램 적용에 도움이 되고자 한 것이다.

이 책의 출판은 치료교육 과정을 공개하도록 허락해 주신 부모님, 열심히 달려온 아동들, 아동들 치료교육에 최선을 다하는 치료사들의 헌신과 노력으로 가능한 것이었다. 이 자리를 빌려 감사의 말씀과 존경의 마음을 전한다. 특히 국내 소아정신건강의학계의 최고의 발달장애전문가이자 개방적이고 수용적 협력으로 아동들의 발달을 위해 의학적 협력을 해 주신 한양대학교 안동현 교수, 분당서울대학교병원 유희정 교수에게 진심으로 감사드린다.

　우리 연구원의 집필자인 언어재활전문가 어수지 연구원, 인지학습전문가 이솔 연구원, 가족발달놀이치료전문가 신혜민 선생님의 노고에도 감사를 드린다. 끝으로 우리 연구원의 발전을 적극적으로 지원하신 아이코리아 김태련 회장님은 이화여자대학교 심리학과 명예교수이시자 저의 은사님으로, 40여 년간 발달장애전문가의 길을 열어 주시고 이끌어 주시어 이 책의 출판이 가능하였다. 이 책에 존경과 깊은 감사를 담는다.

　마지막으로, 이 책이 출판되도록 도움을 주신 학지사 김진환 사장님, 영업부 설승환 차장님, 편집부 박나리 선생님께 감사드린다.

2019년
대표 저자 박랑규 드림

차례

자폐스펙트럼장애아동의
통합치료교육

이 사례는 치료교육, 의학, 유아교육, 가족상담지원 분야의 통합치료교육 모델을 적용하였다.

❦ 통합치료교육 모델이란

통합치료교육은 각 전문가들이 서로 협력하여 진단하고 계획하고 평가한다. 그리고 공동의 욕구와 목표에서의 진보를 가져오기 위해 교육과 치료적 방법들을 통합한다. 특히 장애 영유아에게 전반적 발달을 위한 교육서비스와 장애특성의 다양성으로 여러 관련 치료서비스들이 제공되어야 한다.

통합치료교육은 팀 접근이다. 치료교육적 요구를 위한 다양한 치료적 요구에 맞는 관련서비스를 제공하기 위해 여러 영역 전문가의 상호 협력이 요구되는 접근이다. 팀 접근의 종류는 다학문 접근(multidisciplinary), 상호 간 학문 접근(interdisciplinary), 초학문적 접근(transdisciplinary)으로 분류한다. 다학문 접근은 각 전문가들이 개별적으로 평가하고 교육을 하므로 통합치료교육이 어렵다. 상호 간 학문 접근은 전문가들이 독립적 혹은 상호 협력적으로 평가와 치료계획을 수행하고, 정기적으로 협의하여 다양한 정보교환을 하고 서비스를 조정한다. 팀 구성원 간의 공유를 위한 상호작용 시간의 구조화가 중요하다. 초학문 접근은 전문가들이 개별적이고 특정화된 서비스를 제공하는 것보다 서로 간 협력체계를 구축하는 것을 목표로 한다. 각 전문가들이 정보를 교환하고 역할을 나눈다. 팀 구성원들은 각자의 학문 영역을 서로 교육하고, 훈련하여 학문 간의 경계를 넘어선다.

이 사례에서 실시한 통합치료교육 접근은 상호 간 학문접근과 초학문간 접근을 적용한 통합적, 체계적, 구조화된 시스템이다. 각 전문가들이 평가하고 치료계획을 세우고 진행하며, 정기적인 통합 전문가회의를 실시하여 상호작용 기회를 구조화하고 체계화하였다. 특히 통합 전문가회의 결과는 부모와 후원자가 참여한 상태에서 팀 리더가 보고하였고 전문가와 가족의 협의를 통해 치료교육계획을 조정하였다. 초학문간 접근은, 예를 들면 언어치료사와 놀이치료사가 한 치료실에서 함께 협력하여 개입하는 것으로 치료영역 간 통합치료와 교육현장에서 교사와 치료자와의 통합접근을 통해 전문가 간의 치료교육 방법을 공유하고 공동 목표를 계획하고 실행하였다.

이 사례는 2009년 3월부터 2011년 12월까지 1000일간의 자폐스펙트럼장애아동의 통합치료교육의 기록인『내일을 기다리는 아이』로 출간되었다 (2013, 이랑). 아동의 치료교육에 관한 내용은 책『내일을 기다리는 아이』에 자세히 기술되었으므로, 이 책에서는 중국 귀국 이후 학교의 일반교육을 받으면서 아동이 적응하고 성장해 나가는 과정을 담았다. 아동은 아이코리아 아동발달연구원에서 다년간 통합치료교육을 받은 후 중국으로 귀국하였으며, 중국의 일반 학교에 재학하면서 방학 때마다 한국을 방문하여 단기간 집중 치료교육과 정기적 평가를 하였다. 이 사례에서는 중국에서의 일반교육과 가족지원, 연구원에서의 정기적 평가를 중심으로 서술하였다.

1. 프롤로그

2009년 3월, 자폐스펙트럼장애를 가진 아이를 키우는 특별한 가족을 만났다. 중국의 한 지방에 사는 한국계 중국인 남자아이 4세 민수와 그의 어머니였다. 연구원의 협력병원인 한양대학교병원 안동현 교수가 아동의 치료교육을 의뢰하여 민수와 어머니, 그리고 민수의 한국에서의 치료교육을 전폭적으로 지원한 손준규 사장이 동행하여 연구원에서의 만남이 이루어졌다. 민수는 연령에 비해 큰 키에 말을 거의 하지 못했고 의미 없는 소리를 반복했으며 여기저기 산만하게 돌아다녔다. 비눗방울을 불어 주니 잠깐 관심을 보이는 정도였다.

2. 배경정보

　민수는 만 3세에 입학한 중국유치원에 다닌 지 1주일 만에 유치원 교사가 어머니의 직장으로 전화를 하였다. 유치원 교사는 민수가 말도 늦고 아이들과 놀지 못하며 혼자 돌아다니고, 제지하면 울기만 하고 유치원 적응을 못한다며 더 이상은 돌볼 수 없다고 하였다. 어머니 생각에는 민수가 또래에 비해 말이 늦긴 했으나 집에서는 한국어, 밖에서는 중국어를 사용했기 때문에 말이 늦을 수밖에 없다고 생각했다. 그래서 다양한 아동에 대한 교육 경험이 많은 국제유치원에 아이의 상태를 이야기하고 입학을 시킨 후 안심을 하였다. 그러나 2주 후 유치원에 근무하는 의사로부터 연락이 왔다. 민수의 상태에 대한 전문적 진단이 필요하니 대학 어린이병원 심리과에서 진단을 받으라고 권유한 것이다. 그래서 찾게 된 베이징대학교 의과대학 부속병원에서 민수는 자폐성장애라고 진단받았고, 부모는 절망하였다. 그러나 적극적인 민수 어머니는 민수의 진단에 좌절하지 않고 자폐성장애에 대해 찾을 수 있는 모든 정보를 찾아보고 공부하였다. 부모가 할 수 있는 방법들은 넘쳐났지만 자폐성장애를 치료할 수 있는 명확한 방안이 없었다. 그래서 국제유치원 의사의 조언을 받아 작업치료, 감각운동치료, 언어치료, 행동치료를 실시했으나 치료방법들을 신뢰하기 어려웠다. 결국 한국에서 진단을 다시 받기로 결정하였다. 지인의 소개로 가게 된 한양대학교병원 안동현 교수에게서 진단을 받고 우리 연구원에서 통합치료교육을 권유받았다. 민수에게 시행된 통합치료교육은 안동현 교수의 약물치료와 정기적 검진, 연구원에서의 아동을 위한 맞춤형 치료교육, 어린이집에서의 장애통합 교육 프로그램으로 민수만을 위한 치료가 통합적·집중적으로 이루어졌다.

3. 치료적 접근

1) 의학적 접근

민수는 정확하게 10년 전인 2008년 8월, 만 3세가 조금 넘어 중국에서 아는 분을 통해 의뢰가 왔다. 당시 '말이 늦고, 아이들과 잘 어울리지를 못한다.'고 하여 중국의 톈진, 베이징의 병원을 찾아가 진료를 받았는데, 더 정확한 진단과 치료 방법을 알아보기 위해 백방으로 노력하던 중 지인을 통해 한양대학교병원을 찾아오게 되었다. 처음 병원을 찾았을 때 언어는 물론 눈 맞춤, 제스처, 가리키기, 지시 따르기 등 사회적 상호작용이 거의 이루어지지 않았으며 매우 산만하여 소리를 지르고 놀이치료실을 뛰어다니기에 정신없었다. 당시 중국의 발달장애, 특히 자폐성장애아동에 대한 의료 및 치료, 교육 수준이 매우 열악하다고 판단하여 한국에서의 치료를 권유하였다. 민수는 한국계 중국인으로 국적이 중국이라 오랜 기간 한국에 체류할 수가 없어 치료를 받기 위한 법적 절차가 진행되었다. 다행히 주중 대사관 등 관련 기관의 배려로 최초의 장기 체류가 가능한 치료목적 비자 발급 1호가 되었다. 그 뿐 아니라 어머니, 할머니도 함께 와서 생활할 수 있도록 장기 체류비자 발급이 이루어졌다. 이러한 수속으로 수개월을 보낸 후 민수는 2009년 3월 드디어 한국에 오게 되었다. 그 사이 부모 코칭을 통한 가정 내 교육이 상당한 정도로 이루어졌고, 아이코리아 아동발달연구원과 미리 아이에 대한 치료교육 프로그램을 세워 바로 시작할 수 있었다. 우선 1년을 목표로 시작한 치료교육은 결국 3년이 되었고, 이 과정에서 연구원에서는 모범적인 상호 간 접근(interdisciplinary team approach)을 수행할 수 있었다. 이 과정을 상세하게 정리한 책이 『내일을 기다리는 아이』라는 제목으로 2013년 출간되었다.

민수는 자폐성장애아동이다. 예전에는 자폐장애와 ADHD는 함께 진단할 수 없는 것으로 간주되었고, 자폐성장애아동에게 ADHD 치료에 처방하는 약물의 사용은 금기로 여겨졌었다. 하지만 민수 사례에서 보다시피 자폐성 장애아동들 가운데 ADHD를 공병(comorbidity)으로 함께하는 아동들이 주목받으며 이에 대한 연구가 진척되었고, 현재는 자폐성장애와 ADHD가 동시에 진단이 내려질 수 있게 되었다. 따라서 당연히 ADHD 치료약물도 처방이 가능해졌다. 현재까지 약 10여 년을 약을 먹고 있어 걱정들을 하지만 다행히 별다른 부작용은 관찰되지 않고 있다. 가끔 아이도 '언제까지 약을 먹는 거야?' 하면서 약 복용을 싫어하기도 하지만 경과를 관찰하기 위해 약을 중단하고 난 후에 겪는 어려움을 본인이 알게 되면서 그런 말은 줄어들었다. 의학지식이 부족했던 수십 년 전에는 이 약이 사춘기가 될 때까지만 먹는 것으로 이해되었지만, 현재는 필요하면 성인들도 처방받는 약이 되었다시피 필요할 때까지 지속적으로 복용할 수 있다.

민수는 처음 병원을 방문했을 때가 3세 4개월이었는데, 처음 만났을 때부터 매우 산만했고, 거의 착석이 되지 못했으며 상호작용이 되지 않았다. 하지만 당시 중국에 거주하고 있었고 여러 가지 여건으로 바로 약물치료가 시행되지는 않았다. 그러던 중 여건이 갖추어져 6개월이 지난 3세 11개월이 되었을 때 메타데이트-씨디(Metadate-CD) 10mg을 복용하기 시작하였다(당시 몸무게 21kg). 2주 후 외래 진료 차 왔을 때, 의자에 비교적 차분히 앉아 있을 수 있었고, 자동차를 쭉 늘어놓고 놀이를 할 수 있었다. 진료가 끝나고 '가자.'고 하는 지시에 어느 정도 따랐고, 엄마와 함께 장난감을 정리하는 것을 도와주었다.

이후 약 용량을 15mg에서 유지하면서 치료교육을 받기 시작하였다. 2~3개월이 지나면서 치료실에 들어가는 데 보였던 거부감도 줄고, 손가락을 입에 가져가던 행동도 일부 줄었으며, 급속도로 상호작용이 늘기 시작하였다. "안녕"에 반응하여 "아~~" 정도로 따라 하려 했고, 악수하자고 하자 2~3번 시도했을 때 겨우 손 내미는 정도지만 반응을 적절하게 보이기 시작했다.

이후의 과정에 대해서는 앞서 소개한 책 『내일을 기다리는 아이』에 자세히 적어 놓았다. 연구원에서 언어치료, 놀이치료 등 다양한 치료가 시행되면서 유치원에 입학하여 교사들과 함께 아이의 치료 목표에 대해 정기적으로 의견을 나누어 조율해 나갔다. 이것은 정기적인 사례회의를 통해 이루어졌고, 이때는 병원에서 치료를 담당한 안동현 교수, 연구원 박랑규 원장, 어린이집 원장, 그리고 관련된 모든 치료사가 가능한 한 모여 그동안 치료 과정 및 경과를 나누고 문제점 등을 논의하였으며, 다음 회의까지의 목표를 구체적으로 설정하여 각각의 역할을 명확하게 하였다. 그다음 민수 어머니와 함께하는 후원자 분이 참석하여 의견을 나눈 다음 최종적으로 목표와 역할 등에 대해 확정하였다. 이러한 회의는 3년 동안 정기적 · 지속적으로 수행되었다.

사실 이런 과정은 이상적으로는 모든 치료교육기관에서 시행되는 것이 바람직하지만 현실적으로는 거의 대부분 시행하고 있지 못하는 것이 사실이다. 치료교육을 받고 있는 아이를 중심으로 관련한 부모를 포함하여 치료사, 교사, 의사, 심지어 활동보조인까지도 함께 문제점이나 변화에 대해 의견을 나누고 목표와 역할에 대해 점검하는 것은 가장 이상적이고 바람직한 방법이다. 민수는 다행히 이런 혜택을 누릴 수 있었지만, 많은 경우 이렇게 되지 못하고 있어 아쉽다. 민수는 2012년 초 중국으로 돌아가 3월에 초등학교에 입학을 하였다. 2018년 8월 초등학교를 졸업하고 중학교에 입학하였는데, 친구들과도 비교적 잘 지내고 의사소통도 상당한 진전이 있어 억양이나 표현에서 다소 어려움이 있지만 일상생활에서는 상당히 유창하게 하고 있다. 참고로 한어(중국어) 80점, 어문(한글) 60점, 수학 55점, 영어 75점을 받았다. 현재는 메디키넷(Medikinet) 45~50mg과 필요할 때 속방형(약효가 짧은 약)인 페니드(Penid) 10mg을 복용하면서 지내고 있다. 현재 체중 53kg, 키 163cm로 그 학교에서 비교적 큰 축에 들어, 약 10년 가까이 약을 복용하고 있지만 성장에는 별다른 지장을 보이지 않고 있다. 2016년 방학 기간 동안 한 달 이상 약을 중단하고 약을 먹을 때와 먹지 않을 때를 비교하였는데, 아직 약을 끊었을 때 집중력이 너무 떨어져 이후 현재까지 지속적으로 다시 복용 중이다. 아마 앞으로도 몇 년간 약을 복용해야 할 것으로 생각된다.

2) 치료교육 접근

(1) 한국에서의 통합치료교육

민수에 대한 치료적 개입은 아동통합치료교육과 가족지원 · 학교지원 · 의학지원의 협력적 통합적 지원체계로 이루어졌다. 구체적으로 살펴보면 통합전문가회의에서 결정한 대로 한양대학교병원 안동현 교수의 의학적 진단과 약물치료, 아이코리아 아동발달연구원에서의 언어치료 · 놀이치료 · 음악치료 · 미술치료 · 행동치료 · 인지학습치료 등 치료교육과 어머니 개인 상담과 부모교육, 그리고 아이코리아 장애통합 어린이집에서 일반아동들과의 통합유아교육이 이루어졌다. 각 분야의 전문가들이 삼위일체가 되어 민수를 위한 치료교육을 진행한 것이다. 특히 각 분야의 전문가들이 정기적인 통합전문가회의를 거쳐 민수의 치료교육 과정을 보고하고 통합치료교육 계획을 세웠으며 최선의 치료방법을 논의하였다.

① 통합치료교육모델

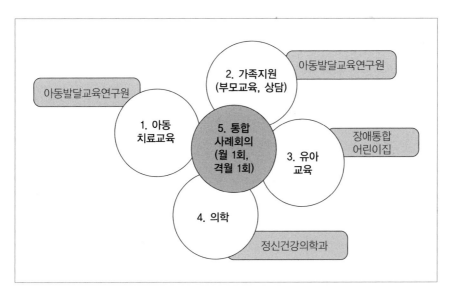

[그림 1-1] 통합치료교육상담: 2009. 3.~2012. 2. (3세 11개월~6세 10개월)

아동의 통합치료를 네 분야로 나누어 살펴보면 다음과 같다. 첫째, 연구원에서 이루어진 아동치료교육은 다음에 기술한 치료교육 부분에서 자세히 설명하였다. 둘째, 연구원에서 진행된 가족지원은 2009년부터 2012년까지 가족언어치료, 가족발달놀이치료, 가족심리행동치료, 모래놀이치료, 양육 상담 및 코칭으로 이루어졌다. 셋째, 유아교육은 어린이집에서 진행되었으며 2009년부터 2011년까지는 특수교사와 보조교사가 있는 통합반에서, 2011년부터 2012년까지는 일반반에서 이루어졌다. 넷째, 의학적 접근은 대학병원 정신건강의학과에서 2009년부터 2012년까지 약물치료와 정기검진 방식으로 진행되었다. 이와 같은 통합치료교육 접근은 통합전문가 사례회의를 통해 체계적으로 진행될 수 있었다. 통합전문가회의팀은 다학문 치료사, 부모상담가, 정신건강의학전문의, 어린이집 원장, 부모로 이루어졌으며 2009년부터 2012년까지 진행되었다. 민수가 중국으로 귀국한 2012년 이후에도 연구원과 끊임없는 교류와 피드백을 통해 아동의 발달을 도왔다. 민수가 중국의 유치원과 초등학교에 입학하여 학교생활을 할 때에는 이메일과 SNS를 사용하여 피드백을 주고받았고 방학이 시작되면 민수와 어머니가 한국으로 와서 연구원에서 단기간 치료교육을 받으며 추후 회기를 진행하였다. 민수가 초등학교 1학년 방학 때에는 연구원에서 언어치료 · 놀이치료 · 학습지원을, 초등학교 2학년 방학 때에는 놀이치료 · 미술치료 · 언어치료 · 인지기능평가를, 초등학교 3학년 방학 때에는 언어치료 · 학습지원 · 학습평가를 받았다. 이와 같은 지속적인 추후회기는 아동이 귀국 후에도 일반 학교에서 적응적으로 생활하는 데 큰 도움이 되었다.

통합전문가회의란

통합전문가회의는 자폐스펙트럼장애에 대한 치료방법을 연구한 하버드대학교 의과대학을 비롯하여 많은 자폐스펙트럼장애 치료연구소가 치료의 가장 이상적인 모델로 제안한 것으로, 지금까지 개별적으로 진행되었던 치료교육과 의학적 치료 및 유아교육을 통합하는 것이다. 민수의 경우, 아이코리아 아동발달연구원과 한양대학교 의과대학 정신건강의학과, 그리고 아이코리아 버들어린이집이 협력하여 각 분야의 전문가들이 정기적으로 통합전문가회의를 진행하였다.

이러한 통합적 접근을 위한 전문가회의는 의학·유아교육·치료교육 각 영역의 모든 전문가가 모여 회의한 후 이를 보호자에게 설명하고 동의를 구하는 절차를 밟는다. 그리고 아동의 상태를 공유하고 공유된 자료를 바탕으로 치료계획을 세워 실행한다. 이러한 접근은 장기적으로 지속할 경우 큰 효과를 얻을 수 있지만 시간과 비용이 많이 들기 때문에 현실적으로 실현되기 어렵다는 단점이 있다.

② 치료교육

본 연구원에서 실시한 치료교육에 관한 내용은 [그림 1-2]와 같다.

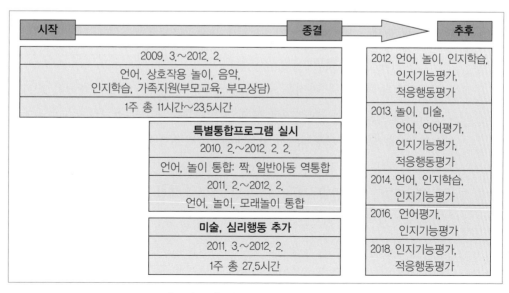

[그림 1-2] 연도별 치료교육 진행 내용

치료교육을 영역별로 살펴보면 다음과 같다. '언어발달'을 위해서는 치료 초기, 발화가 어려웠던 민수의 의사소통 발달을 목적으로 구조화된 언어치료를 주 2회에서 주 5회까지 집중적으로 실시하였다. '사회적 상호작용 증진'을 위해서 구조화된 상호작용 놀이치료 · 짝치료, 방학에는 중국에 사는 사촌 여동생과의 역통합치료, 치료후기에는 어린이집 친구와의 역통합치료로 치료효과의 일반화가 이루어지도록 하였다. '행동 문제'의 중재를 위해 행동치료가 시행되었으며, 민수가 보이는 행동 문제에 대한 적극적인 응용행동분석(ABA) 프로그램을 실시하였다. '학습지원'에서는 민수가 글자에 관심을 보이면서 언어치료에서도 글자를 활용하였으며 읽기 · 쓰기 · 산수에 대한 학습을 집중적으로 실시하였다. '표현예술치료'는 음악치료 · 미술치료와 같은 매체를 사용한 것으로 민수가 부정적인 감정을 해소하고 정서적으로 안정될 수 있도록 도왔다. 민수가 좋아하는 기차 그리기와 같은 그림 그리기를 통한 의사소통과 관계 형성이 이루어졌다. '부모교육과 개인상담' 영역에서는 어머니에게 민수와 할 수 있는 놀이방법 · 양육방법을 직접 모델링하여 교육하였다. 어머니에 대한 개인상담은 지속적으로 이루어졌으며 모래놀이상담이 전문적으로 실시되었다.

③ 치료 경과와 결과

민수의 치료교육 과정을 구분하면 1차는 한국에서의 2008년에서 2011년까지의 3년, 2차는 중국 귀국 이후 2012년부터 2017년까지의 5년의 과정이다. 민수가 우리 연구원에서 만 4세에서 7세까지 치료교육을 받으며 평가받은 결과와, 중국 유치원에 입학한 후부터 현재 중국 초등학교 6학년까지의 언어발달 · 인지발달 · 적응행동발달 영역에 대한 평가를 통해 아동의 전반적 발달경과를 살펴보았다. 또한 그림을 통한 발달을 보았다.

먼저, 언어발달을 살펴보면 2009년 만 3세 민수는 산만하고 반응을 보이지 않아서 언어평가는 불가능하였다. 부모 보고로 아동의 언어수준을 평가하는 영 · 유아 언어발달 검사(SELSI)에서 민수의 수용언어 수준은 17개월,

표현언어 수준은 14개월 수준으로 평가되었고 조음평가는 시행하기 어려웠다. 2011년 만 5세, 착석 및 지시 따르기가 가능해진 민수에게 취학 전 아동의 수용언어 및 표현언어 발달척도(PRES) 검사를 실시하였다. 그 결과 민수의 수용언어는 32개월, 표현언어도 32개월, 낱말 수준의 조음평가에서 자음 정확도는 약 91%였다. 2013년 만 7세 취학 전 실시한 수용언어 및 표현언어 발달척도(PRES) 검사 결과, 민수의 수용언어는 56개월, 표현언어는 41개월, 조음평가 낱말 수준에서 자음 정확도는 100%, 문장 수준의 자음 정확도는 약 98%였다.

검사 결과를 요약하면, 민수는 치료 중기 이후 언어발달이 크게 향상되었음을 알 수 있었다. 표현언어는 꾸준하게 발전했는데 수용언어는 보다 큰 발달을 보였다. 특히 민수의 조음능력은 눈에 띄게 향상되었다. 또한 민수는 객관적인 평가결과보다 실제 의사소통 능력이 더 좋은 편이었다. 그 이유는 민수가 생활연령이 높고 다양한 경험과 교육을 통해 적절한 단서를 파악할 수 있었으며, 읽고 쓰기가 가능했기 때문으로 보였다.

중국으로 돌아간 뒤, 중국 학교에서 일반교육을 받으며 실시한 언어발달 결과는 다음과 같다. 2014년 초등학교 2학년 민수의 수용표현 어휘력 검사(REVT)결과, 수용 어휘력은 4세 6개월에서 4세 11개월, 표현 어휘력은 4세에서 4세 5개월로 발달지체 수준인 것으로 나타났다. 민수의 수용언어 및 표현언어 발달척도(PRES) 검사 결과, 수용언어 · 표현언어 발달연령은 모두 4세 7개월에서 5세로 언어발달연령이 생활연령보다 2년 이상 낮은 언어발달 지체인 것으로 나타났다. 구문의미 이해력검사(KOSECT)를 실시한 결과, 민수의 문장 이해력은 9% 수준으로 또래에 비해 낮은 수준이었다. 2016년 초등학교 4학년 민수의 수용표현 어휘력검사(REVT) 결과, 수용 어휘력은 7세, 표현 어휘력은 5세 수준으로 평가되었다. 구문의미 이해력검사(KOSECT)를 실시한 결과, 2014년과 같은 9% 수준이었다.

요약하면, 민수는 2014년 언어평가와 비교 시 전반적으로 언어수준이 향상되었으나 또래아동에 비해 수용 및 표현어휘력이 많이 낮은 것으로 나타났다. 이후의 언어발달평가는 중국어와 혼용 언어로 실시하지 않았으나, 발음이 정확하고 일상생활에서 화용적 능력의 발달을 보였다.

인지발달을 살펴보면, 민수가 연구원에 처음 왔던 2008년 만 2세 때에는 검사의 실시조차 어려웠지만, 2011년 만 5세가 되어서는 오랜 시간이 소요되는 검사를 의젓하게 받을 수 있을 정도로 발달이 이루어졌다. 하지만 전 영역을 검사하기는 어려워서 유아용 웩슬러 지능검사 항목인 언어성·동작성 검사 중에서 동작성 검사만 수행하였다. 검사 결과, 민수는 동작성 지능지수 63으로 지적장애 수준으로 평가되었다. 2012년 만 6세에 실시한 유아용 웩슬러 지능검사에서는 전체 지능지수 65, 언어성 지능지수 53, 동작성 지능지수 76으로, 동작성 지능이 크게 향상되었다는 것을 알 수 있었다. 2011년 결과를 비교해 보았을 때 민수의 인지기능은 전 영역에서 향상되고 있었다.

중국으로 돌아간 뒤, 치료개입이 전혀 없이 일반교육을 받으며 2년마다 실시한 인지발달 결과는 다음과 같다. 2014년 초등학교 2학년 민수의 아동용 웩슬러 지능검사 III 결과는 전체지능지수 50, 언어성 지능지수 46, 동작성 지능지수 65로 경도 지적장애 수준으로 나타났다. 그러나 지능검사상의 지능은 또래들의 발달에 대한 상대적 지수인 바, 이를 인지적 능력이 떨어졌다고 하기보다는 또래들 간의 발달 간격이 커지고 있는 것으로 보았다. 2016년 초등학교 4학년 민수의 아동용 웩슬러 지능검사 결과는 전체 지능지수 68, 언어성 지능지수 66, 동작성 지능지수 77로 경도 지적장애 수준으로 이전 검사에 비해 점수가 유의미하게 향상되었으며, 사회 및 학습 환경에의 반복적 노출과 경험 때문인 것으로 짐작되었다. 특히 지각추론 능력, 단순과제 숙달 능력, 사칙 연산 능력과 사물의 공통성을 추론하는 능력은 또래와 유사한 수준인 것으로 평가되었다. 2018년 초등학교 6학년 민수의 아동용 웩슬러 지능검사 IV 결과는 전체 지능지수 59로, 이전 검사 결과와 유사하나 중국어와 한국어의 혼용으로 학습 관련 소검사에서의 수행 수준이 유의미하게 저하되어 연령 증가에 따라 학업적인 측면에서 또래들과의 차이가 큰 것으로 나타났다.

요약하면, 민수의 인지발달은 검사 때마다 변화가 있었는데 이는 연령 증가에 따른 또래와의 발달 수준 차이 때문인 것으로 생각되었다.

민수의 적응행동발달을 살펴보면, 2009년 만 3세 바인랜드 적응행동 평가(VABS)에서 의사소통은 1세에서 1세 6개월, 일상생활기술은 3세에서 3세 6개월, 사회화는 1세에서 1세 6개월로 나타났다. 2011년 만 5세 바인랜드 적응행동 평가(VABS)에서는 일상생활 기술이 4세 3개월로, 언어를 사용하지 않는 습관적이고 반복적인 행동기술에서는 빠른 발달을 보여 주고 있었다. 그러나 의사소통기술은 2세 3개월, 대인관계와 놀이기술로 평가되는 사회화 능력은 3세에 미치지 못했다. 취학을 앞둔 2013년 만 7세 때 실시한 바인랜드 적응행동 평가(VABS)에서는 의사소통능력이 5세 9개월, 일상생활기술은 7세 3개월, 사회화는 5세 3개월 수준인 것으로 나타났다. 대부분의 기능이 유지 혹은 향상된 결과를 보였는데, 특히 의사소통 영역에서의 향상이 두드러졌다.

최근인 2018년 초등학교 6학년 때 실시한 바인랜드 적응행동 평가(VABS)에서는 민수의 의사소통이 12세, 일상생활기술이 9세 3개월, 사회화는 7세 3개월 수준인 것으로 나타났다.

요약하면, 민수의 적응행동발달은 대부분의 영역에서 꾸준한 향상이 이루어졌으며, 특히 의사소통 영역의 향상이 두드러져 현재의 연령에 가장 근접한 수준으로 발달하였다.

종합하면, 민수는 지적인 능력에 한계를 가지고 있지만 언어적 의사소통 능력과 사회적 적응능력은 현저히 향상되어 학교 및 일상생활에서 연령에 적합한 적응적인 발달을 하고 있다고 평가되었다.

④ 그림 발달

한국에서 치료교육을 받은 기간 중 2009년 3월에서 2012년 2월까지, 중국으로 귀국하여 일반교육을 받은 기간 중 2012년에서 2015년까지 아동의 그림에서 심리·정서적 발달이 나타났다.

○ 집 그림

2011년 1월

2012년 2월

2015년 2월

○ 사람 그림

2011년 1월   2012년 6월

2015년 2월

○ 기차 그림

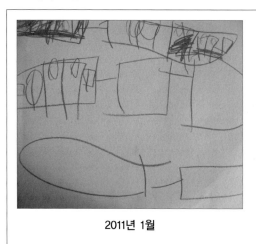

2011년 1월

2013년 1월

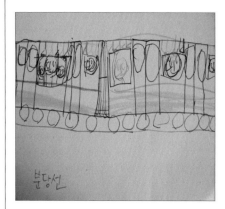

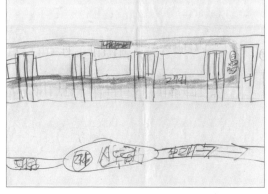

2015년 2월

(2) 중국에서의 학교 적응과 성장

민수는 3년간의 치료교육을 끝내고 2012년 2월, 유치원 입학을 위해 중국으로 귀국하였다. 치료환경이 열악한 중국으로 돌아가며 어머니는 공항에서 울면서 떠났을 정도로 아쉬워하였다. 중국으로 돌아간 민수는 매 학기 여름 방학, 겨울 방학 기간에 한국을 방문하여 의학적 진단과 약물치료, 우리 연구원에서 단기간 집중치료와 평가를 지속적으로 받았으며 이를 기초로 중국에서 개별지도가 이루어졌다. 또한 연구원 치료사들과 지속적으로 SNS, 이메일 등을 통한 지도와 상담을 받았다. 이러한 정기적 방문은 민수와 어머니에게는 1년을 지낼 수 있는 힘이 되었고, 방학 때마다 한국을 방문하는 것이 어머니와 아들에게는 최대의 행복이었다.

우리 연구원에서는 중국 교육기관에서 교사들이 아동과 치료에 대한 이해를 할 수 있도록 그동안 연구원에서 행했던 치료방법을 기록하고 촬영한 CD를 준비하였고 이는 교사가 아동을 교육하는 데 도움이 되었다.

중국에서 처음 다녔던 유치원은 아는 사람을 따라 입학하여 1학기를 무사히 다녔다. 그러나 초등학교 입학 전 교장선생님과의 면담에서 특수반이 없고 아이가 스트레스를 많이 받을 수 있으며 또한 문제가 생기면 책임을 져야 한다는 이유로 입학 거부를 당하였다. 민수 어머니는 모든 책임을 지겠다고 서약을 하였으며 교육청 관계자가 나선 후에야 간신히 입학을 할 수 있었다.

민수는 2012년 9월 한국계 초등학교에 입학하였는데 입학 후 민수가 친구 책을 버린다거나 친구의 물건을 만지는 등 여러 가지 문제행동을 보였다. 민수는 좋아하는 친구인 정훈이를 무작정 따라다니곤 하였는데 정훈이는 민수가 자신을 괴롭힌다고 생각하여 정훈이의 할머니가 민수 어머니에게 크게 화를 낸 적이 있었다. 그런데 어느 날 정훈이가 계단에서 미는 바람에 민수가 크게 다쳐 여섯 바늘이나 꿰매는 사고가 일어났다. 복도에서 이 상황을 본 친구들이 정훈이가 민수를 밀었다고 담임교사에게 알렸으나 교장은 민수의 충동성을 의심하였다. 민수 어머니는 너무 억울하고 답답하였으나 다행히도 이후 교장이 바뀌었다. 어머니는 민수가 학교생활 적응을 잘하기 위해서는 열심히 공부를 해야 한다고 생각했다. 그래서 모든 과목을 외울 수 있게 열심히 공부를 시켜 중간고사에서는 전 과목 90점 이상을 받았다.

2학년에 들어서 민수는 수학공부를 힘들어했지만 안 한다고 하지 않고 잘 따라왔으며, 중국어 배우기를 좋아하고 혼자서 준비물을 챙기고 알림장을 쓰는 등 학교생활을 잘해 나갔다. 친구들을 집에 초대해서 어울리기도 하고 일주일에 두 번씩 혼자서 수영장에도 다녀왔으며 탁구도 배웠다. 주변에서 운동선수를 시키라고 할 정도로 열심히 하였다.

4학년이 되어 담임교사가 바뀌었는데 나이가 드신 분이라 공부에 대한 강조가 심하여 민수는 스트레스를 받았지만 열심히 학교에 다녔다. 학교에서는 매일 시험을 보았는데, 시험을 잘 본 날은 엄마를 보자마자 자랑을 하고 그렇지 않은 날은 시험 보았다는 말도 안 했다. 민수에게 이런 융통성이 생기다니, 정말 놀라운 일이었다. 담임교사는 부모 채팅방에 아이들 성적을 올려놓고 성적이 낮은 아이들은 과외를 시키거나 집에서 공부를 시키라고 닦달하였기 때문에 민수 어머니는 집에서 공부를 가르치기 시작했다. 민수는 특히 수학을 어려워하여 각도기로 각을 재는 방법을 가르쳤는데 전혀 이해하지 못해서 그만두었다. 민수는 각도기만 보아도 소름 끼치게 싫어했다. 그러나 두 자리 곱하기 계산은 아주 잘했다.

민수는 처음 접하는 개념은 배우기 힘들어했는데 시간이 어느 정도 지나서 다시 물어보면 처음보다는 조금 나아져 있었다. 영어는 재미있어하나 문제를 이해하지 못해서 독해문제를 힘들어하였다. 중국어 역시 재미있어하는 편이었지만 영어와 마찬가지로 독해를 힘들어하였다. 그래서 어머니는 방학때 상해에 살고 있는 사촌들을 만나게 해 민수가 중국어를 할 수 있는 기회를 만들었다. 사촌들은 중국어만 할 수 있어서 중국어로만 말할 수밖에 없었다. 방학이 끝나고 민수는 교사가 놀랄 정도로 중국어가 늘었다. 민수 어머니는 이러한 경험을 통해 언어적 환경이 중요함을 알았다. 중국에 살기 때문에 중국어 교육이 중요하지만 어머니는 민수가 한국어를 잊어버리지 않았으면 했다. 민수는 집에서는 중국 TV 방송보다는 한국 TV 방송을 즐겨 보곤 했다. 어릴 때 한국어를 배워서 익숙한 것이었다. 어머니는 민수가 한국어 공부도 할 겸 한국 방송을 틀어 주었다.

민수는 학교생활에 필요한 준비물 등은 잘 챙겼으나 공부 내용에 주관식이 많아지자 어머니도 가르치기 힘들 정도로 어려워하였다. 그래도 겨울 방학에 한국에 가서 레고를 마음대로 사는 게 꿈이라고 겨울 방학을 손꼽아 기다렸다. 4학년 기말 시험에서 60점을 목표로 열심히 공부하였다. 국어 48점, 수학 61점, 중국어 90점, 영어 82점으로 4학년 과정을 무사히 마쳤다. 어머니는 민수가 어려운 공부를 잘 따라와 주어서 정말 고마웠다. 사실 마음속으로는 실망도 하고 장래에 무엇을 시켜야 하나 고민도 많았지만 그래도 이 정도면 잘했다고 생각했다. 중국에 귀국하면서 '그래. 공부 못해도 돼.'라고 생각했던 첫 마음을 떠올렸다. 그리고 '꼴찌도 아니고 뒤에서 4등이나 하는데!' 하며 스스로 위로하였다. 방학에 연구원 학습 선생님이 추천한 기탄 국어 E단계를 하려고 계획도 하였고 민수가 앞으로 더 잘할 거라고 긍정적으로 생각하였다.

민수에게는 조금씩 놀라운 변화들이 나타났다. 어느 날, 민수가 학교 외부 활동을 하러 나갈 때 용돈을 주었더니 매점에 가서 과자와 음료수를 사 먹은 적이 있었다. 이후 자주 돈을 달라고 요구하였다. 민수는 사 먹고 싶은 것의 금액을 미리 계산해서 돈을 딱 맞추어 가지고 나갔다. 거스름돈 계산은 아직 안 되지만 매점에서 먹고 싶은 것을 스스로 살 수 있게 된 것이 대견하였다. 이제는 공부하기 싫으면 용돈을 달라고 하여 마트에 불량식품을 사 먹으러 갈 수 있게 된 민수, 그 변화가 놀랍고 기특하게만 느껴졌다.

4. 향후 계획

민수는 초등학교 6학년 겨울 방학 동안 가족과 함께 한국에 방문하였다. 해마다 정기적으로 하는 검진과 평가를 위한 일정이었다. 방문한 시간 동안

의학적 검진과 약물치료, 연구원에서 실시한 심리평가 · 학습평가 · 적응행동평가를 하였다. 민수는 지난해에 비해 키가 훌쩍 컸고 한국어로 자발적이고 자연스러운 대화가 가능했으며 발음이 정확해졌다. 학교에서 배우는 중국어를 잘하고 좋아하며 개인교습도 받고 있었다. 감정표현도 풍부해졌고 타인에 대한 관심도 많아졌다. 예전에 자신을 치료해 주었던 언어 선생님과 놀이 선생님을 찾고, 후원자인 손 사장이 병원에 입원하여 환자복을 입은 것을 보고 불쌍하다고 하는 등, 제일 어려운 내면 감정도 표현할 수 있게 되었다. 민수의 변화에 감동하였으나 아버지가 병원에서 건강검진을 위해 환자복을 입은 모습을 보았을 때에도 불쌍하다고 했다니 아직은 민수의 한계를 절감할 수밖에 없었다.

민수는 중국에서 초등학교 6학년 생활에 잘 적응하고 있다. 학급친구들은 5년 동안 함께 지낸 민수를 이해하고 잘 도와준다. 민수는 칠판에 써 주는 숙제는 잘 베껴 오지만, 구두로 지시하는 것은 잘 잊어버려서 담임교사가 단체 채팅방에 올려놓은 목록을 보고 어머니가 준비물을 챙겨 주고 있다. 그런데 최근에 다른 엄마를 통해 민수가 숙제를 하지 않았던 것을 알게 되었다. 민수가 하기 싫은 읽기 숙제는 아예 써 오지 않은 것이었다. 어머니는 화가 났지만 민수가 이런 융통성을 발휘한 것에 새삼 놀랐다. 이후 읽기 숙제는 읽는 모습을 스마트폰으로 촬영하여 선생님께 보내고 있다.

민수는 학교생활에 어려운 점은 없지만 수학과 글짓기가 부진하다. 중국어 과목은 학원도 다니고 아이 스스로 관심을 보이는 분야라 잘하고 있다. 학교에서는 수업 시간에 한국어를 사용하지만 쉬는 시간에는 모든 아이가 중국어를 사용하고, 민수가 좋아하는 만화책도 중국어 만화책이어서 중국어 실력은 점점 향상되고 있다. 그러나 한국어는 점점 잊어버리는 것 같아서 어머니는 우려가 크다.

중국은 학생 성적에 따라 교사 성과급이 지급되는 방식이어서 모든 교사가 민수를 공부시키라는 전화를 하여 어머니는 항상 부담을 갖고 있다. 학교에서 보는 시험은 모두 어머니가 가르친다. 글짓기는 시험 보기 전에 모두 외

우게 해서 시험을 본다. 기특하게도 민수가 시키면 열심히 따라오니 어머니는 앞으로도 꾸준히 가르쳐야겠다고 생각하고 있다. 민수는 학교 활동에도 잘 참여하고 있다. 최근에 시청에서 주관하는 집체무(집단체조) 표현이 있었는데 500명이 참가하는 활동이었다. 민수는 한 달간 연습하여 큰 실수 없이 잘 마쳤다. 담임교사는 민수가 잘 알아듣지 못하는데도 땀을 뻘뻘 흘리면서 열심히 하려고 하기 때문에 학교에서 열리는 모든 활동에 참여시키려고 한다. 민수는 학교 대표로 검열시합에 나간 적도 있었는데 시합 후 사진 속의 민수는 긴장하여 어깨가 한껏 올라간 안타까운 모습이었으나 기특하게도 무사히 잘 끝마쳤다. 민수는 이렇듯 중국에서의 학교생활에 잘 적응하고 있다.

민수는 집에서의 생활도 잘하고 있다. 평일에는 주로 숙제를 하고 레고를 만들며 지내는데, 주말에는 아이패드로 게임을 하다 보니 시력이 나빠져 안경을 착용한다. 그 외에도 중국어 학원에 다니고 수영장에 다닌다.

2014년, 민수가 초등학교 3학년 때 가족 내 큰 변화가 있었다. 남동생 민석이가 출생한 것이다. 어머니가 임신한 후에 민수에게 동생이 있으면 좋겠는지 물어보니, 남동생이 있으면 좋겠다고 대답하였다. 그러나 동생이 출생한 날 병원에 와서 누워 있는 엄마 이불을 젖히고 상처를 살펴보더니 아기는 쳐다보지도 않았다. 엄마 몸에서 피가 나온 것을 보고는 충격을 받았는지 아기는 절대 싫다고 하였다. 남동생이 크면서 자신이 만든 레고를 부수거나 물건을 가져가자, 부모가 안 볼 때 동생을 살짝 때리더니 지금은 정말 화가 나면 부모가 보는 앞에서도 동생을 한 대씩 때리기도 한다. 하지만 이모가 동생 데려간다고 하면 절대로 안 된다고 하고, 학교 갔다 오면 동생부터 챙겨서 어머니는 민수가 대견하고 기특하다. 어머니는 둘째 아이를 낳기 전, 주변에서 민수 동생을 낳으라고 하면 민수를 포기하라는 말로 들려서 무척 서운했었다. 그러다 민수가 어느 정도 말도 하고 학교도 적응을 하자, 둘째를 가질 생각을 하게 되었다. 민수에게 많은 자산을 남겨 주는 것보다 형제가 필요하다고 생각했기 때문이었다. 지금도 솔직히 민수 키우는 것만으로도 힘이 들지만 둘째 아이를 낳고 나서 가족관계가 더욱 돈독해졌다. 사실 어머니는 둘째를 임신하면서 얼마나 불안했는지 모른다. 어머니는 무신론자임에도 매일 건강한 아기를 원하는 기도를 했다. 현재 동생 민석이는 다섯 살인데 말도 잘하고 야무지고 애교도 많아 정말 행복하다. 다만, 형에 대한 질투가 너무 심해서 가끔은 혼을 내지만 참 사랑스럽다. 민수를 키울 때는 말과 행동 하나하나를 가르치고 힘들게 키웠었는데, 둘째는 저절로 혼자서 크는 것을 보니 정말 대견하다. 외할머니는 둘째 민석이 보는 재미에 힘든 것도 모르시고 집안일에 아이까지 돌봐 주시면서 건강히 잘 지내신다.

둘째 아이가 태어난 후, 민수 아빠는 두 아들 양육과 교육을 위해 더 열심히 사업을 한다. 민수는 사춘기인지 아빠에게 별 관심이 없다. 이전에는 물건 사 줄 때 아빠를 찾더니 사업 때문에 일주일에 한 번 오는 아빠는 별로 반가워하지 않는다. 그래도 아빠 갈 때는 또 언제 오는지 묻는다. 민수는 2018년 9월, 중학생이 된다. 어머니는 민수를 도시에 있는 학교에 보내려고 하여 아빠가 사업하는 도시에서 다 같이 살 예정이다. 민수는 친구가 있는 지방이 좋다며 이사 가는 것을 완강히 거부한다. 아빠가 꺼낸 이사 이야기로 민수는 방학에 아빠 있는 곳에 가는 것조차 무서워하는 것 같다. 둘째 아이 교육도 생각하면 도시로 가는 게 좋을 것 같아 민수를 설득하고 중학교 시험 준비를 하려고 한다. 도시 지역으로의 이사는 동생의 교육도 함께 고려해야 하지만 가족의 모든 계획은 민수가 우선이다. 고등학교까지는 도시에서 졸업하는 것이 목표이다. 그 이후에는 직업교육 기회가 많은 상하이나 베이징 같은 대도시로의 이동을 고려하고 있다. 가족이 바라는 미래는 민수가 독립적으로 생활하는 것이다. 어머니의 계획은 바리스타 교육을 받고 커피 전문점을 열어 민수와 함께 운영하는 것이다. 지난해 9월에 지방의 대학 캠퍼스를 구경했더니 그때부터 민수는 자기도 지방의 대학에 가고 싶다고 한다. 어머니는 민수가 꿈을 이루기를 바란다. 그리고 가능하다면 한국에서 대학을 다니는 것도 하나의 바람이다.

어머니는 중국으로 돌아간 이후 회계사 자격증을 따고 회사에서 일을 하고 있다. 일반적으로 회사 업무를 10년 넘게 하면 전문가가 된다고 하지만,

어머니의 경우 민수를 키우면서 일을 하다 보니 아직도 어려움이 많다. 엄마라는 직업은 너무나 생소하고 한 발자국 내딛을 때마다 이게 최선인지 의문이 든다. 민수를 열심히 공부시키고 매사에 항상 노력하여 나중에 후회가 없게 만드는 게 어머니의 생각이다. 그래서 오늘도 "공부해라." "옷을 이상하게 입지 마라." "씻어라." 이렇게 잔소리를 하고 있다.

5. 결론

결론적으로 민수가 건강하게 성장하고 학교에 적응하며 지내는 데 가장 중요한 역할을 한 것은 어머니의 절대적 지지와 사랑이었다. 그리고 한국에서 전문가회의를 통한 통합치료교육을 종합적 · 체계적 · 집중적으로 받은 결과이다. 특히 이 모든 과정이 가능하도록 물심양면으로 적극적 지원을 해 준 후원자 손 사장의 숨은 지원도 있었다. 아이코리아 김태련 회장께서는 민수 어머니의 헌신적인 면모를 격려하기 위해 '장한 어머니상'을 수여하기도 하였다. 민수의 성장을 도와주고 지켜봐 준 부모를 비롯한 주변의 모든 사람이 보여 준 사랑과 관심, 배려도 빼놓을 수 없다.

어머니는 중국에서 대학 졸업 이후 계속 다니던 직장을 그만두고 중국에 남편과 가족들을 남겨 둔 채로 오로지 민수를 위해 한국에서 3년간 치료교육을 받았다. 이러한 어머니의 희생이 제일 큰 힘이었다. 한국에 와서는 우리 연구원과 치료사들을 전적으로 신뢰하고 지속적으로 치료를 받았던 점, 그리고 우리 연구원과 안동현 교수의 의학적 지원 · 어린이집에서의 3년간의 통합치료와 정기적인 통합 전문가회의가 체계적으로 이루어졌던 점, 마지막으로 이러한 일들이 가능하게 했던 후원자 손 사장의 지원, 이 모든 것이 민수에게 기적 같은 변화가 일어나게 했다.

한국에서의 생활과 치료교육을 끝내고 전문기관이 없었던 중국에서 유치원과 초등학교 교육을 받으며, 민수는 해마다 방학 기간에 정기적으로 연구

원을 방문하여 집중치료와 정기적 발달평가, 심리평가를 받았고 약물치료를
하였다. 또한 어머니는 치료사들과 SNS, 이메일을 통해 지속적으로 치료와
교육에 관한 자문을 받았다.

　가정생활에서는 어머니의 노력과 적극적 지원이 아동의 지속적 발전과 유
지를 가능하게 했다. 아동 연령과 능력에 따른 적절한 지도와 수영·탁구·
줄넘기 등 다양한 운동을 통해 독립생활과 자립심을 기르도록 노력을 하였
다. 특히 아버지의 경제적 지원과 동생의 출생이 민수에게 가족에 대해 관심
을 갖는 큰 계기가 되었다.

　이와 같이 가족의 적극적 지원과 전문가와의 협력, 중국에서의 학교교육,
이러한 삼위일체 접근이 현재 민수가 중국에서 특별한 치료교육을 받지 않
고도 학교생활에 적응하며 지역사회와 가정에서 많은 성장을 하게 했다고
생각한다.

　현재 민수 어머니는 행복하다고 한다. 민수는 모든 것을 하나하나 힘들게
가르쳐야 하는 아이지만, 그래도 학교도 혼자 다닐 수 있고 가르치면 배우고
익힐 수 있으니 열심히 가르쳐야겠다는 희망과 기대를 하게 된다는 것이다.

　한국에서 3년간의 오랜 치료를 끝내고 중국으로 돌아가기 전날 만난 민수
는 "중국에 가서 잘해." 하는 나의 말에 의젓하게 "네."라고 대답을 하였다.
처음 만나던 날, 민수는 손 만지는 것도 싫어하고 피하던 아이였는데, 헤어
짐이 아쉬웠는지 내 품에 안겼다. 그동안 몰라보게 성장한 민수의 마음이 느
껴졌다. 민수는 힘들 때도 있었지만 매일매일 해야 하는 많은 과제를 거부
하지 않고 손에 땀이 날 정도로 노력하였다. 이러한 노력의 결실이 가능했
던 것은 중국의 가족과 헤어져 아들의 치료교육을 위해 민수와 단 둘이 한국
에서의 낯선 생활을 선택한 어머니의 마음, 그리고 길고 힘든 여정을 꾸준히
하루도 거르지 않고 1분도 늦지 않게 연구원을 찾은 어머니의 정성이었다.
특히 치료의 경제적인 부분을 지원한 손준규 사장은 다른 이들에게 자신이
후원자임을 절대로 알리지 않으면서 민수가 중국에서 한국으로 와서 치료교
육을 받을 수 있도록 처음부터 끝까지 도움을 주었고 현재도 민수의 성장을

지켜보고 있다.

한국에서 3년, 중국에서 6년, 길고 긴 9년 동안의 여정은 민수 어머니의 신뢰와 민수의 성장으로 이루어졌다. 오늘보다는 나은 내일을 위해 치열하게 어려움을 헤쳐 나간 모자를 옆에서 지켜보았다는 것, 그리고 그들에게 도움이 될 수 있었다는 것은 우리 모두에게 축복이었다. 그리고 더 나은 내일을 향해 한 걸음씩 나아갈 민수가 우리에게 온 희망의 선물이었다는 것을 우리는 알게 되었다.

발달장애아동의
언어·모래놀이통합치료

이 사례는 여러 영역의 치료사와 소아정신건강의학과 전문의가 함께 협업하여 진행하였으며, 특히 언어치료에 모래놀이치료를 접목하여 언어·모래놀이통합치료를 하였다.

∽ 언어·모래놀이통합치료란

모래놀이치료는 정서적인 어려움이 있는 아동, 스트레스로 인한 긴장, 위축 아동, 자기표현이 어렵거나 자신감이 없는 아동이 모래상자에 여러 종류의 장난감들로 다채로운 표현을 함으로써 억압된 무의식의 세계를 발산하도록 돕는 치료이다. 아동은 모래놀이에서 시각과 촉각 등의 모든 감각요소를 통합하여 자신을 드러내고 자기 마음과 접촉하며, 치료사와의 관계에서 자기를 새롭게 발견하게 된다. 언어·모래놀이통합치료에서는 모래놀이치료의 장점을 활용하여 아동의 자발적인 언어 표현을 촉진시키고 어휘습득에 대한 동기유발을 높인다. 또한 책이나 영상물로 접한 이야기나 사실들을 아동 스스로 모래놀이상자에서 표현하게 함으로써 표현에 대한 자신감을 높일 수 있다.

1. 프롤로그

"지민아 자동차 놀이 하는 거야?" 지민이 어머니는 자동차를 꽉 잡고 엎드려서 앞뒤로 움직이는 놀이만 하는 지민이를 보며 물었지만 지민이는 계속 자동차 놀이만 하고 있었다. 어머니가 다가가서 지민이 옆에 앉아도, 곁에 앉아서 물어봐도 지민이는 자동차를 꽉 쥐고 움직일 뿐이었다. 어머니가 지민이가 쥐고 있던 자동차를 잡고 못 움직이게 하자 그제서야 지민이는 어머니를 보았다. "지민아, 자동차 놀이 하는 거야?"라고 다시 물어보았지만 대답하지 않는 지민이는 자동차를 쥔 손을 빼려고만 했다. "엄마 붕" 지민이의 말에 어머니는 "지민아 붕붕 하는 거야?"라고 다시 물었다. 지민이는 자동차와 어머니를 번갈아 보면서 울먹였다. "'네' 대답해야지, 응? '네' 대답해 봐, 네에, 네에" 어머니가 몇 번을 반복해도 지민이는 자동차만 꼭 쥐고 바닥에 놓여 있는 다른 자동차 장난감이 있는 곳으로 가려고 어머니를 밀어내었다. 어머니가 놓아주지 않자 "엄마"라고 말하면서 어머니에게 안겼다.

2. 배경정보

"혼자 조용히 놀아서 착한 아이라고 생각했어요. 소아과 검진에서도 또래보다 늦다고 했지만 아이들마다 다를 수도 있고 그냥 좀 늦나 보다 했어요. 그런데 친구 모임에서 또래 아이들과 같이 있는데 너무 다르더라고요. 다른 애들은 친구 장난감을 뺏기도 하고 곁에 앉아서 놀다가 웃다가 눈도 잘 맞추는데 지민이는 전혀 관심을 갖지 않더라고요. 혼자 누워서 자동차만 굴리고 노는 거예요. 제 친구들은 '내성적인가 보다.' '남자아이는 말이 늦다더라.' '자동차를 엄청 좋아하는가 봐.'라며 얘기해 주는데 걱정이 돼서요."

2011년 7월 아이코리아 아동발달연구원을 방문한 지민이 어머니는 찾아오게 된 계기를 말하면서 곁에서 자동차만 갖고 노는 지민이를 걱정스럽게 쳐다보았다. 지민이는 출생 및 운동발달이 정상이었고, 대소변가리기는 만 3세에 가능하였다. 아동의 첫 단어는 '엄마' '아빠'로 1세 3개월에 나타났고, 첫 문장은 20개월에 나타났다. 연구원 내원 당시 아동은 만 2세 10개월로 유치원에 다니고 있었고, '엄마 차' 같은 호명을 포함한 두 낱말 조합 수준의 표현을 할 수 있었다. 아동은 자동차 놀이, 자동차와 관련한 책 보기를 좋아했다. 부모의 맞벌이로 인해 낮 동안 주 양육자는 아동의 외할머니였고, 오전과 저녁은 부모가 번갈아 돌본다고 하였다. 아동은 대답하기, 인사하기, 질문하기 등 초기 의사소통기능이 거의 나타나지 않았으며, 자신이 원하는 장난감이나 음식, 행동에 대해서만 단어나 단어의 일부 음절로 표현하였다. 아동은 눈 맞춤이 어렵고 주의력이 짧아 직접평가가 불가능하여 부모 보고를 통한 영 · 유아 언어발달 검사(SELSI)를 실시하였으며, 그 결과 수용언어 등가연령은 2세 2개월, 표현언어 등가연령은 2세 1개월인 것으로 나타났다.

지민이는 2세 11개월부터 언어치료와 놀이치료를 받았고, 3세 10개월부터 인지발달치료를 추가로 받았다. 이 사례에서는 언어치료에 중점을 두어 서술하였다. 아동은 언어치료 초기에는 개별 치료를 받았고, 언어치료 중기에는 개별과 집단 치료를, 후기에는 취학 전이 집단 프로그램과 언어 · 모래놀이통합치료, 개별치료를 받았다.

3. 치료적 접근

1) 의학적 접근

지민이는 2011년 7월, 만 3세가 되기 직전에 '말이 늦다'는 문제로 아이코리아 아동발달연구원에서 상담 및 평가를 받고, 언어치료를 시작하였다. 처음 진단은 발달성 언어장애였고, 언어치료를 하면서 약 1년 반 후에 시행한 유아용 웩슬러 지능검사에서 전체 지능지수 70(언어지능지수 68, 동작지능지수 77)으로 경계선 지능을 진단받았다. 그리고 2014년 실시된 아동용 웩슬러 지능검사에서 전체 지능지수 71(언어지능지수 66, 동작지능지수 83)로, 집중력 검사 결과 누락 오류, 오경보 오류 등 모두 이상소견을 보이는 집중력장애를 가지고 있다가 학교 입학 전 2014년 10월 병원에 의뢰된 상태였다.

지민이는 진단적으로 ① 경계선 지능(borderline intellectual functioning), ② 주의력결핍-과잉행동장애, 주의산만-우세형(ADHD-PI)으로 판단되었다. 다른 아동들처럼 과잉행동, 충동적 행동들이 일부 나타나기는 하지만 두드러지지 않았고, 대부분 '멍하니 있는다.' '제 시간에 과제를 끝내지 못한다.'는 지적을 받았다. 밥 먹는 것, 과제 수행 등 일상생활에서조차 딴짓을 하느라 다그쳐야 겨우겨우 끝내는 상황이었다. 병원 외래 놀이치료실에 들어와서도 몸을 가만히 두지 않고 비비 틀면서 흔들어 대고 의자에서 들썩거리고 계속 움직여 댔다. 또한 심리평가 시에는 과제가 주어져도 멍하니 딴 생각에 빠져 검사 진행이 되지 않아 재촉해야만 했고, 겨우겨우 수행을 할 수 있었다.

이러한 문제로 인해서 학교 입학 전인 2014년 11월 말 약물치료를 시작했다. 약물 종류는 메틸페니드 성분의 서방형 약물인 메타데이트(Metadate-CD)를 선택하여 5mg(10mg짜리 캡슐에서 절반 분량만 복용하도록 함)부터 시작하였다. 3주 후 방문할 때까지 5mg을 복용하고 며칠 지나지 않아 집에서 바로바로 "네." 하고 대답하고, 연구원에서 치료사가 너무 잘하더라는 보고를 하였다. 1주일 후 10mg으로 높여서 지냈는데, 아동이 짜증내고 힘들어하며, 수영을 배우러 가서도 멍하니 있고 힘들어하더라는 보고가 있었다. 하지만 병원 오기 직전(약을 10mg 복용하기 시작한 지 약 1주일에서 열흘 쯤 지나서) 전날부터는 컨디션이 좋아 보였다고 했다. 아동이 약을 증량하면서 다소 힘들어하는 듯해서 앞으로 한 달간 더 10mg으로 유지한 후 다음 달 용량을 높이기로 하였다. 한 달 후, 아동의 몸무게가 22.3kg, 키는 119.8cm이었기 때문에 적정한 용량에 맞추기 위해 약을 15mg으로 높이면서 이번 달에는 1주씩 15mg-20mg-15mg-20mg으로 변경하면서 아동의 변화와 적응을 살펴보기로 했다(이 방법은 흔히 사용하는 것은 아니지만, 연구방법인 A-B-A-B로 하여 비교하는 방법을 진료에 응용한 경우임). 이런 시도 결과 부모는 15mg이 아동이 더 잘 견뎌 내고 힘들어하지 않으며 효과도 어느 정도 나오는 것 같다고 보고하였다. 학교에 입학해서도 별다른 어려움이 보고되지 않았고, 연구원에서 치료사들의 의견도 이 정도에서 적당한 것으로 판단하였다.

초등학교 1학년 1학기 동안은 15mg으로 꾸준히 유지하였는데, 친구들을 좋아하고 놀기는 하는데, 상호작용은 잘되지 않는 듯하다는 보고가 있었다. 1학년 여름 방학이 끝나고 개학하여 학교에 가서는 학교 가는 게 재미있고 좋다고 하였고, 친구들도 오랜만에 만나서 반가웠다고 하였다. 2학기 들어서 약 용량을 상의해서 20mg로 늘렸지만, 아동은 잘 견뎌 내었고, 별다른 어려움은 관찰되지 않았다. 연말이 될 무렵 점심 식사는 다소 덜 먹기는 하지만 큰 문제는 없고, 잠도 잘 자지만 저녁 무렵 많이 산만해져서 어려움이 있어, 속방형(약효가 짧은 제형) 메틸페니드(페니드 정) 10mg을 추가로 오후 4~5시경 처방하였다. 2016년 2학년이 되었는데, 학교생활은 무난하게 잘하고 있었으며, 받아쓰기 100점, 무대에서 합주 공연하는 것도 무사히 잘해 내었다. 단지 담임교사로부터 학기 초에 '목소리를 못 들었다.'며 다소 위축된 모습을 보인다고 평가되었지만(아마도 오전 시간에 약효가 제일 크게 나타날 시간대에 지나치게 집중되어 말수가 다소 줄어든 모습으로 나타나는 것으로 판단됨), 1학기 끝날 때에는 학교에서 '모범상'도 받았다.

현재까지 메타데이트 20mg으로만 유지 중인데, 3학년이 되자 6교시까지 해서 늦게 끝나는 날은 다소 힘들다고 하지만, 비교적 무난하게 잘 지내고 있다. 최근에 집중력검사(CAT)를 시행한 결과 여전히 주의집중력에 어려움을 가지고 있었는데, 이것은 아동이 "잘 까먹어요, 기억을 잘 못해요."와 같이 단기기억(흔히 작업기억)이 저하된 모습을 보이는 것과도 일치하는 소견이다. 약 용량을 조금 더 높일 수도 있지만, 전반적 상황을 고려하여 다소 낮게 복용하고 있다. 추후 학년이 더 높아지고 학습량이나 과제 난이도가 높아지는 등의 상황 변화가 온다면 재조정이 필요할 듯하다.

2) 치료교육 접근

지민이는 연구원에서 다음과 같이 치료를 진행하였다. 지민이는 2011년 9월부터 개별언어치료와 놀이치료를, 2012년 8월부터 인지발달치료를 받았다. 아동은 2013년 12월부터 언어 및 놀이치료에서 집단치료를 시작했으며 이때 개별치료도 같이 진행되었다. 2014년 9월부터 개별 언어치료 및 집단 언어치료, 취학 전이 집단 프로그램을 했고, 2015년 3월 초등학교에 입학 후 아동의 화용발달을 촉진하기 위해 언어·모래놀이통합치료를 시작하였다.

(1) 초기: 개별 언어치료를 통한 의사소통기능 발달

지민이는 오로지 자동차만 좋아해서 치료사가 아무리 부르고 신체적인 접촉을 하여도 치료사를 쳐다보지 않았다. 치료의 첫 번째 중요한 요인은 치료사와 아동과의 관계 형성인데 비유를 하자면 남녀가 썸을 타는 시기라고 할 수 있다. 이 시기에 남녀가 서로에게 잘 보이기 위해 맞춰 주고, 서로에 대해 알아 가는 것처럼 치료사와 아동과의 관계 형성을 위해 치료사는 아동중심적인 접근을 통해 아동과 관계 맺기, 같이 놀이하는 즐거움을 경험하게 해 주려 했다. 또한 아동의 의사소통기능을 관찰하면서 짧게는 6개월, 길게는 1년 동안의 교육목표를 세웠다. 잠에서 깨면서부터 잘 때까지 '자동차'만을 찾는 지민이를 위해 활동을 '자동차 놀이'로 시작하였다. 엎드려서 자동차를 앞뒤로 움직이거나, 자동차 바퀴 보기만 하려는 지민이에게 맞춰서 치료사도 지민이 앞에 엎드려서 자동차 바퀴를 만지고, 자동차를 굴리는 등 지민이의 놀이행동을 따라 했다. 그리고 치료사에게 관심을 유도하기 위해 지민이가 늘어놓은 자동차 순서 바꾸기를 했다. 지민이는 처음에 치료사에게 관심이 없었지만 바퀴를 만지고 순서를 가끔씩 바꿀 때마다 치료사를 흘긋 바라보았다. 많은 종류의 자동차를 마음껏 갖고 놀 수 있는 곳이라는 생각에 지민이는 치료 시간을 좋아했다.

치료 3회기 이후부터는 치료실에 지민이가 좋아하는 자동차를 1~2대만 놓았다. 지민이가 입실하여 가장 좋아하는 차를 찾아다니다가 포기하고 놀이를 시작하면 그때 치료사가 2~3분에 한 대씩 "붕~ 자동차 가요. 붕~ 붕~ 안녕 지민아!"라고 말하면서 지민이의 얼굴 앞으로 자동차를 보여 주면서 움직였다. 지민이는 치료사의 손에 들린 자동차를 보다가 치료사와 눈 맞춤을 하였다. 이런 경험을 2회기 정도 하자 6회기부터는 입실도 하기 전에 치료사 손과 얼굴을 번갈아 보는 행동이 자발적으로 나타났다. 8회기부터 자동차를 받아 가는 활동에 변화를 주었는데 의자에 앉으면 자동차 한 대, 인사할 때 자동차를 들고 있는 치료사와 눈 맞춤 시 한 대, 의자에 앉아서 자동차를 앞뒤로 움직이면 한 대, 요구하기를 할 때 손을 내밀면 한 대를 주는 방법이었다. 이러한 방법으로 아동은 치료사를 의식하고, 회기 시간 중 40% 정도 앉아서 놀이하게 되었으며 적절한 사물요구하기 기능이 가능해졌다.

아동의 구어표현을 증가시키기 위한 가장 좋은 방법은 놀이를 통한 언어치료라고 생각한다. 아동이 좋아하는 장난감과 치료사가 선택한 장난감을 가지고 놀이하면서 아동은 새로운 장난감에 관심을 갖게 되고, 만져 보고 움직이면서 새로운 표현을 배울 수 있는데 '크기, 높이, 무게, 속도, 양'과 같은 개념도 놀이 상황에서 배우고, '역할극'과 '주제를 유지하면서 이야기하기'도 놀이 상황에서 실시할 수 있다. 치료효과를 높이기 위해서 아동에게 치료사는 약속을 지키는 사람이 되어야 한다. 아동이 치료사를 만나는 것을 즐거워하고, 아동이 수행하고 나면 치료사 혹은 어른이 했던 약속을 꼭 지킨다는 믿음이 필요하다. 잘하든 못하든 따라 말하면 준다고 약속한 장난감은 꼭 주고, 치료사와 아동이 같이 한 약속은 항상 지켰다. 그러자 아동은 치료사가 착석을 권유하든지, 그림을 제시하든지 치료사가 제안하는 것에 대해 탐탁지 않은 얼굴 표정을 보였지만 수용하였다. 점차 거부하기보다 약속을 하거나 협상을 하는 것이 자신이 원하는 것을 빨리 얻는 것임을 알게 되었다. 나중에는 치료사가 오늘 할 과제를 말하면, "그럼 그거 하고 기차놀이 해도 돼요?"라고 묻는 행동이 자발적으로 나타났다. 이 과정은 1회기 때부터 아동과 치료사, 아동과 부모가 함께 진행해 왔기 때문에 더욱 효과적이었다.

지민이의 치료 진전에 있어서 가장 많이 영향을 준 것은 '집중하는 능력'이었다. 집중하기가 어려운 아동에게 동기를 주고 작은 것에도 칭찬해 주면서 매 회기 과제와 놀이의 난이도를 다르게 하고, 목표는 주기적으로 진행했다. 교육목표에 대한 주기적인 접근방법은 집중력이 낮아 한 가지 목표의 진행속도가 더딘 지민이가 지루해하지 않으면서 필요한 목표에 도달할 수 있는 효과적인 방법이었다. 3~4개의 목표를 3~4주 간격으로 진행하되 아동이 특히 어려워하는 부분은 그림이나 상황 등 아동이 좋아하는 소재를 사용하여 아동의 동기를 더 높일 수 있었다.

(2) 중기: 집단 언어치료를 통한 관계수용 및 표현의 발달

2013년 12월 언어발달평가에서 아동은 수용 · 표현어휘력(REVT) 4세 후반, 수용언어 발달연령(PRES) 5세 7개월, 표현언어 발달연령(PRES) 4세 2개월로 나타났다. 아동의 언어발달과 또래에 대한 관심이 눈에 띄게 증가하면서 집단치료의 필요성이 논의되었다. 연구원 사례회의에서 지민이의 언어치료, 놀이치료, 인지발달치료 전반에 대해 검토하고 앞으로의 치료계획을 세웠다. 그리고 아동의 관계수용 및 표현발달을 위해 각 치료영역에서 집단치료를 시작하였다.

지민이의 또래와의 상호작용을 높이기 위하여 개별 언어치료와 함께 집단 언어치료를 진행하였다. 지민이는 집단치료를 통해 친구를 의식하게 되고, 또래관계에 대해 성공감이 증가하면서 동기부여가 되자 아동 스스로 집중하고 유지하는 시간이 증가하였다.

치료 초기에는 치료사를 의식하지 않고 혼자만의 놀이에 빠지던 지민이는 집단에서 치료사가 친구와 얘기하고 웃고, 칭찬하는 모습을 의식하기 시작했다. 회기가 진행될수록 놀이 중 쳐다보거나 무슨 놀이하는지 다가와 보고 가기, 치료사를 부르면서 자신의 놀이에 초대하는 행동이 증가하였다. 자신과 친구가 원하는 놀이가 다를 경우 처음에는 관계없는 듯 각자의 놀이를 했고, 한 가지 장난감을 가지고 같은 역할만을 원해서 싸우거나 놀이와 관계없는 질문이나 이야기를 하는 경우가 많았다. 하지만 치료사가 다른 놀이를 하는 아동들에게 약간의 새로운 놀잇감이나 에피소드를 주어서 자연스럽게 상호작용을 할 수 있게 돕고, 역할을 바꿀 때마다 칭찬을 하고, 더 많은 놀이를 할 수 있게 하자 아동에게 변화가 나타났다. 무조건 거부하던 행동이 마지못해 받아들이는 행동으로 바뀌었고, 스스로 친구가 먼저 역할을 정할 수 있도록 배려하였다. 친구를 상대하는 역할도 "알겠어요."라고 흔쾌히 받아들이거나 대기실에서 친구와 함께 놀이와 역할을 결정하고 입실하는 모습도 보였다.

집단치료의 효과는 가정에서 형제와 놀이할 때 먼저 나타나고, 차츰 유치

원에서 또래 놀이를 할 때도 보였다. 놀잇감을 양보하거나 교사가 제안하는 놀이나 역할을 수용했다. 스스로 친구들 놀이에 가까이 가고 친구들이 어떤 놀이를 하는지 어머니나 치료사에게 전달해 주고 친구가 했던 놀이를 다시 재현해서 놀려는 시도를 보였다. 집단치료는 장기간 단계별 목표를 갖고 진행되었다.

앞서 말한 자발적 상호작용 시도와 수용이 집단치료 1단계라면, 스스로 눈 맞춤하고 주제를 유지하면서 이어 말하기는 2단계, 친구의 얘기를 듣고 질문하거나 친구의 질문에 스스로 대답하기는 집단치료 3단계 목표였다. 각 단계별 진행회기는 집단 내 구성원들의 진전속도에 맞춰서 진행되었다. 지민이가 속한 집단은 1단계 24회기, 2단계 30회기, 3단계는 60회기 동안 진행되었고, 단계별 구성원은 각각 달랐다. 2단계부터 활동방법은 그림, 카드, 놀이, 사진 등을 보거나 특정한 날(주말, 오늘, 이번 주, 어버이날, 어린이날, 생일 등)에 대한 대화 주제를 치료사가 질문하는 것으로 시작하여 친구를 호명하면서 질문하고 대답하는 방법이었다. 예를 들어, 가족과 여행했던 것을 그림으로 그리고 그림에 대해 대화하거나, 교대로 카드를 뽑으면서 친구가 말한 이야기의 다음 장면을 이어서 이야기 만들기 같은 대화와 관련된 활동을 하였다. '이야기 이어 말하기' 활동은 제시된 30장의 카드 중 친구의 이야기를 듣고 다음 장면에 어울리는 카드를 골라서 이야기를 이어 가고 자신의 이야기를 이어서 친구가 얘기할 때 듣는 활동이다. 이 활동으로 아동은 친구가 이야기를 할 때 스스로 집중하고, 스스로 주제와 관련된 카드를 찾거나 친구에게 "얘기가 이상한 것 같아." "주제가 '요리하기'라면 요리에 맞는 이야기를 해야지."라고 스스로 판단하고 말하는 모습이 나타났다. 이때 활동의 주제는 집단 구성원들이 자발적으로 정하기 때문에 또래 아이들 사이에서 흔히 일어날 수 있는 주제가 선정되었다.

아동마다 친구에게 관심을 보이는 시기는 조금씩 다르다. 지민이는 집단 치료 중기에 들어서 자신이 같이 놀든지 안 놀든지 친구를 만나면 이름을 불러 주고, 자신이 친구 옆에만 가도 치료사가 칭찬하고 격려해 준다는 것이

신났는지 4회기부터 스스로 친구 호명하기, 대화 개시하기가 많아졌다. 집단치료의 가장 큰 장점은 자연스러운 동기 부여와 자발적인 대화 증가이다. 지민이는 개별치료와 집단치료에서 집중도는 비슷했지만 자발적인 수행도는 집단치료가 더 좋았다. 집단치료 시 스스로 "지민이 일등~! 맞죠?" "누가 잘했어요?" "내가 이겼어요?" 같은 질문을 하고, 치료사나 자신의 질문에 친구가 대답을 못하면 스스로 알려 주거나 "내 차례야. 기다려." "친구야, 빨리 해. 너 때문에 주차장 놀이 조금만 할 것 같아."라고 얘기하는 적극적인 모습이 많이 나타났다.

　치료회기가 중기 정도 되면 치료사는 아동 및 양육자들과 신뢰가 쌓이고,

 대화 주제 유지하기

　타인과 대화 시 주제를 모르거나 유지하지 못하고 엉뚱한 대답을 하며 자신이 하고 싶은 얘기만 한다면 타인과의 상호작용, 즉 놀이, 말 등을 통한 '주고받기'가 어려울 수 있다. 대화 주제 유지하기 활동은 다음과 같이 실시되었다. 이때 중요한 점은 모든 아동의 발달이 같을 수는 없다는 점이다. 아동들이 스스로 할 수 있게 기다리고, 각 아동의 특징에 맞는 방법으로 시도해 본다.

◆ **1단계: 개별회기 시 활동하기 (I)**
　치료사와 함께 치료를 시작하기 전에 먹은 음식(주로 아침 식사나 어린이집에서 먹은 점심 식사, 간식 등)과 날씨, 올 때 타고 온 교통기관, 누구와 왔는지, 오늘 뭐 입고 왔는지 등 주제를 정하여 얘기한다. 대화 주제를 1개부터 시작하고, 아동의 목표 달성에 맞춰서 점차 증가한다.

◆ **2단계: 개별회기 시 활동하기 (II)**
　1단계 활동이 치료실 입실 전 있었던 일에 대한 주제라면 2단계는 회기 내 놀이한 내용을 얘기하는 것이다. 어떤 놀잇감으로 어떻게 놀았는지 '나는~했어.'라는 문장을 사용하여 치료사와 같이 한 놀이에 대해 대화한다. 회기 내 그림카드로 이야기 만들기도 포함된다.

◆3단계: 짝 및 집단회기 시 활동하기

1) 특정한 날이나 현장학습에 대해 이야기를 할 때 아동이 회상하는 것을 어려워할 수 있으므로 관련된 사진을 사용하거나 그림 그리기 후 '나는~했어.'라는 문장 형태로 대화하기 활동을 한다. 여러 카드를 늘어놓고 주제에 맞는 그림 고르기, 친구 카드 내용 듣고 자신의 카드 내용 말하기 활동을 한다.

2) 치료사가 주제를 정해 주면 아동들은 치료사가 제시한 4장, 6장, 8장, 10장 등 여러 장의 카드 중에서 카드를 고른다. 카드를 선택하기 전 대화 차례를 정하고 앞서 말한 친구의 이야기를 듣고 주제에 맞는 다음 카드를 골라서 얘기한다. 카드를 고를 때 아동이 힘들어하거나 자신 없어 할 경우 치료사는 괜찮다는 사인을 주거나 단어나 색깔 등의 단서를 줘서 아동이 스스로 카드를 선택하고 잘했다는 마음을 갖도록 한다.

3) 2번 활동과 방법은 같으나 주제를 아이들 스스로 정한다는 점이 다르다. 대화 순서를 정하고 아이들이 주제를 정한다. 치료사는 주제에 맞는 카드를 몇 장씩 골라서 나열해 주고 아동은 친구의 이야기를 듣고 자신의 카드를 선택한다.

4) 위의 활동을 하면서 1, 2단계에서 한 활동을 친구들과 회기 과제 전에 한다. 아동들이 주고받기에 대한 방법을 천천히 알아 가면서 스스로 대화 개시를 하게 되면 집중이 흐트러지는 경우나 기분이 좋지 않은 아동이 대화에서 소외되지 않도록 돕는다.

아동의 미래에 대한 이야기를 나누게 된다. 특히 아동이 취학을 준비하거나 초등학생일 때는 진로에 대한 얘기와 병원 진단과 약물치료 등 학교생활을 준비하는 데 도움이 될 정보를 부모에게 전달한다. 지민이의 경우, 아동이 진단을 받는 것이 학교 준비에 도움이 될 수 있다는 것을 어머니가 이해하도록 한 후 바로 진단과 함께 약물치료를 시작하게 되었다. 2014년 11월부터 시작된 약물치료에서 어머니는 속상하다는 마음을 얘기하셨지만 한편으로 효과가 있기를 바라는 마음이라고 했다. 아동은 약물치료 후 유치원, 연구원에서 전과 다른 차분한 모습을 보였다. 아동은 선생님들에게 칭찬을 받고, 친구들과의 놀이에서 자신이 잘하고 있다는 생각이 드는지 "진짜 잘했어요?" "내가

말한 게 맞아요?" "내가 쟤보다 빨리 했죠?" 등 확인하는 모습을 보였다. 지민이 어머니는 "한시름 덜었어요. 진짜 감사해요."라며 연구원에 대한 신뢰가 더 높아졌다. 치료사는 치료 초기부터 일상생활과 유치원, 치료 상황에서 아동이 잘하는 것이 무엇인지 어떤 것에 관심을 보였는지 아동의 주 양육자와 정보를 충분히 공유했다. 지민이의 경우 중기 이후부터 음감과 박자감이 좋은 것을 알게 되었다. 어머니와 함께 지민이에 대한 얘기를 나누면서 '음악'에 대한 소질이 있는 것 같으니 다양한 경험(악기 및 연주, 노래 등)을 해 보게 하면 어떻겠냐고 얘기를 했었다. 어머니 자신이 음악을 전공한 분이어서 주변에 지인이 많았다. 몇 달 후 어머니는 아동에게 서양음악, 국악을 모두 접해 보게 했는데 '장구'를 재밌어한다고 '장구'를 배워 보기로 했다고 보고하였다.

(3) 후기: 언어 · 모래놀이통합치료를 통한 화용 발달

 모래놀이를 이용한 이야기하기, 설명하기

◆1기

1) 스스로 규칙을 기억해서 지키기

2) 자유놀이할 때 놀이에 대한 구조(배경, 등장사물이나 인물)를 스스로 세우고, 기억해서 표현하기

3) 구문론적, 의미론적 오류를 수정하고 문장 단위로 이야기하기, 설명하기

◆2기

1) 다양한 주제에 관심을 갖고, 스스로 주제에 대해 찾아보기

2) 궁금함이 있을 때 스스로 질문하고, 주제에 맞는 어휘 이해 및 표현하기

3) 주제와 놀이에 대해 이야기하기, 설명하기

◆3기

1) 자신의 감정에 대해서 다양한 어휘로 표현하기

2) 대화 상대의 마음을 읽고 그들의 감정을 표현하기

3) 대화 상대의 마음을 이해한 후 자신이 어떻게 해야 하는지 생각해 보고 행동
   하거나 표현하기
4) 주제를 공유하고 이해한 후 대화할 때 주제 유지하기

    취학 전이 집단 프로그램 시작 전 언어발달평가를 통해 아동의 수준을 확인하여 프로그램을 준비해야 하는데 아동의 개인사정으로 2014년 11월 취학 전이 집단프로그램 시작 후 언어발달평가가 실시되었다. 아동은 수용어휘력 (REVT) 7세 전반, 표현어휘력(REVT) 5세 후반, 수용언어발달연령(PRES) 6세 3개월, 표현언어 발달연령(PRES) 5세 9개월, 구문의미이해력 1%ile, 언어문제해결력 총점 27~34%ile로 나타났다.

    검사 결과에서도 볼 수 있듯이 지민이는 한글은 읽을 수 있었지만 문장, 문단에 대한 이해는 20% 미만으로 이야기에 대해서 흥미를 느끼지 못했다. 또한 '책 읽고 이야기하기' '사건 설명하기' '대화할 때 주제 유지하기' 등에서 구문론, 의미론, 화용론 모두 부족함을 보였기 때문에 또래관계의 어려움이 예상됐다. 연구원 사례회의에서 지민이의 현재 상황을 논의하면서 모래놀이를 이용한 이야기하기, 설명하기 수업을 제안하기로 하였고, 지민이의 부모님과 지민이의 동의를 거쳐서 활동을 시작하였다. 활동 전 아동의 의견을 묻고 동의를 구하는 것은 아동을 존중하고, 아동이 내원 시 마음의 준비 혹은 기대를 하고 올 수 있도록 배려하는 행동으로 중요한 과정이다.

    치료 시작 전 지민이를 데리고 모래놀이치료실에 들어가서 모래를 만지고 피규어를 구경시켜 주면서 '이 방이 마음에 드는지' '이 방에서 놀이를 한다면 어떤 느낌일지' '이 방에서 놀이를 한다면 어떤 놀이를 하고 싶은지'를 물었다. 지민이는 흥분하여 상기된 얼굴로 "나는 이 방이 너무 마음에 들어요. 이 방에서 공부하면 신날 것 같아요. 이 방에서 공사장 놀이할래요."라고 대답하면서 "언제부터 해요?"라고 물으며 달력을 보았다. 치료사가 이 방에서 놀이할 때 규칙이 있는데 지킬 수 있겠냐고 묻자 "할 수 있어요. 선생님이 도

와주면 되잖아요."라고 대답하면서 "다음 시간에 만나요. 엄마 나 이제 모래
놀이실에서 공부한대요. 오 예~!"라고 외치면서 돌아갔다.

🔍 언어·모래놀이통합치료 I기 목표 (I~20회기)

치료실 내 규칙을 스스로 기억하여 지키는 것이 첫 번째 목표였다. 자유놀이를
할 때 놀이에 대한 구조(배경, 등장사물이나 인물)를 스스로 세우고, 기억해서 모래
놀이상자에 펼치고, 주제와 관련된 이야기하기, 설명하기를 하는 것이 두 번째 목
표였다. 세 번째 목표는 구문론적, 의미론적 오류를 수정하고 복문 수준의 문장으
로 말하기였다. 20회기를 마쳤을 때 각 목표에 대한 향상된 모습을 보였다. 아동은
자신에게 주어진 거부하기와 선택하기에 대한 의사소통기능 발달과 치료사의 제안
을 수용하기 위해 아동 스스로 노력하는 모습도 나타났다.

2015년 3월 언어 · 모래놀이통합치료가 시작되는 날 지민이는 대기실에서
엄마와 함께 공사장 사진을 보다가 치료사를 보자마자 "지금 들어가요? 저
공사장 사진 보고 있어요."라고 흥분으로 가득 찬 목소리로 말했다. 아동이
이렇게 흥분된 모습을 보이는 건 처음 있는 일이었다. 아동의 어머니는 "지
민이가 지난 주 이후 거의 흥분상태예요."라고 보고하였다. 치료사는 모래놀
이치료실에 들어가서 치료실 안에서의 규칙을 설명하는 시간을 갖으려 하였
지만 아동의 흥분상황을 고려하여 먼저 언어치료실에서 규칙을 설명하고 이
해시키기로 하였다. "지민이가 정말 씩씩해졌네. 먼저 언어치료실에서 규칙
을 듣고 모래놀이치료실에 들어가서 놀자."라고 말하면서 입실하였다.

언어 · 모래놀이통합치료를 할 때의 규칙은 다음과 같았다. 첫째, 어떤 피
규어가 필요한지 말하기, 둘째, 가져온 피규어를 갖고 놀이한 후 또는 놀이
하면서 놀이에 대해 이야기해 주기, 셋째, 모래놀이 상자를 사진 찍을 때 미
리 지민이에게 얘기하고 허락받고 찍기였다. 지민이는 치료사가 사진을 찍
어도 되냐고 물으면 자신이 놀이한 그대로의 모습보다 정리된 모습을 찍어

주기 원했다. 1회기부터 매 회기 이야기하기가 끝난 후 아동은 모래상자를 정리하고 "이제 사진 찍어도 돼요."라고 허락하였다. 따라서 언어 · 모래놀이통합치료 사진에는 이야기하기의 놀이상황이 잘 드러나지 않는 경우도 많았다.

지민이는 모래놀이치료실에 들어와서 "기차도 자동차도 비행기도 여기 있는 거 다 갖고 놀아도 돼요?"라고 물었고 치료사가 "그럼. 갖고 놀아도 돼." 라고 대답하자, "좋아요. 좋아요. 선생님, 빨리 시작해요."라며 신나했다. 언어 · 모래놀이통합치료 1기 목표는 '놀이한 것에 대해서 이야기하기 · 설명하기' '구문론적 및 의미론적으로 수정 후 다시 이야기하기 · 설명하기'였다. 치료사가 지민이에게 "무슨 놀이 할 거야?"라고 묻자 "공사장 놀이요."라고 대답하였고 치료사가 다시 "그럼 어떤 장난감이 필요해요?"라고 묻자 흥분한 지민이는 벌떡 일어나 피규어를 들고 오려 하였다.

치료사는 "지민아 앉아서 장난감을 보면서 말해도 돼. 만지거나 가져오는 건 장난감 이름을 말한 후 하자."라고 알려 주었다. 아동은 "알겠어요. 트럭이랑 불도저, 로울러, 포클레인이랑 지게차가 필요해요. 이제 시작해도 돼요?"라고 얘기하였다. 치료사가 "그래. 가져와서 신나게 놀아요."라고 말하고 아동이 바구니에 피규어를 담아서 갖고 올 수 있는 시간을 주었다. 아동은 피규어를 던지듯 바구니에 담았는데 치료사가 "조심, 조심 살살 담아요. 빌려서 사용하는 거예요."라고 말하자 즉각 피규어를 조심스럽게 담아서 들고 왔다. 하지만 시작 전 아동이 말한 피규어가 아닌 헬리콥터와 군용차, 기차, 기찻길, 군용천막을 가져왔다. 치료사가 "더 가져올 것이 있나요?"라고 물었을 때도 아동은 대답 없이 놀이에만 열중하였다.

아동은 군용차를 들고 "이거 모래에 넣고 싶어요."라고 말하면서 모래 속에 넣고 기찻길을 놓은 후 기차가 오고 가는 행동을 반복적으로 하였다. 이후 군용천막 속에 군용차를 넣었다가 빼는 행동과 헬리콥터와 탱크를 부딪치고 모래 속에 묻고 다시 꺼내는 행동을 하였다. 놀이 후 지민이는 "헬리콥터가 착륙하고 있어요. 군용차가 가려고 하는데 모래가 들어가서 (문을) 닫아요. 군용차가 모래집(모래 속)에서 (나)갔어요. 지저분한 모래고 (나)가고 싶었어요. 하지만 막혔어요. 사막 같아요. 저기 군인텐트가 있어요."라고 자신이 만든 놀이에 대해 이야기하였다.

○ 언어 · 모래놀이통합치료 1회기

언어 · 모래놀이통합치료를 할 때 나타나는 아동의 구문론적 의미론적 오류 수정 또는 보충에 대한 수업은 아동의 설명하기가 끝난 후 따로 시간을 내서 진행하였다. 오류가 있었을 때 아동과 함께 "모래놀이를 더 멋지게 만드는 말은 무엇인지 찾아보자."라고 얘기하면서 아동 스스로 적절한 낱말이나 조사를 찾아서 수정할 수 있도록 하였다.

제한된 시간 내에 활동을 하기 위해서 아동이 피규어를 선택하고 놀이하는 시간은 30분, 이야기하기 및 오류 수정 시간은 15분으로 진행되었고, 놀이가 끝나기 5분 전에 시간을 알려 주었다. 지민이는 "선생님, 놀이 끝나는 거 일찍 알려 주세요."라고 부탁하였는데 치료사가 이유를 묻자, "마음이 힘들어요." 하며 끝나는 시간을 미리 알려 달라고 요청했다. 처음에는 끝나기 5분 전에 알렸지만 아동이 놀이를 끝내는 것을 힘들어하여 끝나기 20분 전

부터 "20분 남았어. 10분 남았어. 이제 5분 남았어. 1분 남았어."라고 알려
주었다. 아동은 놀이를 마치는 시간을 생각하여 놀이를 스스로 조절하고 마
음의 준비를 할 수 있게 되었다.

언어 · 모래놀이통합치료 4회기부터 지민이는 모래놀이치료실에 있는 다
른 모래상자들에 관심을 갖고 여러 종류의 모래를 만지거나 눌러 보는 행동
을 보였다. 모래상자를 눌러 보던 지민이는 "선생님 여기서 해도 돼요?"라고
물어보며 손으로 눌러도 잘 들어가지 않는 젖은 모래상자를 선택했다. 회기
가 진행되면서 지민이가 선택하는 피규어들이 조금씩 다양해졌는데 상담 시
어머니는 집에서도 아동이 놀이할 때 갖고 노는 장난감들이 다양해지고 있
다고 했다. 그러나 친구들과 놀이 시에는 자기 입장에서만 이야기하기를 하
거나 자신만의 놀이에 열중하여 친구들이 '지민이랑 노는 거 재미없다'고 했
다는 보고를 했다.

치료사는 현재 아동 스스로 자신의 놀이를 구성하고 놀이에 대해 이야기하
고 생각해 보는 시간을 갖고 있음을 알렸다. 그리고 아동이 상황에 대해 인지
하는 것과 적절한 어휘 사용하기 등이 조금씩 나아지고 있음을 보고하였다.

아동이 발달하면서 이전에는 어른들이 하라는 대로만 했던 여러 부분에서
아동 자신의 기분과 상황에 대해 인지하여 분명하게 표현하고 관철시키려는
모습이 보였다. 언어 · 모래놀이통합치료 6회기에 아동은 놀이는 하겠지만
얘기하고 싶지는 않다면서 어두운 표정으로 말하였다. 치료사가 왜 그런 마
음이 생겼는지 묻자 "그냥 힘들어요. 말하기가 싫어요."라고 대답하면서 "놀
려면 꼭 얘기해야 돼요?"라고 물어보았다. 언어 · 모래놀이통합치료 시작 전
연구원 사례회의에서 아동이 활동에서 어려움을 보이는 경우 수용하기로 했
었고, 치료 시작 전 어머니와 상의했던 부분이었기에 아동의 의견을 수용하
였다.

6회기 상담에서 치료사가 아동이 보였던 상황을 설명 드리자 어머니는
"지민이가 자신의 기분이나 상황에 대해 얘기하는 것이 많아져서 좋았는데
학교에서 스트레스가 있나 봐요. 지민이 자신도 어떻게 받아들여야 하는지

모르겠는 것 같아요. 집에서도 짜증내고 학교생활을 물으면 대답하지 않으려 하는데 저도 섣부르게 참견하기보다 지켜보려고요."라고 보고를 하였다. 아동의 상황을 고려하여 모래놀이는 하지만 아동이 이야기하는 것을 거부하면 수용하기로 하였다.

매 회기 아동에게 "이야기해 줄래?"라고 물어봤지만 아동은 계속 거부하였고 치료사에게 인사만 하고 말없이 단순한 공사장 놀이만 반복하였다. 8회기에 아동 스스로 "에버랜드 공원 만들 거예요."라면서 치료사에게 "바닥 평평하게 만드는 중이에요. 다른 거는 없어요."라고 하였다. 치료사가 얘기를 더 듣고 싶다고 하자 지민이는 "말하고 싶지 않아요." "말 시키지 마세요."라면서 단호한 거부를 보였다. 어머니는 "5월이라 체력적으로 지치는지 자꾸 자려고 한다."고 보고하였다. 치료사와 어머니는 아동이 다시 이야기하기를 원할 때까지 기다리기로 하였다.

아동은 12회기 놀이 전 오늘은 이야기를 해 줄 수 있냐는 질문에 "네! 얘기할 수 있어요. 오늘은 해적 놀이를 할 거예요."라면서 피규어를 갖고 왔다. 전에는 치료사가 말해야 이야기를 해 줬었는데 12회기에서는 치료사가 묻기도 전에 자기가 얘기해 주겠다고 하였다.

14회기부터는 어떤 놀이를 할 건지 아동이 미리 결정해 왔는데, 경찰서와 소방서 놀이를 할 거라면서 필요한 피규어를 찾았다. 어떻게 놀이하는 거냐는 치료사의 질문에 경찰서는 감옥과 도둑이 등장하고, 소방서는 기차에 불이 나서 사람들을 구하고 불을 끄는 놀이라고 하였다. 아동이 말한 놀이 방법에는 배경이 나타나 있지 않아 놀이 전 치료사는 배경에 대한 질문을 하였다. 치료사가 "언제 일어난 일이야?" 질문하자 아동은 "봄이요."라고 대답하여 치료사가 "봄은 4~5월인데 2개월 동안 계속 불이 난 거야?" 되묻자 "아뇨, 아침이에요."라고 다시 말하였다.

지민이는 "아침에 증기 기관차에 불이 나서 소방차가 급하게 달려갔어요. 소방관이 증기기관차에 물을 뿌렸어요. (그래서) 불이 꺼졌어요. 소방관이 톱으로 기차 안에 있던 사람을 꺼내 줬어요. 갇혀 있던 사람을 꺼냈어요. (다시 불이 나서) 한 사람은 불 꺼라(불을 끄라고) 했어요. 기차 위 불이 너무 높아서(세서) 사다리 소방차를 이용해서 물을 힘차게 뿌렸어요. 그리고 불이 점점 작아지자(작아지고) 불이 꺼졌어요. 기차는 불이 타서 색깔이 빠졌고(바랬고) 석탄도 없고 라이트도 안 움직였어요. 소방관은 소방서에 (소방차를) 주차했어요. 소방관은 소방서에 다 들어왔어요. 소방관은 불(을) 다 끄고 소방서 안에서 물을 마셨어요." 아동은 자신의 놀이에 대해 이야기할 때 인물, 사건, 배경에 대하여 이전보다 세밀하게 말했다. 이야기의 길이가 길어져서 치료사는 이전 회기와 다르게 아동의 이야기를 적고, 아동에게 읽어 보면서 바꾸고 싶은 부분은 바뀌도 된다고 하였다. 아동은 자신의 이야기를 읽어 보며 바꿨고, 스스로 바꾸지 못한 부분은 치료사가 표시하여 아동 스스로 어떻게 수정하면 좋은지 생각해 보게 하였다.

언어 · 모래놀이통합치료 16회기부터는 놀이 주제와 함께 소재도 다양해졌는데 용, 공룡, 캠프파이어, 쥐라기 월드, 사파리가 배경 및 인물로 나타났다. 15회기까지는 모래놀이치료실에 입실해서 자유주제 놀이를 했다면 16회기부터는 아동 자신이 읽었거나 경험해 본 주제를 중심으로 놀이를 하였다. 다큐멘터리로 본 '전쟁무기'에 대한 주제로 놀이를 한 20회기를 마지막으로 언어 · 모래놀이통합치료 1기 수업을 마쳤다.

20회기부터는 아동 스스로 모래놀이 제목을 짓기 시작했다. 첫 번째 제목은 '전쟁 연습을 하는 전투기와 군인'이었다. 이 놀이에서 아동은 '조종사' '전쟁' '활주로' '관제탑' '비행연습'이라는 어휘의 의미를 이해하고 놀이에서 어휘를 사용하였다. 적절한 상황에서 아동은 배운 어휘를 사용하거나 그 어휘를 사용하기 전 맞는 사용인지 물어보았고, 의미만 기억나는 경우 의미를 말하면서 "그게 뭐였죠?"라고 어휘를 다시 물어보는 것으로 어휘를 이해하고 표현하기 위해 아동이 애쓰고 있음을 알 수 있었다. 지민이는 어휘를 배운 직후 이야기하거나 대화에서 30% 정도 배운 어휘를 사용할 수 있었고, 70% 정도는 치료사에게 의미를 말하면서 "그게 뭐였죠?"라고 되물어보았다. '전쟁연습을 하는 전투기와 군인'에 대해 "전투기는 나는 연습을 하고 있었어

요. 전투기가 여객기보다 더 빨랐어요. 그리고 전투기가 착륙하기 시작했어
요. 전투기는 착륙해서 자리에 대기했어요. 검정색 전투기가 날려고 비행 준
비를 하고 있었어요. 검정색 전투기는 진짜 빨랐어요. 전투기가 빨리 나는
거 아니죠? 다른 전투기는 엄청 멋졌어요."라고 이야기하였다. 치료사는 지
민이에게 "전투기가 빨리 나는 거 아니죠? 다른 전투기는 엄청 멋졌어요."가
어떤 의미인지 물었다. 아동은 검정색 전투기 전에 날렸던 전투기보다 검정
색 전투기가 더 빨랐다는 의미이고, 검정색 전투기와 다른 전투기가 모두 엄
청 멋졌다는 의미였다고 했다. 치료사가 "아까 날았던 전투기보다 검정색 전
투기가 더 빨랐어요. 검정색도 다른 전투기도 엄청 멋졌어요."라고 얘기해
야 한다고 하자 아동은 치료사가 말해 준 표현을 반복해 말하면서 전투기를
날리는 행동을 하였다.

○ 언어 · 모래놀이통합치료 20회기

아동은 1기 목표였던 스스로 규칙을 기억해서 지키기, 자유놀이를 할 때 놀이에 대한 구조(배경, 등장사물이나 인물)를 스스로 세우고 기억해서 표현하기, 구문론적 · 의미론적 오류를 수정하고 복문 수준의 문장으로 표현하기가 향상되었다. 또한 아동 스스로 거부하기와 선택하기에 대한 의사소통기능 발달과 치료사의 제안을 수용하기 위해 아동 스스로 노력하는 모습도 나타났다.

언어·모래놀이통합치료 2기 목표 (21~50회기)

2기에서는 아동이 다양한 주제에 관심을 갖고, 스스로 주제를 선택하여 조사하는 것이 첫 번째 목표였다. 두 번째는 궁금함이 있을 때 스스로 질문하고 주제에 대한 어휘를 이해하고 표현하는 것이 목표였다. 세 번째 목표는 주제와 놀이에 대해 구문론적 · 의미론적으로 적절한 이야기하기, 설명하기였다.

21회기부터 49회기까지는 제시한 주제나 내용을 듣고 모래놀이상자에 피규어를 놓으면서 표현하는 놀이를 하였다. 21회기부터 23회기까지는 치료사가 주제를 제시하였고, 24회기부터는 아동 스스로 주제를 정하고 조사해서 치료사에게 알려 주고, 기술하고, 건물의 크기나 기차 속도 등 각 주제에 대한 특징을 비교하거나 설명하기를 했다. 주제는 '백설공주' '미국과 이탈리아' '필리핀' '여러 가지 곤충' '아프리카' '러시아와 프랑스' '영국과 대한민국' '일본과 캐나다' '공사장' '인도와 히말라야' '중국과 프랑스' '독일과 러시아' '터키와 멕시코' '잭과 콩나무' '유럽과 아시아'였다.

36회기부터 아동은 자신의 주위에서 겪은 일(가족여행)이나 다큐멘터리 시청 후 이에 대한 주제를 선택하고 주제와 관련된 조사를 하였다. '일본군을 물리치는 군인들' '공사장' '캠핑장역' '해적선' '화재' '마을' '산' '인디언 빌리지' '비밀결사대' '정비소' '오아시스 탐험' '보물찾기' '해적탐사대' '다이노 탐험대' 등 책, 동네, 여행, 다큐멘터리를 통해서 경험한 일들을 주제로 모래놀이를 하였다. 아동은 자신이 정한 주제에 대한 이야기하기, 설명하기를 할 때 구문론적 · 의미론적인 오류를 보였지만 언어 · 모래놀이통합치료 1기 때보다 오류가 감소하고 스스로 수정하기가 증가하였다.

아동은 치료사가 원하는 주제나 피규어로 놀아달라는 치료사의 제안을 마음에 들어 하지 않았는데 치료사가 "네가 원하는 것을 얘기해 봐. 우리 협상을 하자."라고 얘기하자 "협상이요? 어떻게요?"라고 물었다. 치료사가 "선생님이 원하는 주제로 놀아 주는 대신에 네가 원하는 것을 말하는 거야"라고 말하자 지민이는 "말하고 싶지 않아요." 하면서 "그럼 선생님이 말하는 놀이한 다음에 내가 원하는 놀이를 하고서 말하지 않아도 돼요?"라고 자신이 원하는 것을 정확하게 물어봤다. 지민이는 협상으로 원하는 놀이를 한 후 이야기하기를 하지 않아도 되는 기회를 갖게 되었다. 이 과정을 넣은 이유는 아동이 동화책 내용을 놀이로 표현할 수 있음을 알려 주어 놀이 주제를 찾는 범위를 넓혀주기 위함이었다.

21회기 놀이 주제는 '백설공주'였다. 치료사가 원하는 놀이를 지민이가 수용해 준 회기였는데 치료사의 이야기를 들으면서 필요한 피규어를 한 개씩 바구니에 담았다. '성' '난쟁이 집' '나무들' '공주' '왕비' '사냥꾼' '난쟁이' '사과' '할머니' '왕자님' '마차' '돌' '결혼하는 인형'을 골랐다. 아동은 처음에 '성' '난쟁이 집' 대신 빌딩을 골랐으며, 나쁜 사람은 진짜 나쁜 사람을 골라야 한다면서 신중하게 골랐다. 아동은 한 문장씩 들은 후 피규어를 골랐고, '성' '숲속' '난쟁이 집'을 놓을 장소를 정해서 꾸미고 어휘의 의미나 설명을 듣고 빌딩 대신 설명과 유사한 피규어를 갖고 왔다. 지민이는 배경 꾸미기가 끝난 후 다시 한 문장씩 들으면서 놀이를 재현하고, 백설공주 이야기를 혼자 이야기할 수 있었다. 활동 후 아동은 기차 이야기를 주제로 놀이를 하였으며 협상한 대로 놀이에 대한 이야기하기는 하지 않았다.

○ 언어 · 모래놀이통합치료 21회기

　21회기를 마치면서 아동이 놀이 주제를 못 찾겠다고 하여 '미국과 이탈리아에는 어떤 집이 있는지 알아보기' 숙제를 주었다. 22회기를 시작하자마자 아동은 조사한 내용들을 말하면서 피규어들을 구경하고, 자신이 조사한 미국과 이탈리아를 대표하는 피규어 '피사의 사탑' '자유의 여신상' '엠파이어스테이트 빌딩' '원형경기장' '물레방아'를 골라 왔다. 지민이는 "미국하고 이탈리아는 멀리 있대요. 선생님은 가 봤어요?" "뭐 타고 갔어요?" "미국하고 이탈리아를 어떻게 만들어요?"라고 끊임없이 질문했다. 또 치료사가 기분 좋아하는 것이 얼굴에 나타났는지 아동은 치료사의 얼굴을 빤히 쳐다보면서 "선생님 나 잘했어요?" 하고 물었다. 치료사가 "응, 잘했어. 숙제도 잘했고, 질문도 멋졌어. 선생님 기분이 좋아."라고 말해 주자 숙제해 온 것을 더 생각해 내려고 모래놀이상자와 오가면서 놀이를 했다. 지민이를 맡은 이후 아동이 주제와 관련된 질문을 스스로 끊임없이 한 것과 치료사의 표정을 보면서 감정을 읽어 보려는 자발적 시도는 처음 보인 것이었다.

　아동은 미국과 이탈리아의 위치를 정하지 못해서 치료사에게 물었고 치료사가 "이탈리아에서 미국에 가려면 바다를 건너야 해. 어떻게 하면 될까?"라고 하였다. 아동은 잘 모르겠다고 했고 "네가 미국과 이탈리아 사이에 바다를 만들어 봐."라고 하자 모래상자를 두 곳으로 나눈 후 "이거 다음은 잘 모르겠다."고 했다. 치료사가 지구본을 보여 주면서 두 나라 위치를 알려 주고 바다를 보여 주자 아동은 "이제 알겠다."면서 "내가 할 거예요."라며 놀이를 시작하였다. 아동은 모래상자를 반으로 나눠서 두 개의 모래더미를 만들고 가운데 바다를 상징하도록 모래상자의 밑바닥을 드러냈다. 아동은 '물고기, 자동차, 사람, 개, 고양이, 배, 집들, 축구하는 사람들'을 가져와서 모래상자를 꾸몄다. 치료사가 축구는 이탈리아 사람들이 좋아하고, 농구는 미국 사람이 더 좋아한다고 하였지만 축구 피규어만을 찾아서 모래상자를 꾸몄다. 지민이는 "이 차(는) 지금 이탈리아로 넘어가고 있어요. 이탈리아에 있는 차가 미국으로 가고 있어요(이때 아동은 모래상자 내 바다를 만든 곳에 다리를 놓아서 자동차가 오가게 하였다. 치료사가 미국과 이탈리아 사이에 있는 바다는 너무 넓어서 다리는 없고 배나 비행기로 오갈 수 있다고 하였으나 아동은 다리로 오가고 싶다고 하였다). 이건 차들이 부딪힐까 봐 멈춰 서 있어요. 이탈리아에서 미국으로 이사 왔고, 빨강색 지프차는 미국에서 이탈리아로 이사 가고 있어요. 이탈리아 사람은 축구하고 있어요. 미국 사람은(도) 축구하고 있어요."라고 이야기하였다. 이야기가 끝난 후 치료사가 사진을 찍으려 하자 잠깐만 기다리라면서 미국 위치에 농구 피규어를 갖다 놓은 후 이제 사진 찍어도 된다면서 웃었다. 어머니와 상담 시 아동이 주제를 스스로 정해서 조사하고 사용되는 어휘를 공부해 오는 것이 목표라고 전달하면서 치료에 오기 전 날 아동에게 놀이 주제를 정했는지 물어보고 스스로 주제를 정하도록 용기만 주라고 하였다.

23회기 주제는 '필리핀'이었는데 아동이 가족여행을 다녀온 곳이었다. 아동은 여행이 어땠냐는 치료사의 질문에 "필리핀(이) 어딘지는 모르고(모르지만) 배와 자동차를 탔고 불가사리도 보고 수영하는 사람도 있었어요."라고 보고하였다. 치료사가 필리핀은 큰 곳인데 어디로 갔었냐고 묻자 "비행기를 타야만 갈 수 있다고 아빠가 그랬다."는 대답을 하면서도 '섬'에 갔었다는 언

급은 없었다. 회기 전 어머니에게 들은 여행 정보에 따라서 '섬'이라는 단어
의 의미를 알려 주었다. 또 '예뻤다.'는 표현을 아동이 하여 왜 예쁘다고 생각
했는지 궁금하다고 하자 한참 생각하더니 '꽃과 나무'가 많았다고 하였다. 아
동은 자신의 여행 경험을 회상하면서 모래놀이상자에 '섬'을 만들고 그 섬에
꽃, 나무, 배, 집, 물고기, 불가사리, 사람, 자동차를 놓고는, 불가사리를 보
고, 낚시 배를 타고, 리조트에서 수영하고, 자동차를 봤다는 얘기를 하였다.

○ 언어 · 모래놀이통합치료 23회기

어머니는 집에서 아동이 스스로 주제를 정하면서 '장소 이름' '무엇을 봤는
지' '무엇을 했는지'를 물어보면서 확인했다고 하였다. 그리고 연구소에 오면
서, 대기하면서 '장소 이름'과 '무엇을 보고' '자신이 무엇을 했는지'를 확인하
였다고 하였다.

24회기 자신이 읽은 '곤충'에 대한 주제로 이야기를 한 아동은 25회기부터
35회기까지 국가와 대륙을 잇는 기차, 자연 등에 관심을 갖고 모래놀이를 하
였다. 이후 다큐멘터리에 관심을 갖게 되면서 36회기부터 자신이 시청한 다
큐멘터리를 주제로 놀이를 하였다.

이 시기에 아동은 자신이 알고 있던 주제에 대한 이해와 어휘가 확장되었다. 예를 들어, 언어 · 모래놀이통합치료 초기 아동이 생각한 주제가 '기차'일 때 아동은 '기찻길' '기차' 두 가지 피규어만 가지고 기차가 오가는 것만 표현했다면 25회기를 넘어서면서 기차의 속도, 오가는 지역과 그 지역의 특징 등에 관심을 가졌다. 피규어를 준비하고 검색하면서 알게 되는 어휘나 이해가 안 되는 것을 스스로 물어보면서 자신이 이미 알고 있었던 지식과 비교하는 모습이 매 회기 나타났다. 또한 국가의 위치를 미리 알아보면서 4개 대륙(유럽, 아시아, 아메리카, 아프리카)을 이해하고 대화에 사용하는 모습을 보였다.

아동은 자신이 생각한 국가에 대해서 모래놀이 피규어가 부족하다고 생각되면 원하는 피규어를 만들어 사용했다. '터키와 멕시코'를 주제로 선택한 이유를 '안 해 본 나라여서 해 보고 싶었다.'고 했는데 자신이 조사한 터키와 멕시코에 대한 피규어가 부족하자 검색하여 두 나라의 국기를 그리고, 모래 위각 나라 위에 세운 후 이슬람 사원과 성당, 성모상을 놓으면서 자신이 알고 있는 두 나라에 대한 이야기를 치료사에게 하였다.

아동과 만날 때 치료사는 아동의 기분과 건강, 내원 전 있었던 일들을 확인하는데 지민이는 매우 기분이 좋지 않을 때 외에는 항상 자신이 하기로 약속한 것을 지키는 아동이었다. 치료사는 아동에게 지시하기보다 아동의 이야기를 들으면서 "~을 해 봤어? 우아! 대단하다. 혹시 ~해 본 거 모래놀이 할 때 만들어 볼 수 있어?"라고 물어봤다. 아동이 거부하면 "음, 아쉽다. 다음에는 기대해 볼게.", 망설이면 "해 보자~~ 지민아. 선생님 궁금하다.", 바로 수용할 때는 "우아! 멋지다. 진짜 잘하는 걸!" 같이 표현을 달리하면서 아동의 기분이나 상황에 맞는 추임새를 하였다.

32회기에서 아동은 얘기할 주제가 없다면서 입을 삐죽거렸다. 치료사가 친구와 짝치료 시 읽었던 책 '잭과 콩나무'에 대해서 만들어 보는 건 어떠냐고 하자 "좋아요. 근데 모래상자가 땅인데 하늘을 어떻게 만들어요?"질문하였다. 대단하지 않은가! 땅과 하늘을 구분해서 설명해야 하는 책 내용을 생각해서 어떻게 만들어야 하는지 스스로 물어본 것이다. 치료사가 "네 생각

은 어때?"라고 묻자 곰곰이 생각하다가 "저는 잘 모르겠어요. 선생님 생각은
요?"라고 물어보아 "모래상자를 사등분하여 어느 쪽을 땅, 하늘로 할지 결정
하면 어떠냐?"고 하자 아동은 자기 방향에서 아래는 땅, 위쪽을 하늘로 하겠
다고 결정하였다.

　지민이는 "잭은 땅에서 살았고 거인은 하늘에 있어요. 잭은 가난했어요. 잭
은 부자가 아니었어요. 하늘에는 거인이 남자애를 먹었대요. 하늘에는 황금
알을 낳는 닭이 있었어요. 그리고 말하는 하프도 있었어요. 하늘 위에는 금
도 있어요. (잭은) 요술 콩이랑 소를 바꿨어요. 요술 콩은 하늘까지 길어졌어
요. 커졌어요. 거인은 말하는 하프랑 금이랑 황금알을 낳는 닭을 지키고 있었
어요. 잭은 콩나무를 타고 올라가서 닭, 하프, 금을 모두 훔쳤어요. (그래서)
거인이 (잭을 쫓아서) 내려오다 (잭이) 콩나무를 잘라서 땅에 떨어져서 죽었어
요. (잭은 닭, 하프, 금을 팔아서 엄마랑 행복하게 살았어요)"라고 이야기를 했다.

○ 언어 · 모래놀이통합치료 32회기

32회기를 통해 아동이 초기보다 책을 읽고 이해하고 표현하는 것이 향상되었음을 알 수 있었다. 시간적 흐름에 맞춰서 책 내용을 얘기하는 것이 이전보다 정확해지고, 특히 놀이를 하면서 이야기를 같이 할 수 있게 된 점도 긍정적인 치료효과였다. 접속사와 주어 생략, 이야기 마무리가 아동의 표현에 있어서 더 발전해야 하는 부분인 것으로 나타났지만 지민이는 계속 성장하고 있었다. 아동 스스로 무엇을 하든지 자신감이 점점 상승해서 적극적으로 변해 가는 것이야말로 아동의 발달에 가장 큰 힘이 되는 것이라 생각했기에 너무 기뻤다.

36회기부터 아동은 자신의 주위에서 겪은 일(가족여행)이나 다큐멘터리 시청 후 이에 대한 주제로 놀이를 준비해 왔다. 아동의 주제가 앞의 회기와 비슷하더라도 아동의 모래놀이와 이야기하기, 설명하기는 발달했다. 예를 들면, '공사장' 주제에서 1기 놀이에서 단순히 공사장의 탈 것이 움직이고 땅을 파고 흙을 옮기고 다지는 행동만 보였다면 2기에는 땅을 파고 흙을 옮기고 다진 후 빌딩, 카페, 풍차, 가게, 아파트를 세우고 도로를 놓고 강을 만든 후 배까지 놓는 놀이로 확장되었다. 또한 주제에 대하며 '배경-사건-결과'에 대하여 스스로 생각하고 설명하는 것이 향상되었다.

37회기 '캠핑장 역' 주제는 가족여행을 다녀온 얘기인데, 아동은 모래상자 안에 휴가를 즐기는 모습과 폭설로 기차운행이 중단되고 사람들이 대피하고 눈을 치우는 놀이를 표현하였다. "눈이 내려요. 폭설이에요. 석탄이 떨어져서 기관차는 움직이지 못했고 눈이 많이 와서 기관사는 대피했어요. 기차는 눈이 많이 쌓여서 석탄을 가져와도 갈 수가 없었어요. 굴뚝이 막혔어요. 기찻길도 눈에 덮여 버렸어요. 캠핑 온 사람들은 텐트 안으로 대피했어요."라고 하면서 피규어를 움직였다.

37회기에 대해 어머니는 실내리조트에서 놀고 올 때 폭설로 고생했다고 보고하였다. 아동이 도움 없이 '배경-사건-결과'로 이야기하기 시작한 것은 긍정적인 결과였다. 아동의 '집중력 저하'는 이야기하기, 설명하기 시 아동이 어려움을 갖게 하는 요인이 되었는데 언어 · 모래놀이통합치료를 통해 자신

○ 언어 · 모래놀이통합치료 37회기

감이 증가되고 있었다. 그러나 주제, 상황, 어휘 등 자신이 생각하고 표현해야 할 것이 많아지면서 아동의 복문 표현이 감소했다. 치료사는 아동이 2기 목표에 익숙해지기 위한 과정에서 나타난 결과로 보고 아동이 복문 표현을 잊지 않도록 표현한 이야기를 적어 주고 복문으로 수정해서 다시 표현하도록 했다.

2016년 1월 지민이의 언어발달평가 결과, 수용 · 표현어휘력(REVT)은 7세 후반, 구문의미이해력은 연령 기준 백분위수 23%ile, 초등학교 1학년 기준 30%ile, 언어문제해결력은 총점 82~83%ile로 나타났다. 아동과 부모, 치료사 모두 결과에 고양되어 더 열심히 해서 졸업(종결)하자고 약속했다.

언어 · 모래놀이통합치료를 통해서 아동이 자신감을 갖게 되고 아동 자신에 대한 표현이 증가하면서 상대적으로 감정에 대한 어휘가 제한적이고 대화 상대의 마음 읽기가 부족한 것이 아쉬움으로 남았다. 따라서 43회기부터 언어 · 모래놀이통합치료 2기의 목표와 함께 감정에 대한 어휘를 다양하게 사용하기와 마음 읽기 연습을 3기 목표로 세워 치료를 진행하였다.

2학년이 된 지민이는 학교에서 자신에게 형들과 동생들이 생긴 것을 자랑

언어·모래놀이통합치료 3기 목표 (43~68회기)

자신의 감정에 대해서 '좋아요' '안 좋아요' '나빠요' '화나요'로 제한된 표현어만
을 사용하는 것을 '기뻐요' '너무 좋아요' '즐거워요' '신나요' '행복해요' '실망이에
요' '좋지 않아요' '걱정이에요' '짜증나요' '떨려요' '기대돼요' '무서워요' '깜짝 놀
랐어요' 등으로 다양한 표현을 하도록 하는 것이 첫 번째 목표이다. 두 번째 목표는
대화 상대의 마음을 읽고 그들의 감정을 표현해 보는 것이다. 세 번째 목표는 대화
상대의 마음을 알고 난 후 자신이 어떻게 처신해야 하는지 생각해 보고 행동하거나
표현하는 것이다. 네 번째 목표는 주제를 공유하고 이해한 후 이야기를 주고받으면
서 친구의 이야기를 이어 나가는 것이다. 이 활동을 통해 대화를 할 때 주제를 유지
하고, 친구의 감정에 신경을 쓰게 되어 또래관계가 향상되도록 하는 것을 최종 목
표로 두었다.

했다. 치료사가 "그럼 네 생각과 기분을 잘 말하고, 형들, 동생들, 친구들이
어떤 마음인지도 잘 알아야겠네."라며 3기 목표와 활동에 대한 동기 부여를
하자 "아~ 어려운데."라고 말하면서 "해야 되겠네. 휴우, 난 왜 형도 생기고
동생도 생긴 거야!"라며 목표를 수용하였다. 43회기부터 치료사의 목소리를
듣고 기분 알아채기 연습을 했는데 지민이가 흥미도 없고 어려워하는 과제
여서 먼저 기분에 관련한 어휘 중 아동이 의미를 알지만 실생활에서 사용하
지 않는 어휘 4개를 선정했다. 아동과 치료사 대화 시 아동이 치료사 얼굴을
살펴보고 이상하다고 생각되면 "왜요? 왜요? 왜 (실망)했어요?"라고 물어보
고, 치료사는 '실망하다' '신나다' '깜짝 놀라다' '무섭다'를 1차 감정어휘로 정
하고 관련한 음성을 표정과 함께 사용하여 아동이 감정과 표현어휘에 대해
연관 지을 수 있도록 하였다. 그동안 매 회기마다 아동에게 치료사가 기분에
대한 다양한 음성을 상황에 맞게 사용했지만 아동은 '화내는 음성'인 경우에
만 "왜요?"라는 질문을 하였다. 따라서 43회기부터는 '화나다'와 관련된 음성
을 제외한 기분에 관한 음성을 사용하고 아동이 알아차리지 못하는 경우 아

동에게 직접적으로 알려 주고 반응하는 연습을 하였다.

지민이의 기분은 학기 초와 학기 말에 항상 저조했는데 이때는 표현이 적어지고 단순한 놀이만 하려고 했다. 자신이 생각한 피규어가 없거나 미리 상황에 대한 언질을 주지 않았다고 화내는 행동도 나타났는데 이때 치료사는 잠시 침묵 후 지민의 기분에 대해 얘기하고 감정어로 표현하도록 했다. 지민이가 가장 구분하기 어려워하는 '화나다'와 '실망하다'의 의미를 알려 주고, 각 상황에서 어떤 어조로 얘기해야 하는지 대화하고 연습했다. 언어 · 모래놀이통합치료 3기가 지민이가 힘들어하는 시기와 맞물리면서 감정에 대한 표현어휘는 '실망이에요' '좋지 않아요' '걱정이에요' '짜증나요' '떨려요' '무서워요' '깜짝 놀랐어요'의 사용이 많았다. 치료사로서 한쪽으로 편중되는 감정어휘에 걱정이 되었으나 오히려 어머니가 "그래도 다양하게 이해하고 표현한다면 좋은 것이 아니겠어요?"라면서 치료사를 지지해 줬다.

58회기부터 68회기는 언어 · 모래놀이통합치료 종결을 준비하면서 '교대로 모래놀이상자를 꾸미면서 이야기를 이어 가기' 활동에 집중하였다. 집단치료에서도 '이야기 이어 가기' 활동을 했지만 주어진 것을 가지고 이야기를 만들어야 하는 점은 주제, 피규어 등이 열려 있는 언어 · 모래놀이통합치료와 달랐다. 3기의 '이야기 이어 가기'는 아동이 스스로 내용을 이끌어 가면서 대화 상대자의 이야기에 집중해야만 할 수 있는 활동이었다. 이 활동을 하려면 대화에 참여하는 사람들은 '주제'를 공유하고 주제에 대해 이해해야 한다. 대화 상대의 이야기를 집중해서 듣고 이야기를 받아서 주제에 맞게 다음 이야기를 이어 가야 한다. '주제'는 대화에 참여하는 사람이 정해도 되고, 책을 같이 읽고 이에 대한 주제로 대화 이어 가기를 해도 된다. 아동은 같이 모래놀이상자를 꾸미고 대화를 이어 가는 것을 어려워해서 58회기에는 이야기를 이어 가기보다 주제에 대한 자기 생각을 이야기하기에 집중했다. 하지만 회기가 거듭되면서 치료사의 이야기에서 부족한 부분을 자신이 보충하거나 자신이 생각한 이야기로 치료사의 이야기를 이끌어 가려고 유도하는 모습이 나타났다.

58회기에서 C(아동), T(치료사)로 나눠서 이야기 이어 가기를 했다. 아동은 처음에 "관찰하는 거예요."라고 말한 의도와 다르게 '안크론칸토'라고 아동이 명명한 공룡을 자동차가 쫓아가고 도망하는 놀이를 했다. 치료사가 '관찰'에 대해 '공룡들이 무엇을 먹고 놀고 자는지, 싸우거나 도망가는지 같은 공룡들의 생활을 지켜보고 공책이나 컴퓨터에 기록하고 사진 찍고 비디오로 촬영하는 것'이라고 하자 아동은 사진 찍는 피규어를 갖고 오고 공룡이 움직일 때 자동차 피규어를 천천히 같은 방향으로 움직이고 사진사 피규어도 같이 움직였다.

다음은 58회기 '쥐라기 월드'라는 주제에 대한 이야기 이어 가기 활동이다 (C: 아동, T: 치료사).

C: 쥐라기 월드는 공룡들이 많고 울창한 숲이에요.

T: 쥐라기 월드에는 호수가 있고 공룡들이 호수에서 헤엄치거나 물을 마셔요

C: 탐험대가 안크론칸트를 관찰하려고 쥐라기 월드 숲에 도착했어요. 그리고 숲에 망가진 지프가 있는데 지난번 탐험대가 타고 왔다가 안크론칸트가 망가트렸습니다.

T: 탐험대는 호숫가에 기지를 세우고 사진 찍고 식사 준비를 하고 안크론칸트를 찾으러 출발했습니다.

C: 안크론칸트는 육식 공룡이고 도마뱀이고 꼬리는 길고 힘이 세고 앞발은 뒷다리에 비해서 작고 갈고리 손톱이 달려 있었습니다. 지난번 탐험대는 안크론칸트가 너무 빨라서 관찰 못했지만 이번 탐험대는 성공했습니다.

○ 언어 · 모래놀이통합치료 58회기

58회기에서 아동이 '쥐라기 월드'라는 배경을 말하고 치료사가 쥐라기 월드 내부에 있는 '호수'라는 장소로 배경을 좁혔으나 아동은 이 점을 알지 못하여 '숲'을 다시 이야기하였다. 이후 치료사가 다시 '호숫가'를 언급했지만 아동은 알아차리지 못했다.

63회기 언어 · 모래놀이통합치료에서 아동은 증기기관차에는 번호가 있어야 한다면서 '증기기관차 9633호'라고 하였다. 치료사가 "왜 9633이야?"라고 질문하자 "증기기관차 앞에는 번호가 있어야 하는데 나는 9633번이 마음에 들어요."라고 자신의 의견을 말하였다. 치료사가 얼굴을 찌푸리자 지민은 치료사가 증기기관차에 번호가 있어야 한다는 것을 이해하지 못했다고 생각하여 "증기기관차에는 번호가 있어야 하는 거예요. 여기 보세요. 기관차에 번호가 있는 게 맞죠!"라고 말하면서 자신이 준비한 증기기관차 사진을 보여 줬다. 치료사가 "나는 9번이 싫은데."라고 말하자 아동은 "그럼 4528번은 어때요?"라고 물으면서 치료사가 싫어하는 번호를 제외한 숫자로 새 번호를 만들었다. 지민이는 증기기관차 4528을 보여 주면서 '힘이 센 증기기관차 4528' '천하장사 증기기관차 4528'이라고 주제를 바꿨다.

다음은 63회기 '증기기관차 4528호'라는 주제에 대한 이야기 이어 가기 활동이다(C: 아동, T: 치료사).

C: 무거운 열차 차량을 끄는 증기기관차 4528은 힘이 세서 천하장사라고 불립니다.

T: 증기기관차 4528은 소방서와 경찰서를 오갑니다.

C: 경찰서와 소방서를 오가는 증기기관차는 모습이 다릅니다. 길도 다릅니다. 경찰서로 가는 증기기관차는 오른쪽 맨 앞에 있고, 소방서로 가는 증기기관차는 왼쪽 맨 앞에 있습니다.

T: 증기기관차가 경찰서로 가면 경찰들이 맞이해 주고, 소방서로 가면 소방관들이 맞이해 줍니다.

C: 증기기관차 4528은 자동차보다 빠르고, 사람과 자전거와 자동차까지 싣고 갈 수 있습니다.

T: 증기기관차 4528은 정말 힘이 셉니다.

○ 언어 · 모래놀이통합치료 63회기

63회기에서 아동은 치료사의 마음을 읽고 싶어하는 번호를 고려하여 자신이 원했던 증기기관차 번호를 스스로 바꾸고, 바꾼 번호는 괜찮은지 되물어보았다. 또한 이야기 이어 가기 활동 중 치료사가 증기기관차에 대한 정보를 말하자 자신의 차례에서는 증기기관차에 대한 추가 정보를 말할 수 있었다.

66회기에서 주제는 '파라오의 분노'였다. 아동은 '파라오의 저주'라는 행사를 갔다고 하였다. 이집트 사막에서 일어나는 일이라며 피라미드와 스핑크스, 파라오 등 피규어를 꺼내면서 흥분하는 모습이었다(C: 아동, T: 치료사).

C: 사막에 피라미드 10개가 모여 있어요. 탐험대원 8명이 피라미드를 탐험하러 왔어요.

T: 파라오의 분노 때문에 스핑크스가 탐험대를 공격했어요.

C: 탐험대는 도망치고 스핑크스 1마리는 부서졌고 1마리만 남았습니다.

T: 빨강색 지프차는 스핑크스를 유인했고 차는 피라미드에 부딪혀서 부서졌습니다.

C: 빨강색 지프차에 탄 1명은 다치고 탐험대는 피라미드 7개를 탐험한 다음에 탐험을 중단했어요.

T: 탐험대는 스핑크스를 모래 속에 묻었습니다.

66회기 '파라오의 분노'라는 주제에 대한 이야기 이어 가기 활동 내용에서 아동은 치료사가 화난 음성으로 분노를 표현하고 스핑크스로 탐험대를 공격하자 매우 놀라며 "왜 그래요!"라고 당황해하였다. 치료사가 "주제가 파라오의 분노잖아."라고 말하자 아동은 "분노가 그런 거예요?"라고 물어보았다. 치료사가 "응, 분노는 화가 많이 난 건데. 검색해 봐."라고 말하자 어휘를 검색하고 "저주와 분노가 달라요?"라고 물었다. 치료사가 저주와 분노의 차이와 연관성을 예로 설명해 주자 이해했다면서 주제를 바꾸지 않고 계속 놀이를 하자고 하였다.

○ 언어 · 모래놀이통합치료 66회기

　아동은 언어 · 모래놀이통합치료를 통해서 주제와 관련된 상황과 소재에 대해 폭넓게 생각할 수 있게 되고, 상대방과 같은 주제로 대화하며 자신이 원하지 않는 방향으로 이야기가 진행될 때 다른 주제로 바꾸는 것이 아니라 상대방의 이야기를 이어 가면서 자신이 원하는 이야기 방향으로 이끌게 되었다. 또한 자신이 생각한 이야기와 주제가 다를 경우 바로 이야기를 멈추고 '이런 것이 아님'을 전달하고 생각하여 계속 이야기를 이어 갈지 바꿀지를 스스로 결정하는 모습도 나타났다. '분노'에 대한 치료사의 표현을 본 영향 때문인지 새로 알게 된 어휘에 대해 검색하거나 사용하기 전 물어보는 행동이 치료실에서 증가됐는데 가정에서도 일반화되어 나타났다는 부모 보고가 있었다.

　68회기로 종결하기 2주 전, 아동에게 모래놀이가 종결될 예정임을 알렸다. 이는 아동이 마음의 준비를 할 수 있는 시간을 주기 위함이었다. 부모와 치료사가 지민이에게 '잘하게 되어 종결하게 된 것임'을 분명히 전달하였지만, 아동은 '너무 속상하다' '화가 난다' '분노한다' '소리 지르고 싶다' '더 하고 싶다' 등 종결회기가 가까이 올수록 자신의 감정을 부모에게 줄곧 표현했다고 하였다. 부모는 아동의 감정에 대해 충분히 공감해 주었다고 하였지만 치료사는 걱정이 되었다. 하지만 우려하던 것과 다르게 아동은 종결하는 68회기 수업을 진지하게 마쳤다. 아동은 아쉬운 듯 피규어를 천천히 정리하면서 치료사에게 "모래놀이는 끝났지만 선생님은 계속 만나니까 제가 잘하면 여기 또 올 수 있죠?"라고 물어보며 모래놀이치료실을 퇴실하였다.

지민이는 언어·모래놀이통합치료 이후 6회기 동안 독후감 쓰기 연습을 더 한 다음 종결하였다. 가정과 개별언어치료에서 짧은 이야기라도 매일 책을 읽고 이야기하는 활동을 했었고, 언어·모래놀이통합치료를 병행하면서 책을 읽을 때 글자만 읽던 초기와 달리 시간의 흐름, 장소와 날씨, 등장인물들의 감정변화, 새로운 어휘, 이야기 끝난 후를 상상하는 것도 가능해졌다. 언어·모래놀이통합치료를 할 때 목표였던 마음 읽기도 계속 이어졌다. 아동은 책을 읽으면서 주인공의 마음을 읽고 감정 단어를 스스로 사용하는 모습을 보였고, 다양하게 쓰지 못했던 어휘인 '기뻐요' '너무 좋아요' '즐거워요' '신나요' '행복해요' '기대돼요'에 대해 충분히 얘기하고 활동할 수 있었다. 또한 부담스러워만 하였던 쓰기활동에도 자신이 생겼는지 책을 읽고 이야기했던 내용을 기억해서 글로 쓰기와 자신이 읽은 소재가 비슷한 이야기의 비교도 가능해졌다.

2017년 1월, 종결을 앞두고 실시한 아동의 언어발달평가 결과 수용어휘력(REVT) 9세 전반, 표현어휘력(REVT) 8세 전반, 구문의미이해력 연령기준 51%ile, 초등학교 2학년 기준 54%ile, 언어문제해결력 총점 98~99%ile이었다. 화용론, 구문론, 의미론 모두 진전은 됐지만 종결을 해도 되는 건지 불안한 마음이 들었다. 하지만 아동이 모범상을 받는 등 학교생활을 즐거워하고, 담임교사 상담 시 학교 수업에서 다른 아동에 비해 떨어지는 부분이 없으며, 친구들에게 인기가 좋다는 피드백을 받았기 때문에 안심하고 종결할 수 있었다.

그리고 3학년 2학기에 지민이 어머니가 소식을 전해 왔다. "선생님, 지민이가 학교에서 독후감 우수상을 받았어요. 그리고 아이들이 뽑은 인기친구가 되었어요. 너무 감사합니다. 정말 이런 날도 오네요. 다른 학교로 전학 가기 전에 이렇게 기쁜 마음으로 가게 되어서 너무 너무 좋아요. 고맙습니다."

4. 향후 계획

현재 지민이는 국악중학교를 가기 위해 '장구' 수업을 정기적으로 받고 있으며 친구들과 학원에 다니면서 학업에 열중하고 있다. 친구들과의 대화나 놀이에서 부족한 점이 전혀 없는 것은 아니지만 친구들이 전혀 개의치 않을 정도로 잘 어울리고 있다고 한다. 또한 정기적으로 의학적 접근도 이뤄지고 있다.

5. 결론

지민이는 양육자인 부모님이 연구원과 치료사를 신뢰하고 교육의 방향, 치료의 필요성을 충분히 이해하고 의논하면서 지민이에 대한 계획을 진행하였다. 총 7년간 언어치료 및 언어·모래놀이통합치료, 학습지원, 놀이치료 등 다양한 형태로 진행하였다. "7년이라는 시간이 지나고 보니 짧은 것 같이 느껴진다. 하지만 우리에게는 끝이 보이지 않는 긴 시간이었다. 그동안 너무 힘들었다."고 고백하는 부모의 모습에 오히려 치료사가 놀랐을 정도로 지민이 부모님은 항상 웃으면서 열심히 하셨다. 어쩌면 부모님의 긍정적인 마음이 치료사가 지민이의 장점을 알려드렸을 때 놓치지 않고 지민에게 맞는 악기를 찾고, '장구'를 선택하고 배우게 하여 오늘날의 지민이를 만든 것 같다. 현재 지민이는 발표회를 여러 번 할 만큼 음악적 재능을 발휘하고 있고, 국악중학교를 바라보면서 미래에 대한 계획을 구체적으로 그려 나가고 있다.

많은 부모가 여러 곳의 치료실을 옮겨 다니면서 치료를 받는, 일명 '치료실 쇼핑'을 하는 경우가 있다. 이 경우 관계를 형성하고 아동에 대한 파악을 하느라 소모되는 시간이 적지 않다. 결국 아동과 부모 모두에게 도움이 되지 못할 수 있고, 이 기간만큼 치료의 단절이 와서 소모된 기간과 경비에 비해 효과가 적어질 수 있다. 지민이의 경우에서 볼 수 있듯이 치료계획을 세우는 것 이상으로 아동에 대한 정확한 이해가 중요한 이유는 아동의 장점을 파악하고 양육자에게 알려 주어 장점을 키울 수 있기 때문이다. 또한 양육자의 노력을 지지해 주는 시간도 아동의 치료만큼 중요하다. '아프면서 자란다.'라는 말이 있다. 이것은 '아파야 자랄 수 있다.'가 아니라 아파서 제자리거나 퇴행하는 것처럼 보이지만 아플 때조차도 아동의 발달은 계속되고 있다는 뜻이라고 생각한다.

지민이는 첫 내원 시부터 종결까지 정기적인 평가가 실시됐다. 내원 후 첫 평가에서 언어발달지연과 경계선 수준의 지능으로 진단받았지만 4~5년간 꾸준하게 지속해 온 치료교육과 약물치료를 통해 또래 친구들과 어울려서 생활하는 데 큰 어려움이 없을 정도로 발달하였다.

아동은 물론 상대의 마음을 읽고 이해한 후 어떻게 반응해야 하는지, 좋아하지 않는 주제로 얘기해야 할 때는 어떻게 해야 하는지 같은 화용론적 부분에서 적절하게 반응하지 못할 때도 있고, 구문론과 의미론에서 오류를 보이기도 한다. 집중력 저하로 인해 지속적인 학습에 대한 어려움도 있지만 또래 아동들과 함께 학원에 다니고 어울리는 것이 훨씬 쉬워졌다. 지민이의 치료를 통해 깨달은 것은 아이들의 미래를 함께 고민하고 대화해 주는 치료사만큼 아동을 믿고 지속적으로 꾸준히 함께 가는 양육자가 중요하다는 것이다.

이 사례는 어머니가 치료에 직접 참여한 가족발달놀이치료서 가족의 개입을 통해 아동의 사회적 상호작용 향상과 전반적 발달 증진을 목표로 하는 발달놀이치료를 2년 3개월간 실시하였다.

❈ 가족발달놀이치료란

가족발달놀이치료는 아동과 부모를 위한 구조화된 놀이치료로서, 발달놀이치료에 가족, 특히 부모가 함께 참여하는 치료방법이다. 발달놀이치료는 치료사와의 안전한 치료적 관계를 통해 아동의 발달을 증진시키고 상호작용을 촉진시킬 수 있다. 가족발달놀이치료는 부모가 치료에 직접 참여한다는 점에서 다른 놀이치료보다 전체적인 상담시간이 단축된다. 또한 치료를 통해 부모의 양육기능이 향상될 수 있고 이에 따라 양육자신감도 증진된다. 이 외에도 부부간의 적절한 부모역할분담과 협력을 돕는다는 다양한 이점이 있다. 종합하면, 가족발달놀이치료를 통해 아동은 발달 및 상호작용이 증진되고, 부모는 아동의 특성에 맞게 양육할 수 있다. 특히 부모는 치료를 직접 관찰하고 참여하기 때문에 치료방법을 가정에서 보다 쉽게 적용할 수 있어 치료의 일반화가 효과적으로 이루어지게 된다.

아이코리아 아동발달연구원에서는 가족발달놀이치료를 위한 발달놀이치료실이 따로 마련되어 있고 부모는 일방경(one-way mirror)을 통해 치료사와 아동의 치료를 관찰할 수 있다. 일정 기간 치료사와 아동의 치료를 관찰한 부모는 치료계획에 따라 단계적으로 치료에 참여하게 된다. 부모가 직접 치료를 관찰하고 참여할 수 있기 때문에 부모들로부터 높은 만족도와 치료효과를 보고받고 있다. 일반적으로 치료 시간은 주 1~2회 30분/45분(치료 20~35분, 부모상담 10분)씩 이루어지고 있으며 사전, 사후 검사 제외 총 12회기로 진행되고 있다. 12회기가 끝나면 사전, 사후 검사 결과를 검토하여 가족발달놀이치료를 더 진행할 것인지 다른 치료로 전환할 것인지 결정하게 된다.

> ## ❧ 발달놀이치료실
>
> 발달놀이치료실은 아동의 상호작용을 촉진하기 위한 구조화된 환경으로 구성되어 있다. 매트나 빈백, 아동용 의자가 비치되어 있고 치료에 필요한 장난감이나 도구들은 수납장에 넣어 아동의 주의를 끌지 않는다. 다만, 치료사가 손쉽게 꺼낼 수 있는 위치에 두어 언제든지 놀이에 활용할 수 있다. 발달놀이치료실에서는 주로 도구를 사용하기보다는 신체 중심의 접촉놀이를 통해 상호작용의 의미와 즐거움을 경험할 수 있다.

1. 프롤로그

도연이는 동그랗고 큰 눈을 가진 귀여운 인상의 남자아이로 어머니와 함께 연구원에 내원하였다. 검사자가 "도연아 안녕."이라고 아동의 이름을 호명하며 인사하였지만 아동은 검사자의 호명과 인사에는 반응을 보이지 않았다. 아동은 검사자를 보고 '후~' 하고 부는 시늉을 하며 손으로 어딘가를 가리켰다. 아동은 진단면접 당시 비눗방울 놀이를 한 것을 기억하고 이를 요구한 것이었다. 아동은 이렇게 자신이 원하는 것을 요구할 때에만 제한적으로 다른 사람과의 소통을 하고 있었다.

2. 배경정보

도연이는 임신 중 소뇌에 문제가 있었고 출생 후에는 선천성 질병으로 운동발달이 늦어 운동치료, 감각통합치료, 작업치료, 언어치료 등을 받았다. 아동은 연구원의 협력병원인 분당서울대학교병원 유희정 교수로부터 발달놀이치료를 통해 상호작용 증진이 필요하다는 소견을 받아 발달놀이치료를 받기 위해 연구원에 내원하게 되었다. 사전검사 후 2016년 5월부터 가족발달놀이치료를 시작하였다.

3. 치료적 접근

1) 의학적 접근

도연이는 2016년 만 3세였을 때 전반적으로 발달이 늦어서 병원에 왔다. 내원 1년 전에 시행한 베일리 발달검사에서도 인지, 언어, 운동 등 모든 영역에서 전반적인 발달의 저하 소견을 받은 적이 있었다. 아동은 아직 의미 있는 언어를 말하지 못해서, 보호자는 자폐스펙트럼장애 가능성에 대한 걱정을 하고 있었고, 그에 대한 검사를 받아 보고 싶어 하였다.

아동은 출생과 초기 발달 과정에서 특별한 발달력을 갖고 있었다. 출생 직후 감염과 관련된 혈액 지표들이 높았고, 바이러스 감염을 확진받았다. 그 후 유증으로 인해 한쪽 귀의 청력이 손실된 상태였고, 운동발달이 늦어 주 3회 재활치료를 지속해 왔다. 감염 진단 후에 뇌자기공명영상(brain MRI)에서 석회화 소견과, 뇌파검사에서 경련과 관련된 양상이 있었으나 실제로 경련을 한 적은 없다고 하였다.

아동은 어릴 때부터 옹알이가 많이 없었고, 첫 단어는 빨리 말하였으나 이후 단어를 말하지 않고 문장도 아직 만들지 못하는 상태였다. 내원 3개월 전에 겨우 질문에 "네." 하고 대답을 할 수 있게 되었고, 내원 시에는 '어흥' '엄마' '아빠' 등의 간단한 단어를 말할 수 있었다. 눈 맞춤, 사회적인 미소 등 전반적인 사회성 행동의 지연이 현저하였다. 자신의 관심사나 즐거움을 타인과 공유하는 행동은 시작되고 있는 단계라고 생각되었다. 아동은 16개월부터 유아교육기관에 다녔는데, 또래들에게 관심이 있으나 적절히 관계를 맺고 유지하기는 어려운 상태였고, 형들이 미끄럼틀이나 시소를 같이 타며 놀아 줄 때 재미있어하고, 비눗방울 놀이를 하면 즐거워하며 잡으러 다니는 정도의 놀이기술을 갖고 있었다. 진료실에서도 아동은 장난감에 대한 관심이 거의 없었으며, 누르는 장난감을 짧게 가지고 놀이하는 모습을 보였다. 행동 발달 측면에서 아동은 물건을 배열할 때 간격을 맞추거나, 흘린 음식은 즉시 닦는 것과 같은 강박적인 성향이 있었다. 또한 이전에는 기차놀이 도중 기차가 이탈되는 것에 심하게 짜증을 내는 모습을 보였다. 일상생활에서 크게 두드러지진 않으나, 자동차 바퀴, 회전목마의 움직임과 같이 돌아가는 물체를 유심히 보며 시각적인 자극을 추구하고 있었고, 혼자 있는 상황에서 곁눈질을 하는 모습도 가끔씩 나타나고 있다고 보고하였다.

도연이는 진단적으로 보았을 때 자폐스펙트럼장애와 지적장애를 함께 갖고 있는 아동이라고 생각되었고, 어린 시절의 의학적 병력이 어느 정도 기여하는 바가 있다고 추정되었다. 아동의 언어가 많이 지연되어 있고, 청력의 제한점으로 인해 구어의 발달이 조금 더 늦어질 것으로 추정되었으므로, 검사를 대기하는 동안 그림교환 의사소통과 같은 대안적인 방법을 결합한 언어치료를 지속할 것을 권하였다. 다만, 아동은 사회적 상호작용에도 도움이 많이 필요하므로, 언어에만 치우치지 말고 사회성을 키워 줄 수 있는 치료를 병행할 것을 권하였다. 초기 검사 결과 지능지수는 산출하기 어려웠으며, 사회성숙지수 76, 한국판 아동기 자폐평정척도(K-CARS) 32.5점으로 자폐스펙트럼장애를 시사하였다. Autism Diagnostic Interview-Revised(ADI-R)와 Autism Diagnostic Observation Schedule(ADOS 모듈 1)에서도 자폐스펙트럼장애의 진단기준을 만족하였다.

진단 이후 아이코리아 아동발달연구원에서 발달놀이치료와 함께 구조화된 응용행동분석을 병행하여 치료하였다. 이후 조금씩 언어 표현이 늘고, 필요한 것을 요구하는 방식도 다양해졌으며, 부모님과의 눈 맞춤, 관심 공유하기 행동도 조금씩 호전되었다. 2017년 만 4세 때 시행된 2차 검사에서는 지능지수 59, 비언어성 지능지수 65였다. 또래들과의 관계는 여전히 숙제였는데, 여전히 관심이 많지 않고 주고받는 방법을 배우기 어려워하였다. 다만,

매일 보는 또래들을 조금 더 편안하게 느끼는 것은 긍정적인 변화라고 생각되었다. 언어기술의 변화에 비해서 또래와 관계를 형성하는 기술의 발전이 더 늦은 경향이 있었으므로, 치료실에서 배운 것을 실제 생활에서 응용할 수 있게 연습할 수 있는 기회를 주도록 권유하였다. 취학을 앞두고 스스로 일상생활을 할 수 있는 능력을 키워 주고, 학교에서 적절한 특수교육의 도움을 받을 수 있도록 준비하는 것이 필요하다고 판단되었다.

2) 치료교육 접근

도연이는 연구원에서 다음과 같이 치료를 진행하였다. 도연이의 치료교육은 크게 가족발달놀이치료, 개별발달놀이치료, 짝 발달놀이치료로 이루어졌으며 계획에 따라 단계적으로 진행되었다. 2016년 5월부터 10월까지는 가족발달놀이치료가 이루어졌으며 사전, 사후 상호작용 검사를 통해 적합한 치료계획을 세웠는지, 치료교육이 효과적이었는지 검토가 이루어졌다. 가족발달놀이치료를 마치고 2016년 11월부터 개별발달놀이치료를 하면서 놀이기술학습, 놀이 수준 확장, 의사소통발달, 사회성발달 등 전반적인 발달 증진을 위한 치료가 진행되었다. 개별발달놀이치료는 2018년 8월까지 진행되었으며 이와 함께 짝 발달놀이치료를 병행하였다. 2017년 7월부터 2018년 3월까지 진행된 짝 발달놀이치료를 통해서 치료교육의 일반화, 또래와의 상호작용 경험, 사회성발달을 목표로 하였다.

가족발달놀이치료의 단계

1. 부/모-아동 상호작용 검사(MIM) 1차

- 부/모의 상호작용 패턴과 양육태도를 확인한다.
- 아동의 상호작용 패턴과 발달 수준을 확인한다.
- 부/모와 아동의 특징에 따른 구체적인 치료 목표와 치료 내용을 계획한다.
- 부모와 아동의 상호작용 검사는 한부모와 아동(부-아동, 모-아동)이 각각 실시한다.

2. 가족발달놀이치료(12회기)

1) 치료사-아동 관계 형성/부모 관찰 단계(1~4회기)

- 치료사와 아동의 관계 형성을 목표로 하는 치료사 주도 발달놀이치료이다.
- 부모가 일방경(one-way mirror)으로 치료사와 아동의 치료를 관찰하면서 부모-아동의 상호작용 패턴과 치료사-아동의 상호작용 패턴의 차이를 확인한다.
- 부모가 관찰을 통해 아동의 발달 수준에 적절한 놀이방법을 배운다.

2) 부모-아동 협동 및 신뢰 형성/부모 참여 단계(5~8회기)

- 부모-아동의 신뢰 형성, 애착 증진, 문제 해결, 양육 코칭을 목표로 한다.
- 부모가 치료사의 지도 아래 계획에 따라 점진적으로 치료에 참여한다.
- 부모는 놀이 참여자로서 놀이방법을 모방하고 실습한다.

3) 변화의 일반화와 종결 준비/부모 주도 단계(9~12회기)

- 치료의 효과가 가정으로 일반화되는 것을 목표로 한다.
- 치료사 역할을 최소화하고 부모 역할을 최대화한다.
- 부모는 놀이 주도자로서 치료사의 역할을 하여 놀이를 이끈다.
- 치료사는 부모가 적절한 상호작용을 할 수 있도록 지도한다.

3. 부/모-아동 상호작용 검사(MIM) 2차

- 치료 목표가 달성되었는지 확인한다.
- 부모-아동의 상호작용이 적절하게 이루어지고 있는지 관계의 향상을 확인한다.
- 가족발달놀이치료를 유지할지 다른 치료(개별발달놀이치료, 짝·집단 발달놀이치료)로 전환할지 결정한다.

(1) 초기: 어머니가 함께하는 '가족발달놀이치료'

본격적인 치료에 들어가기 전, 아동의 현재 발달상태 및 상호작용 패턴을 확인하기 위해 2016년 4월, 만 3세 3개월 때 어머니와 도연이의 상호작용 검사(MIM) 1차가 진행되었다.

🔍 상호작용 검사(MIM)란

MIM은 Marschak Interaction Method의 약자로 부모와 아동 간의 상호작용 방식을 관찰하고 부모-자녀 관계의 긍정적인 측면과 부정적인 측면에 대해 평가할 수 있는 구조화된 검사이다. 이 검사는 상호작용의 방식과 관계상의 문제 영역을 세심하게 관찰할 수 있기 때문에 부모와 아동 모두의 강점과 그들의 관계에서의 상호작용 패턴을 파악할 수 있다.

MIM은 몇 가지 과제로 구성되어 있으며 아동의 발달 수준에 따라 범주화될 수 있다. 각 수준의 과제는 구조화, 개입, 양육, 도전, 즐거움의 5가지 차원으로 구성되어 있다.

- 구조(Structure, 규칙 영역): 아동에게 적절하게 지시하고 제한 설정을 하면서 안전한 환경을 제공하는가
- 개입(Engagement, 함께 놀이하기 영역): 아동의 상태와 반응을 조율하면서 즐거운 상호작용을 할 수 있는가
- 양육(Nurture, 돌봄 영역): 편안함과 평온함 그리고 양육에 대한 아동의 욕구를 충족시키는가
- 도전(Challenge, 도전 영역): 발달상 적절한 수준에서 성공을 위한 아동의 노력을 지지하고 격려하는가
- 재미(Fun, 즐거움 영역): 이 모든 상호작용이 재미있고 즐거운가

이러한 5가지 차원을 통해 부모의 양육능력과 애착문제에 대해 평가할 수 있으며, 아동도 부모의 지시를 얼마만큼 수용할 수 있는지, 부모의 양육이나 격려를 얼마만큼 받아들일 수 있는지를 평가할 수 있다. 이 평가를 기초로 발달놀이치료 계획을 세울 수 있다.

도연이는 비눗방울 대신 장난감 나팔을 주자 직접 불어 소리를 내며 즐거워하였으며, 검사자와 어머니에게도 건네며 불어 보기를 요구하는 등, 자신의 활동에 관심을 유도하고 함께 공유하려는 모습을 보였다. 또한 검사 상황에서 소리 나는 종에 관심을 보였으며 이를 통해 아동이 소리 나는 악기에 흥미가 있을 것으로 예상되었다. 그러나 아동은 좋아하는 활동 외의 놀이나 재료, 도구에는 무관심하거나 거부하는 태도를 보였다. 아동은 어머니의 제안이나 지시보다는 자신이 원하는 방식으로 활동하기를 원하였으며, 한 과제에 대한 주의 집중 시간이 짧고 쉽게 흥미를 잃어 어머니와 함께 놀이하기가 어려웠다. 다만, 쎄쎄쎄 놀이에서는 어머니가 여러 번 과제를 시도하자 잠시 수용하는 모습을 보였다.

도연이의 어머니는 매우 다정하고 따뜻한 인상으로 아동의 수준에 맞는 언어와 제스처를 사용하여 아동의 정서나 행동을 잘 반영해 주었다. 또한 돌봄 영역에서 자연스러운 신체적 접촉을 시도할 수 있었으며 아동 역시 가장 반응적이고 안정적인 모습을 보였다. 그러나 어머니는 일부 검사 상황에서 나타난 아동의 무관심한 태도와 거부적인 행동에 대응하여 과제로 유도하지 못하였으며, 과제를 주도하여 진행하기보다 아동이 원하는 대로 허용하고 과제를 쉽게 중단하는 모습을 보였다.

종합하면, 상호작용 검사를 통해 어머니와 아동이 신체적 접촉을 통해 상호작용 및 정서적 교류가 잘 이루어진다는 사실을 확인할 수 있었으며, 이와 같은 결과는 치료의 시작 단계에서 매우 중요한 단서이자 아동의 강점으로 평가되었다.

도연이가 연구원에 온 2016년 5월부터 8월까지는 어머니가 치료실에 입실하여 아동과 함께 가족발달놀이치료를 하였다. 가족발달놀이치료는 아동의 상태와 계획된 프로그램에 따라 아동 부모의 관찰과 참여가 단계적으로 진행되었다. 도연이는 가족발달놀이치료에 어머니가 관찰과 참여를 하였다. 어머니는 4회기까지 일방경으로 치료를 관찰하였으며 5회기부터 치료에 점진적으로 참여하였다.

가족발달놀이치료의 진행단계

도연이의 가족발달놀이치료는 부모-아동 상호작용 검사, 가족발달놀이치료, 개별
발달놀이치료, 짝 발달놀이치료의 순서로 단계적으로 진행되었다.

◆ **초기단계**

1. 상호작용 검사(MIM) 1차
   - 어머니와 아동이 신체적 접촉을 통해 상호작용 및 정서적 교류가 잘 이루어진
     다는 사실을 확인하였다.
2. 가족발달놀이치료 1차(12회기)
   - 신체놀이를 중심으로 구성하였다.
   - 아동에게 선호활동과 비선호활동을 교대로 제시하고 간식을 보상으로 설정하
     여 만족 지연능력을 향상시키고 놀이 참여시간을 늘렸다.
   - 어머니는 치료 관찰과 놀이 참여자로서의 역할을 적극적이고 성실하게 하였다.

◆ **중기단계**

1. 상호작용 검사(MIM) 2차
   - 아동은 1차 검사에 비해 수용적인 반응이 증가하였고, 상호작용에서의 향상이
     나타났다.
   - 어머니는 1차 검사에 비해 모든 영역에서 매우 원활한 상호작용을 보였으며,
     이전에 비해 아동과의 놀이에서 보다 주도적인 면모를 보이게 되었다.
2. 가족발달놀이치료 2차(12회기)
   - 신체놀이와 규칙놀이를 병행하였다.
   - 아동은 간식 보상이 없어도 좋아하는 놀이를 먼저 요구하고 기대하는, 적극적
     이고 자발적인 태도를 보였으며, 놀이에 집중하는 시간이 늘었다.
   - 어머니는 아동의 놀이 상대자이면서 놀이 주도자로서의 역할을 하였다. 치료
     관찰 내용을 정확하게 모방하고 실습하면서 일반화를 위한 작업을 하였다.
3. 개별발달놀이치료(48회기)
   - 규칙놀이와 간단한 역할놀이를 병행하였다.
   - 아동은 도전 영역의 놀이에 흥미를 보이기 시작하였고, 사회적인 보상에 반응

하기 시작하였다. 구조화된 놀이 활동을 통해 행동 및 감정 조절하기에서도 성과를 보였다.

4. 상호작용 검사(MIM) 3차
   - 아동은 1, 2차 검사에 비해 적극적이고 자발적인 표현이 늘었고 상호작용의 시도와 모방이 늘었다.
   - 어머니는 아동의 행동을 적절히 통제하였으며 애정적인 태도로 놀이하였다.

5. 짝 발달놀이치료(30회기)
   - 짝 발달놀이치료(8회기): 아동은 짝의 행동을 모방하였고 함께 놀이하는 것을 즐거워하였다.
   - 역통합 짝 발달놀이치료(22회기): 아동은 치료실과 일상생활에서 또래를 인식하고 또래에게 관심을 보이며 요구하는 등의 사회적 행동이 나타났다.

◆후기단계

1. 개별발달놀이치료(45회기)
   - 가위바위보, 간단한 역할놀이, 보드게임 등을 하였다.
   - 치료사의 촉구하에 놀이를 선택하는 것이 원활해졌다.
   - 언어 표현이 증가되고 글자 읽기가 가능해졌다.

치료 초기단계에서 아동의 놀이는 치료사가 주도하는 구조화된 발달놀이가 중심이 되었고 놀이의 매체는 접촉이 주가 되는 신체놀이가 중심이 되었다. 1회기는 어머니와 도연이의 상호작용 검사 결과를 토대로 계획하였다. 상호작용 검사 결과, 아동이 신체적 접촉을 통해 상호작용 및 정서적 교류가 잘 이루어졌기 때문에 간식 먹여 주기와 같은 돌봄 놀이를 중심으로 진행하였다.

치료실에서 관찰된 아동의 상태는 주로 피곤하고 졸린 듯한 무기력하고 무표정한 상태가 대부분이었다. 치료 초기에는 바닥에 매트를 깔고 그 위에 앉아 진행하였는데, 아동은 자주 바닥에 누우려고 하였고, 고개를 가누기 어려운 것처럼 보이는 힘없는 모습이 종종 관찰되었다. 이와 같은 아동의 무기력한 상태는 매트에서 빈백, 아동용 의자로 교체하면서 많이 호전되었다.

도연이는 치료사가 제시하는 놀이 활동에 선택적으로 반응하였는데, 선호 활동과 비선호활동에 대한 반응 차가 컸다. 예를 들어, 비눗방울 불고 터뜨리기 놀이의 경우에는 '후-' 부는 시늉을 하며 자발적으로 놀이를 요구하였다. 그러나 로션 바르기와 물티슈로 손 닦기 같은 놀이는 거부하였다. 치료사는 아동이 수용할 수 있는 놀이와 수용할 수 없는 놀이에 대한 정보를 부모를 통해 얻고 치료 시간에 다양한 놀이를 시도해 봄으로써 아동이 할 수 있는 놀이의 범위를 확장해 나갔다. 궁극적으로는 아동이 수용할 수 있는 놀이의 가짓수를 넓혀 연령에 적합한 놀이를 하고 또래와 다양한 놀이를 할 수 있게 하여 사회적 상호작용이 가능하게 하는 것이 최종적인 목표였다. 그러나 치료 초기의 가장 중요한 목표는 치료사와의 관계 형성 및 치료실 적응이기 때문에 아동이 수용할 수 있는 놀이 활동을 통해 흥미를 유도하고, 선호활동을 변형하고 확장시켜 나가는데 초점을 두었다.

도연이는 선호활동과 비선호활동에 대해 정서적으로도 반응에 큰 차이를 보였는데, 좋아하는 활동을 할 때에는 과도하게 흥분하고 산만하였으며, 좋아하지 않는 활동을 할 때에는 드러 눕고 울고 짜증을 내었다. 치료사는 초기 몇 회기 동안 선호활동을 통해 아동과의 관계를 형성하고 흥미를 유발하였으며, 회기가 진행되면서 선호활동과 비선호활동을 교대로 섞어서 제시하는 방법을 사용하였다. 이 방법의 이점은 선호활동이 일종의 보상이 되어 비선호활동에 점진적으로 참여할 수 있게 될 뿐 아니라 선호활동을 하기 위해 비선호활동에 잠시 참여하면서 만족지연능력을 자연스럽게 기를 수 있다는 점이다. 물론 아동의 상태를 확인하면서 처음에는 선호활동의 비율이 비선호활동보다 많게 계획하였으며, 간식을 보상으로 사용하여 비선호활동에 참여할 수 있도록 하였다. 아동은 간식 보상에 긍정적으로 반응하였으며, 간식이 보상으로 제공되는 때에는 비선호활동이라도 잠시나마 만족을 지연하고 참여할 수 있었다.

도연이는 한 놀이 활동에 대한 집중시간이 매우 짧은 편이었는데, 간식 보

상이 놀이 시간을 연장하고 비선호활동을 참여하게 하는 데 많은 도움이 되
었지만, 초기에는 보상을 제공해야 하는 횟수가 많았고 아동 역시 보상을 요
구하는 횟수가 많은 편이었다. 아동은 치료사와의 관계가 형성되고 치료 시
간 및 치료 활동의 구조화에 익숙해지자 놀이 활동에 집중하는 시간이 조금
씩 늘어났다. 놀이 활동에 흥미를 보이고 기대하기 시작하였으며 비선호활
동을 조금씩 수용할 수 있게 되면서 간식 보상을 요구하는 일이 줄어들었다.
치료가 진행되면서 간식 보상을 제공하는 횟수를 줄이고 칭찬과 격려 등 사
회적 보상을 함께 제공하였으며 아동은 칭찬을 인식하고 반응하며 놀이를
요구하는 등 긍정적인 변화를 보였다.

🔍 아동이 놀이 활동을 거부할 때

아동이 선호하는 활동과 선호하지 않는 활동이 확연히 구분되는 경우는 아동 자
체가 감각에 민감하여 다양한 놀이를 접하기 어려운 것이 원인이기도 하지만, 아동
의 반응이 거부적일 때 부모가 쉽게 좌절하여 새로운 놀이를 접할 기회를 많이 주
지 않았던 양육 환경이 원인인 경우도 있다.

아동이 거부하는 놀이 활동이 있다면 아동이 수용할 수 있게 변형하여 제시하는
방법이 있다. 예를 들어, 로션을 손에 묻히는 것을 매우 싫어하는 아동의 경우에는 폼
폼이 솜 공이나 깃털과 같은 부드러운 다른 매체로 손을 부드럽게 쓸어 주는 것부터
시작할 수 있다. 또한 부모는 아동의 반응이 거부적이더라도 쉽게 좌절하지 말고 활
동을 몇 번 더 시도해 보기를 권한다. 많은 부모가 "몇 번 놀이했더니 거부하지 않고
받아들이더라고요!" "그동안에는 아이가 마지못해 놀이했는데 오늘은 처음으로 미
소를 지었어요!"라며 변화된 아동의 모습에 감격하며 보고하는 경우가 적지 않다. 물
론 여기서 매우 중요한 것은 체계적인 계획을 세워 구조적으로 접근하는 것이다. 이
구조 안에는 아동이 받아들일 준비가 되었는지를 확인하는 것도 포함되어 있다. 아동
이 울고 있는데 억지로 활동을 반복해서 하기보다는 처음에는 1번 시도하고 점진적
으로 횟수를 늘리는 것이다. 활동에 대한 목표치를 최저로 두고 시작하면 부모도 지
치지 않고 꾸준히 목표를 향해 나아갈 수 있고 아동 역시 타인과 놀이하는 방법을 받
아들이고 자신이 원하지 않았던 활동에 흥미를 가질 수 있는 시간을 얻을 수 있다.

초기단계에서 도연이 어머니의 역할은 치료 관찰 및 놀이 참여자로서의 역할이었다. 어머니는 1회기부터 4회기까지 일방경에서 치료사와 아동이 놀이를 통해 관계를 맺는 모습을 관찰하였다. 관찰회기에서 중요한 점은 치료사와 아동의 관계가 부모와의 관계와 어떻게 같고 다른지를 부모 스스로 평가해 보는 것이다. 치료사가 아동에게 어떻게 접근하고 놀이를 이끌어 가는지, 아동은 치료사에게 정서·행동적으로 어떤 반응을 보이는지 살펴보아야 한다. 관찰회기를 통해 부모는 자신이 적절히 반응하고 있는지의 유무를 돌아볼 수 있다. 치료사는 부모의 자기평가보고를 통해 부모-아동 간의 관계 및 상호작용 패턴을 평가하고 앞으로의 치료계획을 수정하거나 지속하기로 결정할 수 있다.

도연이의 어머니는 5회기부터 치료실에 들어와 함께 치료에 참여하면서 치료사의 놀이 방법을 모방하고 실습하였으며 집에 가서 놀이를 연습해 오는 숙제를 성실하게 해 왔다. 초기단계의 후반부로 갈수록 치료사의 역할을 축소하고 어머니가 주도하여 아동과의 놀이를 이끌 수 있도록 계획하였는데, 이는 치료효과의 일반화를 빠르게 함과 동시에 치료사의 도움 없이도 어머니가 충분히 아동을 주도하여 적절한 상호작용을 할 수 있도록 돕기 위함이었다. 어머니는 매우 적극적으로 참여하였으며, 치료사가 한 방법을 그대로 모방하고 실습하였다. 어머니의 이와 같은 적극적이고 성실한 태도가 아동의 상태를 진전시킬 수 있었던 매우 중요한 요인이었다.

(2) 중기: 치료의 확장 '가족, 개별, 짝 발달놀이치료'
① 중기 1: '가족발달놀이치료'의 확장

도연이는 12회기의 가족발달놀이치료가 끝난 후 상호작용이 향상된 부분이 다수 관찰되어, 그 효과를 확인하고 추후 개입 방안을 논의하고자 2016년 8월, 도연이가 만 3세 7개월 때 어머니와 도연이의 상호작용 검사 2차를 실시하였다. 같은 검사를 치료 전후로 실시하여 치료의 효과와 변화 정도를 측정해 볼 수 있다는 점에서 이 검사는 반드시 필요하고 중요한 검사라고 할 수 있다.

검사 결과를 요약하면, 아동은 1차 검사에 비해 수용적인 반응이 증가했으나 다소 수동적이었다. 또한 상호작용에서의 향상이 나타났지만, 연령 수준을 고려하였을 때 상호작용 놀이를 점차 확장시킬 필요가 있었다. 어머니는 모든 영역에서 1차 검사에 비해 매우 원활한 상호작용이 관찰되었다. 이전에 비해 아동과의 놀이에서 보다 주도적인 면모를 보이게 되었다. 하지만 여전히 과제의 목표를 아동의 제안에 맞추는 경향이 있어 일상생활에서 어머니가 확실히 주도하고 제한해야 하는 상황에서는 다소 어려움이 생길 가능성이 있었다. 어머니의 주관적인 평가에서는 가족발달놀이치료를 받은 이후 차례 기다리기, 순서인지, 만족지연에서 향상이 있었으며, 원치 않은 놀이에 대한 거부감도 많이 줄었다고 보고하여, 아동의 발달 및 상호작용에 확실한 진전이 있었음을 확인할 수 있었다. 어머니와 아동의 상호작용에 진전이 있었지만 좀 더 개선이 필요하고 어머니의 요구도 있어, 가족발달놀이치료를 12회기 더 유지하고 개별발달놀이치료로 전환하기로 결정하였다.

2016년 8월부터 10월까지 이루어진 가족발달놀이치료에서는 신체를 사용한 놀이가 주를 이루었던 초기단계와는 달리 신체놀이와 규칙있는 놀이를 병행하여 진행하였다. 특히 한 놀이를 변형하고 확장하여 접근하였는데, 그 이유는 아동이 한 놀이를 비교적 오래 집중할 수 있게 되었고, 다양한 놀이를 접하고 선택할 수 있도록 하기 위함이었다.

중기 1단계로 넘어오면서 간식 보상을 제공하지 않아도 놀이에 참여하고 즐거움을 공유하는 것이 가능해졌다. 놀이 자체가 아동에게 보상이 되고 즐거움이 되었으며, 좋아하는 놀이를 먼저 요구하여 놀이를 기대하는, 적극적이고 자발적인 태도로 변화하였다. 아동이 놀이 자체에 흥미를 느끼고 적극적으로 참여할 수 있게 되면서 놀이에 집중하는 시간도 자연히 늘어났다. 초기단계에서 회기당 5~6개 정도의 놀이가 필요했다면 중기 1단계에서는 회기당 2~3개 정도면 충분하였다. 아동은 치료사가 놀이를 제시하면 가슴을 두드리며 자신이 하고 싶다는 의사를 표현하거나 "먼저 하고 싶은 사람?" 하고 물어보면 손을 들고 의사를 표현하는 등, 정서·행동상의 변화가 뚜렷하게 나타났다. 아동이 선호하는 활동을 활용하여 지시 따르기를 연습하였고 다양한 규칙 놀이를 통해 차례 지켜 번갈아 하기, 기다리기 등 함께 놀이에 필요한 기본적인 사회적 기술들을 습득할 수 있도록 하였다. 이를 통해 차례 인식 및 만족 지연이 향상되는 결과가 나타났다. 또한 치료사가 놀이 목표를 성취한 후 손을 올리고 즐거움을 표현하자 아동이 매우 좋아하며 모방하기 시작하여 놀이 목표를 성취한 후 치료사와 눈을 맞추고 함께 즐거움의 정서를 공유할 수 있게 되었다.

도연이는 중기 1단계에 들어서면서 치료사와의 관계도 안정적으로 형성되고 발전하기 시작하였는데, 대기실에서 치료사를 보면 웃으면서 달려오거나 손으로 자신의 눈을 가리고 엎드려 숨는 흉내를 내면서 치료사가 찾아 주고 놀라워하기를 기대하였다. 얼굴 표정의 변화가 거의 없고 무미건조했던 치료 초기 때와는 매우 달라진 모습이었다.

이 단계에서 도연이 어머니는 아동의 놀이 상대자로서의 역할과 놀이 주도자로서의 역할을 배우고 실습하였다. 어머니는 치료를 관찰한 후 모방하여 아동과 놀이를 하였는데, 정확하게 모방하고 실습하면서 일반화를 위한 작업을 하였다. 어머니는 결석 한 번 없었고 꾸준하고 성실한 모습을 보였다. 언제나 치료에 적극적이었으며 치료사와의 피드백을 통해 아동의 발달을 향상시키는데 최선을 다하였다.

② 중기 2: 감정 및 행동조절과 놀이 확장 '개별발달놀이치료'

두 번째 실시한 상호작용 검사로 도연이와 어머니의 상호작용 향상을 확인하였으며 가족발달놀이치료의 효과를 검증하였다. 이 결과를 토대로 2016년 11월부터 치료사와 아동 간 개별발달놀이치료를 진행하였고 향후 이루어질 짝·집단 발달놀이치료를 준비하였다. 중기 1단계에서 신체놀이와 규칙놀이를 병행하였다면, 중기 2단계에서는 규칙놀이와 역할놀이를 병행하여 진행하였다. 아울러 하고 싶은 놀이를 선택하는 연습도 이 시기부터 이루어졌다. 초기와 중기 1단계 치료에서의 놀이선택은 치료사 주도로 이루어졌다면 중기

2단계에 들어서는 아동이 직접 놀이를 선택하도록 연습하면서 주도성을 기를 수 있도록 도왔다. 다만, 아동은 '좋다/싫다'와 같은 선호도를 표현하거나 여러 가지 선택지 중 하나를 선택하는 것은 어려웠기 때문에 놀이 2개 중에 1개를 선택하는 양자택일을 사용해 선택하기를 시작하였다.

초기와 중기 1단계에서 치료사가 놀이를 주도한 이유는 아동이 구조화된 틀 안에서 안전감을 느끼고 감정 및 행동을 조절할 수 있도록 하기 위해서였다. 또한 아동이 상대와 함께하는 놀이방법을 잘 알지 못하였기 때문에 치료사와 어머니가 모델링을 하고 아동이 모방을 하면서 적절하게 놀이할 수 있도록 돕기 위해서였다. 아동은 치료사의 생각보다도 더 잘 따라 왔고 이는 아동의 발달과 함께 아동의 발달을 적극적으로 도운 부모의 역할이 매우 컸기 때문이라고 생각되었다.

내원 초기 무표정하고 무기력하던 도연이는 가족발달놀이치료를 하면서 도전영역의 놀이에 흥미를 보이기 시작하였고, 치료사와 어머니의 칭찬과 격려 등 사회적인 보상에 반응하기 시작하면서 놀이에 대한 내적 동기가 생기게 되었다. 성취감을 느끼고 사회적인 보상에 반응하기 시작한 것은 아동에게 있어서는 큰 가능성이라고 여겨졌다. 아동에게 생기가 느껴지고 욕구가 느껴졌다. 아동이 자신의 벽을 하나 허물고 치료사 앞으로, 세상 밖으로 한 걸음 나아온 것이었다.

도연이는 구조화된 놀이 활동을 통해 행동 및 감정 조절하기에서도 성과를 보였다. 아동은 치료 초기에 욕구가 제한되면 짜증을 내거나 칭얼거렸으며, 원하는 대로 놀이가 되지 않으면 장난감을 발로 차버리는 등 부정적인 감정을 적절하게 처리하지 못하였다. 치료사는 두 가지 방향으로 치료를 진행해 나갔다. 첫 번째는 아동이 적절한 방법으로 놀이할 수 있도록 도왔다. 가족발달놀이치료 동안 치료사와 어머니가 아동의 역할을 대신해서 놀이하는 방법을 먼저 보여 주어 아동이 놀이 활동을 쉽게 이해하고 참여하여 성취감과 유능감을 높일 수 있도록 하였다. 아동은 생각보다 놀이 규칙과 방법에 대한 이해가 빨랐으며 어떻게 놀이를 해야 하는지 알게 되면서 짜증이 감소하였다.

또한 아동이 발화가 원활하지 않아 자신의 의사를 적절히 표현하지 못하여 감정 및 행동조절의 어려움이 발생된다고 생각되어, 두 번째로는 적절하게 언어로 표현할 수 있도록 도왔다. 치료사는 아동이 놀이가 원하는 대로 되지 않을 때 바로 장난감을 발로 차거나 짜증을 내는 것을 제한하고 치료사의 눈을 보고 "도와줘."라는 표현을 할 수 있도록 하였다. 처음에는 "도"라는 첫음절로부터 시작하였으며, 치료사와 눈을 맞추고 "도"라고 말해야만 아동의 욕구를 들어주었다. 과정의 변화를 살펴보면 처음에는 치료사 눈 보고 "도"라고 하는 빈도 20%, 치료사 눈 안 보고 "도"라고 하는 빈도 50%, 치료사 손잡아 끌기가 30% 정도였다. 그다음에는 자발적으로 치료사 눈을 보고 "도"라고 말하게 되었고 후에는 치료사의 말을 모방하여 "도, 와, 줘"까지 가능하게 되었다. 훈련이 진행된 후 아동은 자발적으로 치료사의 눈을 보며 "도와줘."라는 말을 할 수 있게 되었으며, 치료사는 아동에게 즉각적으로 도움을 제공하였다. 아동은 동일한 상황에서 짜증을 내는 대신에 언어로 표현하는 빈도가 높아졌고 부정적인 감정이나 공격적인 행동이 급격히 감소하였다. 이와 같이 놀이방법을 배우고 의사표현을 연습하면서 아동의 감정 및 행동조절에 유의미한 향상이 이루어졌다.

2017년, 만 4세가 된 도연이는 원치 않는 상황에서 짜증을 내거나 칭얼거리는 빈도와 시간이 더욱 감소되었다. 아울러 치료사의 제한을 수용할 수 있게 되었으며, 촉구하면 언어적 표현을 적절하게 사용하여 부정적인 감정이나 요구를 표현할 수 있게 되었다. 아동의 언어적 표현은 단어 수준에서 두 단어 조합, 짧은 문장까지 가능해져서 "선생님 도와줘." "비타민 주세요."와 같이 익숙한 상황에서 자발적인 표현이 가능한 수준이 되었다. 아동은 놀이방법을 습득하고 성취감을 경험하면서 놀이에 대한 의욕이 매우 높아졌으며 아동의 적극적인 참여는 치료 진전의 큰 열쇠가 되었다. 2017년 4~5월에 들어서는 목표를 성취하고 나서 자발적으로 치료사와 눈을 맞추고 손을 올리면서 "성공"이라고 이야기하였다. 치료사와 성취의 기쁨을 공유한 것이었다.

이 단계에서 도연이의 어머니는 치료사와 아동의 개별치료를 위해 아동과 분리하는 연습을 하였으며, 10월 한 달간 일방경에서 관찰하고 11월부터 완전히 분리하였다. 어머니는 치료사와의 소통에 매우 적극적이었고 아동의 치료 지원에 최선을 다하였기 때문에 아동의 긍정적인 변화가 잘 유지되었다. 아동의 어머니는 2017년 4월 경 둘째 아이를 출산하였는데, 출산 후에는 아동의 아버지와 외할머니가 내원하여 아동의 치료를 빠지지 않고 꾸준히 지속하였다.

2017년 4월, 도연이가 만 4세 3개월 때 어머니와 도연이의 상호작용 검사 3차를 실시하였다. 아동은 어머니가 제시하는 활동에 대부분 참여하며 지시를 따를 수 있었다. 함께 놀이하기 영역에서는 노래 부르기 과제에서 어머니의 신호에 따라 가사에 맞게 노래를 부르며 적극적으로 참여하였다. 인형 과제에서는 자발적인 놀이는 어렵지만 모의 촉구하에 단순한 상호작용이 가능하였다. 돌봄 영역에서는 어머니의 양육적인 시도에 흥미를 보이며 적극적으로 참여하고 요구하였다. 도전 영역에서는 어머니의 지시를 수용하여 과제를 수행하였지만 얼굴을 찌푸리는 힘든 기색을 보였고 과제물을 던져 버리는 거부 행동을 나타냈다. 아동은 1, 2차 검사 때와 달리, 노래를 부른다거나 "그네 타자, 놀이터 가자, 배고파" 등 자발적인 의사 표현을 많이 하였고 적극적인 반응도 많았다.

어머니는 둘째 아이의 출산을 앞두고 있어 배가 많이 부른 상황이었으며, 이전 검사 때에 비해 에너지 수준이 저하되어 있는 상태였다. 어머니는 과제의 시작과 끝을 명확하게 제시하고 아동이 거부적인 반응을 보일 때 융통성 있게 과제의 수행을 유도하였다. 돌봄 영역에서는 가족발달놀이치료에서 배운 대로 노래를 부르며 로션을 발라 주는 과제를 애정표현을 하면서 자연스럽게 시도하였다. 그러나 도전 영역에서는 1, 2차 검사에 비해 아동의 자세나 태도에 대해 여러 번 지시하며 제한하였고, 언어 모방이나 대답을 촉구하는 일이 많았다.

종합하면, 아동은 이전 검사에 비해 적극적이고 자발적인 표현이 늘었고 촉구가 필요하지만 상호작용의 시도와 모방이 늘었다. 어머니는 아동의 행동을 적절히 통제할 수 있으며 애정적인 태도로 놀이할 수 있지만 도전 상황에서 지시나 제한이 많아 아동이 다소 힘들어하였다. 이는 어머니가 출산이 임박하면서 신체적인 이동이 어렵다 보니 언어적인 지시나 제한이 많아진 것으로 생각되었다. 아동은 언어의 수용과 표현이 많아졌고, 타인과의 상호작용에 대한 관심이 높아지고 있었으므로 사회성 증진을 위해 개별발달놀이치료를 유지하면서 짝 발달놀이치료를 병행하기로 결정하였다.

③ 중기 3: 친구와 함께하는 즐거운 경험 '짝 발달놀이치료'

도연이는 어머니와의 가족발달놀이치료, 치료사와의 개별발달놀이치료를 거치면서 상호작용의 질과 양에서 긍정적인 변화가 있었다. 그러나 아동이 주로 만나는 대상이 치료사들을 비롯한 성인이었기 때문에 또래와의 경험이 현저하게 부족하였다. 도연이의 어머니는 도연이가 친구를 만날 준비가 안 된 것 같다고 하면서도 친구와의 놀이 경험이 필요하다고 느끼고 있었다. 상호작용 검사 결과에서도 아동의 사회성 발달을 위해 짝 발달놀이치료가 필요하다는 소견이 있었다. 이와 같은 이유로 치료사는 어머니와 함께 짝 발달놀이치료를 위한 논의를 하였다. 치료사는 치료에 대한 전반적인 설명과 함께 프로그램 구성, 참여 인원, 진행 방법 등 구체적인 내용을 알려 드리면서 짝 발달놀이치료를 준비할 수 있도록 하였다.

🔍 짝 발달놀이치료란

짝 발달놀이치료는 구조화된 치료실 환경에서 발달놀이치료를 기본으로 하여 또래와의 관계를 경험하고 또래와의 상호작용을 증진시켜 가정과 일상생활에서 치료의 일반화가 이루어질 수 있도록 한다. 아울러 부모상담 및 교육을 꾸준히 실시하여 부모가 아동의 특성에 맞는 양육을 하면서, 아동이 또래와의 관계에서 적절하게 반응하고 대응할 수 있도록 돕는 역할을 하게 한다.

도연이는 두 번의 짝 발달놀이치료를 하였는데 먼저 첫 번째로 2017년 7월부터 9월 초까지 8회기에 걸쳐 짝 발달놀이치료를 하였고, 두 번째로 2017년 9월부터 2018년 3월 말까지 22회기에 걸쳐 역통합 짝 발달놀이치료를 하였다. 첫 번째 짝 발달놀이치료는 친구와 함께하는 경험을 해 보는 준비단계로서의 역할을 하였다. 두 번째 역통합 짝 발달놀이치료는 일반아동과 짝을 하면서 사회적으로 적절한 행동을 모방하고 또래와의 자연스러운 상호작용을 연습하는 기회가 되었다.

도연이는 2017년 7월부터 주 1회 개별발달놀이치료를 유지하면서 주 1회 박준희 아동과 짝 발달놀이치료를 추가로 하게 되었으며, 짝 발달놀이치료를 통하여 또래와의 상호작용이 일반화될 수 있도록 하는 것을 장기목표로 설정하였다. 준희와의 짝 발달놀이치료는 총 8회기가 진행되었다.

짝 발달놀이치료 초기, 아동들은 기대한 대로 놀이 활동에 관심을 가지고

🔍 짝 발달놀이치료를 시작할 때

짝 발달놀이치료를 통해 또래와의 상호작용을 경험하기 위해서는 우선 아동들 간의 관계 형성이 필요할 것이다. 이에는 얼마간의 시간이 필요한데, 새로운 친구와 새로운 선생님(보조 치료사)에 새로운 놀이까지, 새로운 것들 투성이라면 아동에게 이보다 더 힘든 일은 없을 것이다. 특히 자폐스펙트럼장애아동에게 있어서는 예측 가능함이 매우 중요하기 때문에 몇 가지 준비 과정이 필요하다. 짝 발달놀이치료를 진행하기 전에, 각 아동들에게 새로운 친구를 만난다는 사실을 알려 새로운 친구를 만날 심리적인 준비를 하였다. 뿐만 아니라 각 아동들의 개별치료 시간에 짝 발달놀이치료 시간에 할 몇 가지 동일한 놀이 활동을 연습하였다. 둘 다 잘 할 수 있는 공통된 즐거운 놀이가 있다면 새로운 환경에서도 보다 잘 적응할 수 있을 것이라는 기대 때문이었다. 놀이 활동의 종류는 둘 간의 직접적인 상호작용이 이루어질 수 있는 것을 주로 하였다. 예를 들어, 공 주고받기, 간식 먹여 주기, 동대문 놀이 등이다. 장난감을 사용하는 놀이라고 하더라도 순서 기다리기, 차례 지키기 등의 규칙을 통해 상호작용을 유도하였다.

참여하였다. 다만, 이미 관계가 형성되어 있는 치료사와는 상호작용이 가능하였고 지시에 따라 활동도 잘 참여하였지만, 아동끼리는 상호작용이 이루어지지 않았다. 예를 들어, 공이나 간식을 서로 주고받기를 거부하였다. 그러나 도연이에게 긍정적인 부분이 관찰되었는데, 2회기부터 짝 아동의 행동을 모방하는 모습이 관찰되었다는 점이다. 2회기에 공놀이를 하였는데, 짝 아동인 준희가 공을 '의자'라고 하며 엉덩이 밑에 깔고 앉자, 도연이 역시 '의자'라고 따라 말하며 공을 자신의 엉덩이 밑에 밀어 넣었다. 또한 도연이가 소방차를 굴리며 노는 모습도 관찰되었다. 소방차의 경우, 그다지 관심이 없는 장난감이었는데, 짝 발달놀이치료 이후 나타난 새로운 모습이었다.

　그러나 짝 발달놀이치료 초기의 상호작용은 치료사의 지시를 따라 이루어지는 것에 제한되어 있었고, 서로 간의 적극적이고 자발적인 상호작용은 매우 어려웠다. 특히 짝 아동이 도연이에게 공을 건네주거나 간식을 주는 것, 동대문 놀이에서 손을 맞잡는 것 등에 대해 "싫어!"라고 명확히 거부하였기 때문에 상호작용의 기회는 더욱 적었다. 그럼에도 도연이는 치료사의 지시에 따라 짝 아동에게 물건을 건네주거나, 손을 뻗어 잡는 등 상호작용을 시도하였다. 도연이는 짝 아동인 준희에 비해 감정 표현이나 발화가 저조하였지만 순서 기다리기, 차례 지키기, 지시 따르기 등을 잘할 수 있었기 때문에 두 아동 간에 상호 보완이 이루어졌다.

　종결을 앞둔 7회기부터는 서로 간의 상호작용이 보다 자발적이고 적극적으로 변화하였다. 매 회기 했던 공 주고받기 놀이에서는 치료사가 일일이 지시하거나 촉구하지 않아도 마주 보고 서로 공을 주거나 받는 것이 가능하게 되었다. 짝 아동이 거부했던 동대문 놀이의 터널 만들기는 서로 손을 마주잡고 노래가 끝날 때까지 기다릴 수 있게 되었다. 치료사가 터널을 만들 때에는 둘이 깔깔거리고 웃으면서 차례대로 터널을 통과하고 원을 그리며 돌았다. 둘 다 매우 좋아했던 꼭꼭 숨어라 놀이를 할 때에는 한 사람이 벽에 손을 대고 '꼭꼭 숨어라'라고 외치면 다른 한 사람이 까르르 웃으며 담요 밑에 숨었다. 치료사의 개입이 일정 부분 필요하였지만 아동들은 어느새 역할을 나누어 함께 놀이하고 있었다.

  첫 만남 때는 상상할 수 없었던 둘 사이의 상호작용과 정서 교류는 짧은 8회기 동안 서서히 나타나게 되었다. 혼자만의 세계에서 다른 사람의 접촉을 거부하며 홀로 놀이하던 아동들이 서로의 세계에 문을 두드리고 발을 내딛게 된 순간이었다. 짧은 회기 동안에도 여러 변화가 관찰되었는데 회기가 계속 이루어졌다면 더 많은 놀라운 변화들이 나타났을 것이다. 치료사의 입장에서 아동의 짝이 개인적인 사정으로 그만두게 된 사실은 참으로 안타깝기 그지없었다. 도연이 어머니도 무척이나 아쉬워하였다. 하지만 아쉬워만 할 수는 없는 노릇이었다. 새로운 대안을 모색하기 위해 치료사는 짝 발달놀이치료가 종결되기 한 달 전부터 어머니와 함께 새로운 짝 아동을 찾기 위한 논의를 시작하였다. 도연이의 어머니는 치료에 매우 적극적이고 협조적인 태도를 가지고 있어 치료사가 도연이의 치료를 계획하고 이끌어 나가는 데 많은 도움이 되었다. 새로운 짝 상대를 찾기 어려워 치료사가 어머니에게 역통합 짝 발달놀이치료를 제안하였다.

🔍 역통합 짝 발달놀이치료란

  역통합 짝 발달놀이치료란, 장애아동이 일반아동과의 치료를 통해 발달 전 영역에서의 긍정적인 모델링을 습득하고 상호작용을 경험하는 것이다. 일반아동은 장애아동과의 치료를 통해 친구를 이해하고 배려하는 마음가짐을 갖고, 놀이를 주도하고 이끌면서 자신감을 향상시킬 수 있다.

  역통합 짝 발달놀이치료는 장애아동과 일반아동 모두의 사회성 발달을 위한 효과적인 치료일 뿐만 아니라 아동 각자의 개별적인 치료 목표를 이루는 데도 도움이 된다. 짝 발달놀이치료의 프로그램은 검사 결과를 토대로 아동 각자의 발달 수준과 특징, 선호도 등을 미리 파악하여 구성한다. 프로그램 내용은 공동의 목표와 개별적인 목표에 따라 구성되며 회기 내에 적절하게 배치한다.

  역통합 짝 발달놀이치료는 치료실의 구조화된 환경 안에서 치료사의 통제 아래 이루어지기 때문에 안전하게 진행된다.

  어머니는 치료사의 제안을 흔쾌히 수락하고 도연이에게 맞는 짝을 찾아보다 같은 유치원에 다니는 남자 아동을 선택하였다. 새로운 짝 아동인 유주하 아동은 정상적인 발달과정을 밟고 있으나 또래관계에 자신감이 없고 위축된 성향을 가지고 있었다. 짝 발달놀이치료를 통해 도연이는 또래와의 상호작용을 경험할 수 있으며, 주하는 놀이를 주도하여 자신감을 향상시킬 수 있어 서로 보완이 될 것으로 보였다. 이에 2017년 9월 중순부터 새로운 짝 발달놀이치료를 시작하였다. 이전 준희와의 짝 발달놀이치료가 종결되기 전부터 치료사는 어머니와 함께 새로운 치료에 대한 논의를 시작하였다. 미리 논의하고 계획을 세웠기 때문에 치료 기간의 공백 없이 짝 발달놀이치료를 바로 이어서 할 수 있게 되었다. 또한 도연이 어머니가 짝이 가능한 적합한 상대를 찾기 위해 최선을 다해 노력해 주었기 때문에 치료를 계속 이어 나갈 수 있었다.

  주하와의 짝 발달놀이치료는 총 22회기가 진행되었으며, 2017년 9월 중순부터 2018년 3월 말까지 진행되었다. 첫 번째 짝 발달놀이치료와 두 번째 짝 발달놀이치료가 다른 점은, 아동과 상대 아동과의 관계라고 할 수 있었다. 두 번째 만나게 된 짝은 동네 놀이터에서 함께 놀기도 하고 서로의 집에 방문한 경험도 있기 때문에 치료실에서 서로 관계를 형성하고 적응하는 시간이 첫 번째에 비해 단축되었다.

  도연이는 3회기부터 짝 아동인 주하가 관심 있어 하는 장난감에 관심을 보이기 시작하였다. 주하가 만졌던 총이나 소방차, 공룡을 뒤늦게 다가가 만져 보고 "한 번 더(하고 싶어)"라고 이야기하는 식이었다. 집에서는 갑자기 "티라노사우루스"라고 하더니 "주하"라고 얘기했다고 어머니가 보고하였다. 도연이는 본래 공룡에 전혀 관심을 갖지 않았었는데, 짝 발달놀이치료가 시작된 뒤 주하와 주하가 좋아하는 공룡 이름을 이야기하며 또래에 대해 언급하기 시작하였다. 12회기에는 집에 놀러 온 친구 이름을 호명하며 "지우야, 옷 벗어."라고 요구하였는데 친구 이름을 자발적으로 호명하기는 처음이라 어머니가 매우 놀랐다고 보고하였다.

주하와 짝 발달놀이치료를 시작하고 나서는 치료실과 일상생활에서 또래를 의식하고 관심을 보이며 요구하는 등의 사회적 행동이 나타났다. 6회기에는 주하의 집에 방문했을 때 주하 눈에 눈을 맞추고 "꼭꼭 숨어라 하자."라고 먼저 제안하였다. 14회기에는 대기실에 오자마자 "주하야, 같이 가."라고 큰 소리로 부르며 짝 아동을 따라다녔다. 15회기쯤에는 개별 치료로 내원했음에도 "주하야, 주하야." 외치면서 치료실마다 문을 열고 짝 아동이 있는지 확인하였다. 아동의 이러한 변화는 치료사에게도 놀랍고 신기한 경험이었다. 물론 대부분의 놀이에서 치료사의 개입이 필요하고 상호작용의 형태는 모방과 지시 따르기의 수준이었지만, 친구에게 하고 싶은 놀이를 제안하고 자신의 요구를 자발적으로 표현하기 시작한 것은 처음이기 때문에 어머니는 물론이고 치료사 역시 기쁘고 감동적이었다. 아동과 만난 2년여 시간 동안 뿌린 씨앗이 드디어 꽃을 피우려 하는 것 같은 느낌이었다.

만 4세에서 5세로 넘어가는 2017년 후반부터 2018년 초에 아동의 언어 표현이 단순하지만 문장수준으로 확장되면서 모방과 자발화가 늘어났고 의사소통과 상호작용에서도 도움이 되었다. 다만, 아동은 동시에 피곤함과 스트레스를 함께 경험하는 듯했다. 짝 아동인 주하와 발달 및 놀이 수준의 차이가 꽤 있었기 때문에 주하가 반응을 재촉하거나 자신이 잘 모르는 놀이를 할 때에는 빙빙 돌기, 무릎 만지기 등의 상동행동과 감각추구행동들이 빈번히 나타났다. 이럴 때에는 집중하는 데 시간이 오래 걸렸고 지시와 촉구가 반복적으로 있어야 했다. 또 이 시기에 아동의 치료 스케줄이 많았고 환경적인 스트레스도 영향이 있었다. 아동의 어린 여동생이 어머니와 떨어지지 않으려고 하여 어머니와의 접촉이 줄었으며, 어머니 대신 아버지와 외할머니에게 지속적으로 스킨십을 요구한다거나 어머니를 쳐다보지 않으려고 하는 행동들이 나타났다.

한편, 놀이 활동은 매 회기 워밍업으로 공 주고받기 놀이를 하고 나서 다른 놀이를 하였다. 공 주고받기에 사용되는 공은 부드러운 헝겊 공을 사용하여 감각적으로 편안함을 주면서 아동들이 위험에 노출되지 않도록 하였다.

자폐스펙트럼장애아동에게 루틴은 안정감과 예측 가능함을 줄 수 있기 때문에 매 회기 같은 공놀이로 치료를 시작하였다. 도연이는 이 시간을 매우 즐겼고 "도연이"라고 하면서 손을 내밀어 자신도 참여하고 싶다는 의사를 표현하였다. 처음 이 놀이를 할 때에는 치료사가 놀이를 주도하였다. 아동들은 착석하기, 순서 기다리기, 차례 지키기, 지시에 맞게 공 주고받기 등 놀이에 필요한 사회적 기술이 훈련되어 있었기 때문에 6회기부터는 치료사의 역할을 줄이면서 아동들이 돌아가며 놀이를 주도할 수 있도록 연습하였다. 도연이는 지속적인 촉구가 없으면 공을 주고받는 데 시간이 오래 걸렸으며, 짝아동인 주하의 경우 상대방이 받을 준비가 되지 않았는데 공을 던져 도연이가 공을 맞는 경우가 종종 있었다. 짝 발달놀이치료이지만 각 아동이 도움을 받아야 하는 부분은 서로 달랐기 때문에 아동 각자에게 맞는 방법으로 접근하였다. 시간이 지날수록 치료사의 도움을 점차 줄여 나가면서 아동들끼리 상호작용을 할 수 있는 기회를 늘려 나갔다.

종결을 앞둔 21회기에는 치료사와 보조 치료사를 포함한 4명이서 공 주고받기 놀이를 하면서 원하는 사람에게 공을 주기로 하였는데 아동들끼리만 서로 깔깔거리고 웃으며 주고받기를 하는 것이었다. 즐거움을 서로 나누는 만큼 관계도 친밀해졌다. 서로 장난치듯 놀이하는 아동들을 보는 치료사도 즐거웠다.

(3) 후기: '개별발달놀이치료'의 유지

아동은 만 3세였던 2016년 11월부터 만 5세가 된 2018년 8월까지 꾸준히 개별발달놀이치료를 유지해 왔다. 2017년 7월부터 2018년 3월 말까지 이루어진 짝 발달놀이치료 동안에도 개별발달놀이치료를 쉬지 않고 병행해 왔다.

개별발달놀이치료를 진행하는 동안 만 4세 후반부터 만 5세 초 사이 아동의 언어 표현 수준이 많이 향상되어 자신의 요구를 두 어절 조합이나 간단한 문장 수준으로 표현할 수 있게 되었다. 개별발달놀이치료에서는 상호작용 놀이와 함께 의사소통에도 많은 노력을 기울였는데, 의사소통의 향상

집단치료와 개별치료의 병행

많은 부모님이 짝이나 집단 치료를 시작할 때 개별치료를 그만 두어야 하는지, 지속해야 하는지를 묻는다. 혹은 여러 가지 사정으로 개별치료와 짝·집단치료 둘 중에 하나만 선택해야 할 때, 어떤 것을 선택하면 좋을지 치료사에게 묻곤 한다. 치료사로서의 대답은 "최소한 짝·집단에 적응할 때까지는 개별을 병행하였으면 합니다."이다. 새로운 짝을 만나거나 집단에 들어가게 되면 아동들은 다시 한 번 적응의 문턱을 넘어야 한다. 동일한 치료사와 함께 동일한 치료실에서 치료가 이루어진다면 그나마 낫지만, 새로운 친구와 만나는 것은 여전히 어려운 도전인 것이다. 물론 같은 자폐스펙트럼장애아동일지라도 발달 수준과 특성에 따라 쉽게 적응하는 아동도 있고 거부하고 회피하고 때로 퇴행까지 보이는 아동도 있을 수 있다. 그렇기 때문에 짝·집단치료에서의 어려움과 스트레스를 개별치료를 통해 보완하고 해결할 수 있다.

짝·집단치료에서는 2명 이상의 아동이 함께 놀이를 하기 때문에 각 아동의 놀이 수준과 선호도가 다를 수 있고 치료계획을 수립할 때 각 아동의 수준과 선호도를 고루 반영해야 한다. 아동들은 잘하지 못하거나 그다지 좋아하지 않는 놀이를 하게 될 수 있고 여기에서 나타나는 어려움이 있을 수 있다. 따라서 개별치료 때 짝·집단에서 어려웠던 부분을 연습하고 훈련할 수 있다. 개별치료에서의 연습이 꾸준히 잘 이루어지면, 아동은 자신감을 갖게 되고 짝·집단치료에서의 수행이 향상된다. 또한 새롭게 이루어진 짝·집단치료에 적응하면서 생기는 스트레스를 개별치료에서 충분히 풀고 해결하면서 심리적인 안정을 찾을 수 있다.

이 놀이 수준과 상호작용의 질에도 긍정적인 영향을 미치기 때문이었다. 아동이 좋아하는 비타민을 줄 때에는 언제나 "비타민 주세요."라는 표현을 해야만 제공하였고 놀이 도중 도움이 필요할 때는 "도와줘." "선생님 도와주세요."라고 표현해야 도움을 제공하였다. 처음에는 치료사의 촉구와 모델링이 필요하였고 첫음절을 알려 주는 등의 도움이 필요하였지만, 차차 치료사의 도움 없이 말할 수 있게 되었고 가정이나 다른 치료 상황에서도 동일하게 요구 표현이 증가 및 유지되었다. 이로 인해 아동의 짜증이 감소하고 상호작용과 의사소통에 대한 동기는 증가하는 긍정적인 결과가 나타났다.

　다만, 아동은 강박적인 성향으로 인해 자신이 설정한 특정한 목표와 상황에서 벗어나는 것을 참지 못하였다. 다트 던지기를 할 때에는 다트 판에 붙을 때까지 다트를 던져야 한다거나, 풍선 치기를 할 때 목표 숫자에 맞추어 풍선을 칠 때까지 몇 번이고 다시 하는 것 등이다. 이런 행동은 자신의 상황에만 국한되지 않고 함께 놀이를 하고 있는 치료사까지 포함되었다. 치료사가 풍선을 목표 숫자까지 던지지 못하면 짜증내고 울먹였다. 자기가 원하는 결과가 나타나지 않으면 곧바로 짜증을 내고 드러눕기도 했다. 어머니와 치료사가 일관된 신호를 사용해 "예쁘게 말해요."라고 지시하면 아동은 감정을 추스르고 보다 명료한 언어로 자신의 요구사항을 말하는 연습을 하였다. 시간이 지나면서 자신이 원하는 대로 상황이 흘러가지 않을 때 단어나 두 어절 조합 수준으로 요구사항을 표현하게 되었다.

　2017년 9월부터는 치료실에서 하고 싶은 놀이를 스스로 선택하는 것이 원활해졌고 "무슨 놀이할까?"라는 개방형 질문에도 "점프"라고 대답하거나 치료사를 모방하여 "이거 해요."라고 표현하고 있다. 2018년 초부터는 글자 읽기에 흥미를 보이더니 지금은 치료사가 가져온 놀이책의 글자들을 손가락으로 하나하나 짚으며 글자를 읽고 뿌듯해하며 치료사가 칭찬해 줄 것을 기대한다. 놀이 내용에 있어서는 간단한 역할놀이와 보드게임을 할 수 있고, 역할놀이의 경우 치료사가 만든 간단한 놀이 레퍼토리 내에서 반복적으로 연습한 내용을 기억하여 역할을 주고받을 수 있다. 보드게임의 경우 치료사의 모델링과 몇 번의 반복적인 연습이 있으면 쉽게 순서를 기억하고 수행할 수 있으며 게임 조립하기, 치료사와 번갈아 차례대로 놀이하기, 차례 인식하여 구별하고 대답하기, 정리하기 등이 가능하다.

　2018년부터는 가위바위보를 연습하기 시작하였다. 어머니는 아동이 가위바위보를 할 수 있으면 친구와 놀이하는 데 도움이 될 것 같다고 기뻐하였다. 도연이에게 가위바위보를 가르칠 때에는 먼저 그림 자료를 준비해서 인지적으로 접근하였다. 치료사는 손가락으로 그림을 가리키며 시각적인 단서를 활용할 수 있도록 돕는 동시에 스티커나 간식을 사용해 행동의 동기를 높였다. 그림 자료로 완벽히 학습한 후에는 사진 자료, 실제 연습으로 단계를 높여 실제 놀이를 할 수 있도록 연습하였다. 현재는 신호에 맞추어 가위바위보 동작을 낼 수 있고 승패를 구분할 수 있다. 가위바위보 동작은 주로 바위를 내고 다른 동작으로 바꾸어 내는 것을 어려워하지만 "선생님 보가 이겨." "도연이 바위가 이겨."라고 승패를 말로 표현할 수 있다. 또래와의 놀이장면에서도 누군가 "가위바위보!"라고 하면 어느새 무리에 들어가 손을 내밀고 가위바위보를 한다. 가위바위보를 할 수 있게 되면서 놀이 방법이 조금 더 다양해졌으며 놀이 동기도 높아졌다.

　아동에게 있어 중요한 것은 무엇이든 단계적으로 접근하는 것이다. 새로운 놀이나 규칙을 배울 때 아동의 수준을 파악하고 목표 수준까지 도달하기 위해 과제를 잘게 나누어 단계적으로 연습하고 훈련하다 보면, 어느새 아동이 할 수 없을 것 같던 놀이를 해내는 것을 보게 된다. 치료사의 기대보다도 훨씬 더 빨리 목표에 도달하는 아동을 보면서 아동이 가진 잠재력과 가능성을 기대하게 된다. 아동의 강점을 활용하고 약점을 보완하면서 앞으로 차근차근 나아갈 멋진 미래를 그려 본다.

4. 향후 계획

　아동의 향후 치료계획은 개별발달놀이치료를 병행하면서 짝 발달놀이치료를 하는 것이다. 짝 발달놀이치료를 통해 즐거운 상호작용을 경험하고 가능하다면 짝 발달놀이치료를 집단치료로 확대하여 2명 이상의 또래와의 관계를 맺고 유지할 수 있도록 도울 것이다. 짝·집단치료는 궁극적으로 치료사의 도움 없이 아동 간 상호작용의 양과 질을 높이고 가정 및 교육기관에서의 일반화를 위해 진행될 것이다.

5. 결론

도연이는 자폐스펙트럼장애 진단을 받고 사회적 상호작용 증진을 위해 2016년 만 3세에 연구원에 내원하였으며 총 2년 3개월간 치료가 진행되었다. 도연이의 치료교육은 크게 가족발달놀이치료, 개별발달놀이치료, 짝 발달놀이치료로 이루어졌으며 계획에 따라 단계적으로 진행되었다. 2016년 5월부터 10월까지는 어머니가 치료를 관찰하고 참여하는 가족발달놀이치료가 이루어졌다. 2016년 11월부터 2018년 8월까지는 전반적인 발달 증진을 위한 치료사와 아동 간의 개별발달놀이치료가 진행되었다. 2017년 7월부터 2018년 3월까지는 치료교육의 일반화, 또래와의 상호작용 경험, 사회성발달을 위해 짝 발달놀이치료가 이루어졌다.

이 사례에서는 아동 어머니의 협력이 얼마나 중요한지를 깨닫게 해 주고 있다. 아동의 어머니는 치료의 시작부터 현재까지 총 2년 3개월 동안 전 과정에 걸쳐 치료사의 가장 중요한 파트너로서의 역할을 하였다. 어머니의 협력이 없었다면 지금까지 치료를 이끌어 나가기 매우 어려웠을 것이다. 가족발달놀이치료를 하면서 어머니가 집에서 얼마나 최선을 다해 복습하고 노력하였는지를 치료 시간마다 확인할 수 있었다. 아동이 잘하지 못하였던 부분을 치료 1주, 2주 뒤에는 할 수 있게 되는 것을 보았다.

치료사는 길을 열어 주는 사람이라면 부모는 길을 갈 수 있도록 도와주는 사람이다. 치료사만 믿고 치료에서 배운 것들을 집에서 훈련하지 않는 부모님들이 있다. 하지만 치료사는 일주일에 1~2번, 30분에서 45분밖에 만나지 않는다. 새로 배운 것이 아동의 것이 되기 위해서는 매일같이 일관되고 반복적으로 연습하고 훈련하는 수밖에 없다. 아동과 가장 가까운 곳에서 가장 오랫동안 함께 있는 부모의 역할이 클 수밖에 없는 이유이다. 치료사의 전문성과 역량도 중요하지만, 치료사를 믿고 최선을 다해 따라오는 부모가 없다면 아동의 변화는 결코 일어나기 어려울 것이다. 도연이 어머니는 치료사를 믿고 2년

3개월이라는 시간을 꾸준히 함께하였다. 매주 치료에서 배운 것을 집에서 연습해 온 것도 중요했지만 임신과 출산 등 치료를 지속하기 어려운 상황에서도 치료를 중단하지 않고 꾸준히 지속했기 때문에 지금의 긍정적인 결과들을 얻을 수 있었다고 생각한다. 거기에는 어머니의 노력과 끈기 외에도 치료실에 내원할 수 없는 상황에서 치료가 중단되지 않도록 어머니를 전적으로 지원한 아동의 아버지와 외할머니의 역할도 매우 컸다. 또한 짝치료 상대를 찾기 여의치 않은 상황에서 직접 아동의 짝이 될 또래를 찾아보는 어머니의 적극성 역시 아동의 발전에 큰 역할을 하였다.

　도연이는 연구원에서 치료사가 안 보이면 "놀이 선생님, 놀이 선생님" 하며 치료사를 찾는다. 아동은 자기 혼자만의 세계에서 이미 한 걸음 나와 세상을 향해 손을 내밀고 있다. 속도가 느리고 조금 달라도 아동이 건강하고 행복하게 자신의 삶을 살아 나갈 것이라고 믿는다. 그리고 그렇게 할 수 있도록 언제나 응원할 것이다.

제4장

자페스펙트럼장애아동의
가족발달놀이치료: 아버지

이 사례는 아버지가 치료에 직접 참여한 가족발달놀이치료서 가족의 개입을 통해 아동의 사회적 상호작용 향상과 전반적 발달 증진을 목표로 하여 8개월간의 발달놀이치료를 실시하였다. 치료가 종결된 이후에도 이메일을 통한 피드백으로 후속조치가 이루어졌으며 연구원에서 이루어진 치료효과가 지속될 수 있도록 도왔다.

1. 프롤로그

동그란 얼굴에 단단하고 통통한 몸, 눈썹 위로 바짝 깎은 앞머리가 흡사 인형 같았던 지훈이와의 첫 만남은 울음소리와 함께 시작되었다. 아동은 아버지에게 안겨 울면서 내원하였는데, 아동을 만나러 온 검사자의 인사에 눈을 맞추고 살펴보다가 고개를 돌리고 다시 우는 바람에 검사실로의 입실이 순탄치 않았다. 아버지와 함께 검사실에 입실할 때도 옆에 있던 물건을 던지며 심하게 울어 아버지가 아동을 복도에서 달랜 후 검사실의 문을 연 채로 과제 중 일부만 진행하였다. 다행히도 시간이 지나 검사실 환경이 익숙해지자 아동은 스스로 문을 닫아 보기도 하였다. 아동은 좋아하는 비눗방울 놀이를 할 때에는 소리 내어 웃으며 참여하였고 여러 차례 활동을 요구하였으며, 좋아하지 않는 인형, 종 놀이에는 반응을 보이지 않거나 교구를 던지며 확실하게 거부 의사를 표현하였다.

2. 배경정보

지훈이는 호명에 반응이 없고 눈 맞춤이 잘 안 되었으며, 상호작용에 어려움이 있어 아버지가 책『내일을 기다리는 아이』를 읽고 아이코리아 아동발달연구원에서 진단과 치료를 받기 위해 내원하였다. 아동은 출생 시 건강 상태는 양호하였으며 초기에 청각검사에서 한쪽 귀에 반응이 없었지만 이후 기능에 이상이 없다고 평가받았다. 지훈이의 어머니는 출산 후 휴직하여 지훈이를 양육하였는데, 연년생인 누나와 지훈이를 함께 양육하느라 어려움이 많았다. 지훈이가 연구원에 내원할 무렵에는 어머니가 대학원에 진학하게 되어 아버지가 육아휴직을 하고 지훈이와 누나를 양육하고 있었다. 지훈이는 내원 당시 무의미한 음절을 이야기하거나 손을 끄는 방식으로 요구를 표현하였으며 '아빠빠, 엄마, 시(싫어)' 등의 단어를 사용할 수 있었다. 또한 아버지와 누나와 함께 잡기 놀이, 숨기 놀이, 모양 그리기 등을 하는 것을 매우 좋아하였는데, 원치 않는 상황에서는 울고 고집을 부리며 물건을 던지거나 아버지의 얼굴을 때리는 행동을 보이며 거부한다고 하였다.

지훈이는 2015년 11월부터 어린이집을 다니기 시작하였는데, 교사로부터 호명 반응이 없고 말이 늦다는 보고를 들었다. 이 시기에 타 기관 소아정신과에서 자폐스펙트럼장애 소견을 받았다. 2016년 12월부터 연구원에서 주 2회 가족발달놀이치료, 가족언어치료, 인지발달치료를 시작하였다. 그리고 연구원의 협력병원인 분당서울대학교병원 유희정 교수에게서 자폐스펙트럼장애로 진단받았다.

3. 치료적 접근

1) 의학적 접근

지훈이의 부모님은 아동의 언어지연에 대해 계속 걱정하고 있는 상태였는데, 어린이집 교사가 눈 맞춤이 잘 안 되고 불러도 답을 잘 하지 않으므로 병원에 가 볼 것을 권유하여 내원하였다. 만 3세 무렵까지 의미 있는 언어가 거의 없다가, 내원하기 두 달 전부터 "물 줘."라는 요구를 말하기 시작했으며, 이후 두 달 동안 말이 급격히 늘어서 100개 정도의 단어를 말하고, 간단한 문장도 만들 수 있다고 하였다. 언어의 이해에 대해서는 다소 불분명하였는데, 매일 수행하는 루틴에 대해서는 이해하지만 질문이 조금 복잡해지면 이해하기 어려운 것처럼 보였다. 그림에서 이름을 아는 사물을 손가락으로 가리킬 수 있었지만, 멀리 있는 물건을 가리키는 행동은 잘하지 못하였으므로, 협동주시 행동이 자연스럽지 않은 것으로 생각되었다.

또래들에게 관심은 있는 것 같지만 먼저 접근하는 경우는 많지 않다고 보고하였으며, 함께하는 놀이에 참여하려는 모습이 나타나지만 아직은 규칙에 따른 놀이 참여 및 상호작용이 지속됨에는 어려움이 있는 것으로 생각되었다. 흔하지는 않지만 오히려 또래가 다가오면 경계하거나 밀치는 행동을 하기도 하였다. 어린이집 수업 참여가 어렵고 주로 혼자 놀았으나, 시간이 지나면서 착석이 조금씩 나아지고 선생님의 지시에도 조금씩 따르기 시작한다고 보고하였다. 아동은 공룡, 자동차, 블록 놀이를 좋아하였고, 누나와 아빠와 놀이를 같이 하고 싶어 하지만, 누나가 방해하면 물건을 던지는 일도 있었다. 과거에는 맨홀 뚜껑을 오래 바라보는 행동, 사물을 혀에 대 보는 행동, 아기가 우는 소리를 싫어하는 등의 감각과 관련된 행동들도 있었지만 점차 좋아지고 있는 추세로 보였다. 텔레비전 만화를 지나칠 정도로 좋아하고, 만화를 보면서 제자리에서 뛰기도 하고, 거실에서 소리를 지르면서 계속 뛰어다닌다거나, 간혹 높은 곳에 올라가는 행동을 했고, 갑자기 혼자 깔깔 웃는 행동이 일주일에 한 번 정도 나타나서, 보호자는 아동의 행동 조절 능력에 대해서도 걱정하고 있었다.

진료실에서 지훈이는 계속 밖으로 나가고 싶어 했으며, 목소리가 큰 편이었고, 과일 이야기를 듣고 '사과 좋아, 맛있는 사과' 등의 말을 하였다. 인지적으로 사물의 분류에 대한 개념이 형성되고 있는 단계라고 느껴졌다. 주로 장난감을 한 줄로 나열하며 혼자 놀았지만, 공룡이나 비행기를 들고 와서 담당전문의와 부모님의 관심을 끄는 긍정적인 관심공유 행동을 보여 주었으므로, 그런 행동들을 잘 발달시켜 준다면 또래와의 상호작용과 놀이기술을 훈련시키는 데 중요한 기반이 될 것으로 평가하였다. 하지만 아직 인사하기 등의 관습적인 행동을 조금 더 익혀야 할 것으로 생각되었다.

2017년 9월, 초기 검사 결과 지능지수는 아직 나이가 어리고 언어 능력이 충분하지 않아 산출하기 어려웠으며, 교육진단검사에서 발달연령은 2세 6개월 수준, 사회성숙지수 68.8, 한국판 아동기 자폐평정척도(K-CARS) 33점으로 자폐스펙트럼장애를 시사하였다. Autism Diagnostic Interview-Revised(ADI-R)와 Autism Diagnostic Observation Schedule(ADOS 모듈 2)에서도 자폐스펙트럼장애의 진단기준을 만족하였다. 하지만 ADOS 검사 중에 숨바꼭질, 물건을 숨기는 장난을 치고 검사자의 반응 살피기, 소방차 장난감을 활용한 역할놀이 등이 나타났고, 상호적 놀이기술과 즐거움을 주고받는 능력, 상대방의 감정을 살피고 참조하는 능력 등이 활발히 발달하고 있는 중이라고 생각되었다. 부모님께는 언어의 발달을 돕기 위한 치료와 함께, 놀이기술을 발전시킬 수 있는 발달놀이치료, 그리고 다른 또래와 함께 하는 구조적인 놀이치료 등을 권하였다.

2) 치료교육 접근

지훈이는 연구원에서 다음과 같이 치료를 진행하였다. 지훈이의 치료교육은 계획에 따라 단계적으로 진행되었으며 가족발달놀이치료, 개별발달놀이치료, 짝 발달놀이치료가 이루어졌다. 2016년 12월부터 2017년 4월까지 진행된 가족발달놀이치료에서는 아버지가 치료를 관찰하고 참여하였으며 치료사와 관계 맺기, 정서 및 행동조절, 놀이를 통한 상호작용을 연습하였다. 아버지가 아동의 문제행동을 통제하고 적절하게 양육하도록 코칭과 교육도 함께 이루어졌다. 가족발달놀이치료를 마친 뒤 2017년 4월부터 9월까지는 치료사와 아동 간의 개별발달놀이치료가 진행되었다. 개별발달놀이치료에서는 의사소통 훈련을 통해 문제행동을 다루었으며 놀이 수준이 확장될 수 있도록 도왔다. 2017년 7월부터 9월까지는 짝 발달놀이치료를 시행하였다. 짝 발달놀이치료에서는 친구와 함께하는 경험, 친구와 놀이하는 즐거움을 통해 사회적 상호작용이 증진되도록 하였다.

(1) 초기: 아버지가 함께하는 '가족발달놀이치료'

본격적인 치료에 들어가기 전, 아동의 현재 발달상태 및 상호작용 패턴을 확인하고 치료 개입 계획을 세우기 위해 2016년 11월, 지훈이가 만 2세 4개월 때, 아버지와 지훈이의 상호작용 검사(MIM)가 진행되었다. 검사 결과와 치료계획은 다음과 같다.

지훈이는 좋아하는 과제의 경우 적극적이고 반응적인 태도로 참여하였으며, 아버지와 긍정적인 정서 공유가 가능하였다. 그러나 좋아하지 않는 과제가 제시되거나 요구가 수용되지 않으면 공격행동과 거부반응을 보였다.

지훈이의 아버지는 아동의 수준에 맞추어 과제의 난이도를 조절하고 활동을 유도할 수 있었으며, 민감하고 세심한 태도를 보였다. 다만, 대부분의 과제를 아동이 원하는 방식으로 해 주었으며 아동의 부적절한 행동을 제한하거나 조절하지 못하였다.

종합하면, 아동과 아버지는 함께 놀이하기, 돌봄, 도전 영역에서는 상호작용이 원활하였으나 규칙 영역에서는 어려움이 있었다. 이와 같은 결과는 치료의 시작단계에서 치료 방향을 정하고 계획을 수립하는 데 매우 중요한 단서가 되었다.

상호작용 검사 결과를 토대로 아버지는 구조화된 훈육과 양육을 할 수 있도록 부모교육과 코칭을, 아동의 경우 안전하고 구조화된 환경에서 제한을 수용하고 감정과 행동을 조절할 수 있도록 치료계획을 세웠다.

지훈이가 연구원에 내원하기 시작한 2016년 12월부터 2017년 4월까지는 가족발달놀이치료가 진행되었다. 가족발달놀이치료는 아동의 상태와 계획된 프로그램에 따라 아동 부모님의 관찰과 참여가 단계적으로 이루어졌다. 지훈이의 가족발달놀이치료에는 아버지가 관찰과 참여를 하였다. 아동은 치료 초기 아버지와의 분리에 심한 불안감을 나타냈으며, 치료실 문을 열어 놓고 아버지가 보이는 상태에서 놀이를 진행하였다.

아동은 치료사의 지시에 따라 착석이 가능하였으나 자리 이탈이 잦고 주의 분산이 많아 집중 시간이 짧았다. 아동의 아버지는 아동이 교회에서도 주의가 산만하고 자리 이탈이 너무 잦아 고민이며 자리 이탈을 제지하면 울고 떼쓰기 때문에 통제하기 어렵다고 하였다. 아동은 비눗방울 놀이를 매우 좋아하였는데, 선호하는 놀이를 하는 동안에는 보다 주의를 집중할 수 있었다. 치료사가 숫자 세기와 같은 구조화된 신호를 주며 놀이를 하면 신호에 따라 손을 위아래로 흔들며 반응하는 등, 치료사에 의한 행동 조절도 가능했다. 다만, 선호하는 놀이를 하는 도중에도 아버지가 앉아 있는 자리를 힐끔힐끔 보면서 아버지가 있는지 확인하는 모습을 보였다.

지훈이의 아버지는 매우 세심하고 다정하며 아동의 정서변화에 민감하게 반응할 수 있었다. 그러나 부적절한 행동을 적절하게 제한하고 유도하는 데 어려움을 보였으며, 훈육이 필요한 상황에도 어조나 표정의 변화가 없이 부드럽게 훈육하여 훈육 의도가 아동에게 잘 전달되지 않았다. 아버지의 적절한 제한이 없는 허용적인 양육태도로 인하여 아동은 아버지에게 원하는 것을 모두 요구하는 의존적인 태도를 보였다. 아동은 행동을 제한하면 바로 바닥에 누워서 울고 때리고 꼬집는 공격행동을 보였지만 아버지는 아동의 부적절한 행동을 전혀 통제하지 못하였다.

치료사는 아동의 적절한 행동을 격려하고 칭찬하며, 적절하지 않은 행동을 단호한 태도로 제한하였다. 또한 활동을 구조화하여 아동의 감정 및 행동이 외부에 의해 통제되고 조절될 수 있도록 도왔다. 아동의 아버지와는 가족발달놀이치료를 함께하면서 아동의 부적절한 행동을 제한하는 방법을 치료사가 보여 주고 아버지가 직접 연습해 볼 수 있도록 하였으며, 아동의 상호작용을 증진시킬 수 있는 다양한 놀이를 함께하였다. 아버지는 치료사가 알려 주는 방법을 꼼꼼히 메모하고 모방하려 노력하였으며, 적극적이고 성실한 태도로 치료에 임하였다.

치료가 진행되면서 아동에게 몇 가지 변화가 나타났는데, 치료실에 입실하면 자신의 자리에 스스로 앉아 기다릴 수 있게 되었으며 치료사의 지시와 제한에 따라 만족을 지연하고 행동을 조절할 수 있게 되었다. 아동은 치료사의 제한에는 잘 따랐으나, 아버지가 제한하거나 욕구를 즉각적으로 들어주지 않을 때는 아버지의 얼굴을 때리거나 꼬집는 등 상대에 따라 다른 반응을 보였다.

치료실에서의 긍정적인 변화는 가정에서도 일반화되어야 하므로 부모상담 시간에 코칭과 교육이 이루어졌다. 코칭과 교육은 두 단계로 이루어졌는데, 먼저 아동이 치료사와 아버지와 각각 놀이할 때 반응이 어떻게 다른지 살펴보았다. 그리고 왜 반응이 다른지를 설명하였다. 두 번째로는 아버지가 아동의 행동에 대해 어떻게 반응해야 하는지 치료사가 모델을 보이고 아버지가 따라 해 볼 수 있게 하였다. 부모님들이 설명을 들을 때에는 금방 따라 할 수 있을 것 같지만 집에 돌아가면 어떻게 해야 하는지 잊어버리거나 시작하기 어려워하는 경우가 많기 때문에 치료사와 연습해 보는 시간을 가졌다. 치료사와 연습하면서 어려운 부분을 질문할 수도 있고 치료사 없이도 해 볼 수 있는 자신감을 가질 수도 있다.

지훈이의 경우 아버지가 아동의 적절한 행동은 칭찬하고 부적절한 행동은 제한하는 연습을 집에서 해 보고 피드백을 주고받았다. 아버지는 처음에 연습하는 것도 어려워하였으나, 시간이 지나면서 어조나 표정의 변화를 명확하게 하고 아동에게 일관되고 예측 가능한 규칙을 제시할 수 있게 되었다. 2017년 4월부터는 아동이 아버지의 제한을 조금씩 수용하기 시작하였으며, 시간이 지나면서 아버지의 제한에 잘 따르고 행동을 조절할 수 있게 되었다. 아동의 변화에는 치료사를 믿고 가정에서 치료가 일반화될 수 있도록 꾸준히 연습한 아버지의 노력이 있었다. 아동의 발달을 위해 가정환경을 구조화하고 치료와 관련된 책을 사서 읽으며, 치료사가 내 준 숙제를 성실히 하면서 치료사에게 끊임없이 질문하는 아버지의 적극성이 치료의 진전을 가능하게 했다.

(2) 중기: 놀이 확장과 행동조절 '개별발달놀이치료'

2017년 4월부터 9월까지는 지훈이와 치료사의 개별발달놀이치료가 진행되었는데, 지훈이는 아버지와의 분리를 거부하지 않고 치료사와 함께 안정적으로 치료실에 입실할 수 있었다. 아동은 처음에는 자신이 원하는 놀이만 하려고 하였고 치료사가 제안한 놀이는 거부하였다. 치료사는 아동이 선택한 놀이를 수용하면서 천천히 개입하였다. 지훈이가 안전한 치료실 환경에서 충분히 수용받는 경험을 통해 치료사와의 개별적인 놀이상황에 적응하고 관계가 형성되도록 하였다. 아동은 치료사와 단둘이 놀이하는 상황에 익숙해지면서 함께 놀이하는 것을 즐거워하기 시작하였다. 치료사는 아동이 서서히 치료사의 통제에 따를 수 있도록 계획을 세웠다. 먼저, 회기당 아동의 놀이 90%, 치료사의 놀이 10%의 비율로 구성하였고 점차 비율을 균형 있게 구성하면서 치료사가 제안한 놀이도 함께할 수 있도록 유도하였다. 2017년 5월에 들어서는 치료사가 제시한 놀이를 먼저 하고 자신이 선택한 놀이를 할 수 있을 만큼 만족지연이 향상되었다.

개별발달놀이치료를 처음 시작했을 때 지훈이의 놀이 수준은 기능적이고 단순한 탐색 정도였다. 여러 가지 장난감을 꺼내고 만져 보고 끼우고 눌러 보는 수준이었다. 놀이 내용은 좋아하는 장면을 반복적으로 표현하는 정도였다. 예를 들어, 공룡이 음식을 먹는 놀이만 계속하였다. 치료사는 비슷한 놀이 내용에 약간의 변화를 주면서 조금씩 내용이 다양해지고 확장될 수 있도록 도와주었다. 지훈이는 치료사가 보여 주는 새로운 놀이 방법이나 내용을 유심히 지켜보거나 자신이 좋아하는 부분이 나오면 환하게 미소를 지으며 즐거워하였다. 아동의 장점은 모방이 잘 이루어졌다는 점인데 치료사가 놀이방법을 보여 주면 즉각적으로 모방하거나 이전 회기에서 알려 준 놀이방법을 다음 회기에서 지연 모방을 하면서 놀이 종류가 확장되고 놀이 내용이 다양해졌다.

치료 초기 지훈이의 놀이 행동은 조직적이지 않고 매우 산만하였다. 처음에는 치료실에 들어와서 원하는 장난감을 꺼냈다가 몇 초도 안 되어서 바로 다른 장난감을 꺼내는 경우가 많았고, 때로는 장난감을 꺼내면서 눈으로는 이미 선반의 다른 바구니를 보고 있는 경우도 많았다. 또한 장난감 한 개를 꺼내려고 바구니 전체를 엎을 때가 많았는데 엎자마자 다른 바구니에 손이 가다 보니 바닥에 온통 장난감이 가득 쏟아지게 되었다. 아동의 놀이 수준이 낮고 놀이하는 방법을 잘 몰랐기 때문에 한 가지 놀이를 오래 할 수 없는 것도 당연한 일이었다. 치료가 진행되자 지훈이는 치료사의 놀이방법을 모방하면서 놀이 종류가 확장되었으며, 자연히 한 가지 놀이를 하는 시간이 늘어나게 되었다.

또한 지훈이는 어떤 놀이를 하다가 맥락 없이 갑자기 전혀 다른 놀이를 하는 경우가 많았는데, 치료사는 아동이 하고 있던 놀이와 새로 선택한 놀이가 연결되도록 도와주었다. 이러한 작업은 놀이 내용이 확장되고 풍성해질 수 있게 하였다. 하던 놀이를 그만하고 싶을 때에는 "빠빠~"라고 손을 흔들며 더 이상 하지 않겠다는 의사를 표현하게 하였다. 놀이에 질서를 부여하면서 산만했던 아동의 놀이가 조직화되었다.

한편, 지훈이는 행동을 조절하는 데 어려움이 있었다. 특히 아버지가 걱정을 느끼고 스트레스를 호소하였던 두 가지 행동이 있었다. 첫 번째는 높은 곳에 있는 물건을 꺼내고 싶을 때 부모에게 요구하지 않고 혼자 선반을 밟고 올라가 물건을 꺼내는 행동이었다. 두 번째는 장난감을 꺼낼 때 장난감 바구니를 무조건 엎어 버리는 행동이었다. 아동의 이런 행동들은 자신의 욕구를 만족시키기 위한 적절한 표현방법을 알지 못했기 때문에 발생되었다. 치료실에서는 지훈이가 높은 선반에 있는 장난감을 꺼내려고 할 때 손가락으로 가리키며 "이거"라고 말할 때에만 원하는 것을 꺼내 주었다. 또한 치료사가 장난감 바구니를 손으로 붙잡아 아동이 바구니를 엎으려는 행동을 제한하였다. 지훈이는 처음에 힘을 주어 바구니를 엎으려고 하였지만, 치료사가 바구니 안에서 하나씩 장난감을 꺼내는 모습을 보여 주자, 주의 깊게 살펴보고 모방하기 시작하였다. 아동이 치료사가 목표한 행동을 했을 때에는 사회적인 보상을 주어 행동이 강화될 수 있도록 하였다. 지훈이의 부모는 아동이 적절하지 않은 행동을 했을 때 주로 언어로만 개입하였기 때문에 지훈이는 올바른 행동이 무엇인지 쉽게 파악할 수 없었다. 부모상담 시간에는 아버지가 아동의 수준에 맞게 언어와 비언어적인 행동을 함께 사용하여 문제행동을 중재하도록 설명하고 실습하였다. 치료실에서의 개입과 집에서의 꾸준한 연습 이후 아동은 높은 곳에 있는 물건은 "이거"라고 표현하며 요구할 수 있게 되었고, 장난감은 하나씩 꺼내 탐색할 수 있게 되었다. 치료실과 가정에서의 일관된 개입으로 아동이 적절한 행동 및 표현을 할 수 있게 된 것은 큰 진전이라고 볼 수 있었다.

지훈이는 2017년 9월 초 외국으로 가게 되었다. 따라서 남은 기간 동안 아동의 치료계획을 다시 세울 필요가 있었다. 연구원에 처음 내원했을 때와 비교해 보면 아동의 정서와 행동이 안정되어지고 발달적인 측면에서 큰 향상이 있었다. 이와 같은 평가는 치료사와 부모 모두에게 일관되게 나타났다. 부모가 아동을 통제하고 양육하는데도 이전보다 훨씬 수월해졌다. 그러나 아버지는 지훈이가 또래와의 관계에서 여전히 어려움이 있다고 보고하였다. 지훈이는 성인과의 상호작용에서는 지시를 수용하거나 적절하게 요구하는 등 뚜렷한 발전이 보였지만, 또래와의 관계에서는 부적절한 모습을 보였다. 자신보다 힘이 약한 또래의 장난감은 빼앗아 가고, 자신보다 힘이 센 또래가 장난감을 빼앗아 가면 별다른 저항 없이 쉽게 포기하거나 상황을 회피하는 등 또래 상황에서 적절하게 대처하지 못하고 있었다. 따라서 2017년 7월부터 9월 초까지 짝 발달놀이치료를 통하여 또래 아동과의 상호작용을 경험하고 상황에 맞게 적절하게 반응하고 대처할 수 있도록 새로운 치료계획을 세웠다.

(3) 후기: 친구와 함께하는 즐거운 경험 '짝 발달놀이치료'

지훈이는 2017년 7월부터 9월까지 주 1회 개별발달놀이치료를 유지하면서 주 1회 지수현 아동과 짝 발달놀이치료를 병행하게 되었으며, 이 치료를 통하여 또래와의 상호작용이 일반화되는 것을 목표로 설정하였다. 수현이와의 짝 발달놀이치료 인원은 치료사를 돕는 보조 치료사까지 총 4명으로 구성하였다.

　지훈이는 치료사와 보조 치료사와는 관계가 형성되어 있었지만, 수현이와
는 짝 발달놀이치료가 시작되면서 처음 대면하게 되었는데 처음에는 짝에게
별다른 관심을 나타내지 않았다. 지훈이는 치료사의 지시에 따라 착석이 가
능하였지만, 종종 자리를 이탈하려는 시도를 보였고 제한은 가능하였다.

　초기 또래와의 놀이는 치료사의 지시에 의해서 가능하였기 때문에 두 아
동이 모두 잘할 수 있는 놀이를 중심으로 진행하였다. 3회기에는 고리 끼우
기 놀이를 하였는데, 치료사로서 많은 생각을 하게 한 회기였다. 치료사가

 짝 · 집단치료에서 보조 치료사의 역할

　짝·집단치료의 경우 보조 치료사의 역할이 매우 중요하다. 치료사는 프로그램을
진행하는 동시에 각 아동에게 적합한 방법으로 반응을 이끌어 주어야 한다. 그러나
혼자서 여러 역할을 감당하기에는 현실적으로 어려움이 따른다. 아동들 중 행동 문
제가 있거나 자리 이탈이 잦은 경우가 있다면, 프로그램의 흐름이 끊기기 쉽고 다
른 아동들도 덩달아 주의가 분산될 수 있다. 따라서 보조 치료사는 치료사가 프로
그램을 이끌어 나갈 때 아동들이 프로그램에 잘 집중할 수 있도록 환경을 조성하고
아동들의 정서·행동적 단서에 민감하게 반응해야 한다. 또한 짝·집단치료의 목적
이 또래와의 상호작용을 하는 것이기 때문에 치료사와 함께 적절한 모델로서의 역
할을 해야 한다. 또래와의 상호작용을 거부하거나 어려워하는 아동들의 경우, 치료
사·보조 치료사와 각각 한 팀(치료사-아동 1, 보조 치료사-아동 2)이 되어 활동을
연습한 후에 또래와 활동을 수행할 수 있다. 치료사와의 충분한 연습은 활동에 대
한 이해와 자신감을 주기 때문에 또래와 수행할 때, 보다 적극적이고 자발적인 시
도를 가능하게 한다. 치료사와 보조 치료사는 각 아동의 뒤에 서서 아동이 또래와
놀이할 수 있도록 지시와 촉진을 할 수 있다. 이러한 단계적 시도가 진행되면, 치료
사의 도움 없이 또래와의 놀이가 가능해지게 된다. 또래와 함께 활동을 하면서 아
동은 함께 놀이한 또래에 대한 관심과 흥미, 친밀감이 생기게 되고 이는 앞으로도
아동에게 또래와 놀이하고 싶은 동기를 줄 수 있다.

준비한 내용은 한 아동이 먼저 고리를 가지고 반환점까지 가서 고리를 끼우고 다시 돌아와 다음 아동과 하이파이브를 하면 그다음 차례 아동이 활동을 수행하고 오는 것이었다. 지훈이는 치료사와 1:1로 연습할 때에도 자리 이탈이 잦고 촉구가 많이 필요하였다. 고리를 넣지 않고 돌아다니는데다가 잘하던 하이파이브도 거부하는 모습을 보였다. 치료사로서는 아동의 충동적이고 돌발적인 행동을 통제하는 데 에너지를 쏟을 수밖에 없었다. 그런데 갑자기 아동이 치료사가 지시한 고리 끼우기를 하지 않고 "모자"라고 말하며 고리를 머리에 쓰는 것이었다. 지훈이의 창의력에 웃음이 나왔고 한편으로는 놀라웠다. '고리 끼우기 놀이를 저렇게도 할 수 있겠구나.' 아이들의 순수하고 기발한 모습을 통해 언제나 참 많이 배운다고 생각한다. 발달지연이나 자폐스펙트럼장애아동들에게도 마찬가지이다. 그들은 더욱 기특하고 감동적이다. 그런데 짝인 수현이도 똑같이 "모자"라고 하며 머리에 고리를 쓰는 것이었다. 치료사의 지시나 촉구가 아닌, 자연스러운 상황에서 또래를 보고 모방을 한 것이었다. 아동들은 치료사가 기대한 것보다 한 발자국 더 나가고 있었다. 앞으로 함께하는 시간을 통해 즐겁게 상호작용을 경험하고 자연스럽게 친구들을 만날 수 있기를 기대하고 바랐다. 그러나 아직은 지훈이가 짝과 친해질 시간이 더 필요했다.

　4회기에는 동대문 놀이를 하면서 수현이와 두 손을 맞잡아 터널을 만들게 하려고 하였으나 지훈이가 단호한 목소리로 "싫어!"라고 자신의 의사를 표현하며 거부하였다. 아동은 짝을 꼬집거나 발로 밀어 버리는 부적절한 행동을 보이기도 했다. 아직 관계가 형성되지 않은 상태였기 때문에 낯선 친구에 대한 두려움과 불편함이 있었을 것이다. 시간이 지나면서 지훈이는 조금씩 마음의 문을 열기 시작했다. 거부적인 태도가 남아 있었지만 치료가 끝나고 퇴실할 때에는 짝의 손을 살며시 잡기도 하였다. 5회기에 들어서는 짝 아동에게 "누나"라고 부르기 시작하였다. 6회기에는 둘이 나란히 앉아 피아노를 치는데 둘 다 좋아하는 악기라 서로 몸을 밀며 혼자 치려고 하였다. 차례대로 번갈아 치기로 하고 지훈이에게 먼저 기회를 주었는데, 아동은 피아노를 짝으로부터 멀리 떨어진 곳으로 가져가 혼자 쳤다. 그래도 지훈이는 조금씩 성장하고 있었다. "이제 수현이 누나 줘."라는 치료사의 지시에 못 이기는 듯 피아노를 밀어 짝에게 전달해 주었다. 아동은 좋아하는 장난감이더라도 떼쓰거나 고집 피우지 않고 친구와 차례대로 놀이하는 법을 배우고 있었다.

종결을 앞둔 7회기에는 놀라운 변화가 나타났다. 매 회기 했던 공 주고받기 놀이에서 치료사가 일일이 지시하거나 촉구하지 않아도 서로 마주 보고 공을 주거나 받는 것이 가능하게 되었다. 짝과 손 잡기를 거부했던 동대문 놀이는 치료사가 터널을 통과할 때까지 짝과 두 손을 꼭 맞잡고 기다릴 수 있게 되었다. 치료사가 터널을 만들 때에는 둘이 깔깔거리고 웃으면서 차례대로 터널을 통과하고 원을 그리며 돌았다. 둘 다 매우 좋아했던 꼭꼭 숨어라 놀이를 할 때에는 까르르 웃으며 사이좋게 담요 밑에 숨었고, 또 숨어 있는 치료사를 찾으며 즐거워하였다. 외국으로 떠나기까지 짧은 시간 동안 함께했지만 지훈이는 가족발달놀이치료, 개별발달놀이치료, 짝 발달놀이치료를 거치며 세상 밖으로 한 발자국씩 나가고 있었다. 혼자가 아닌 누군가와 함께 놀이하고 즐거움을 공유한다는 것, 그 새로운 기쁨을 외국에 가서 더 활짝 펼치길 진심으로 바랐다.

4. 향후 계획

지훈이는 2017년 9월 외국으로 갔지만 이메일을 통해 아버지와의 연락을 꾸준히 취하였다. 이와 같은 추후지도(follow up)는 치료가 종결된 이후에도 치료의 효과를 유지할 수 있는 후속조치로서, 아동에 대한 직접적인 치료는 아니지만, 부모가 적절하게 양육할 수 있도록 도움을 주는 방법이다. 또한 아동이 외국에서 적절한 교육 및 치료기관을 찾는 데에도 도움을 제공할 수 있다. 아동의 아버지는 이메일을 통해 아동의 향상된 점, 문제점, 앞으로의 계획 등을 상세하게 적어 보내 주었다. 때로는 현재 발달상황을 언어, 놀이, 인지로 영역을 나누어 기술하여 보내 주었기 때문에 아동을 담당하였던 각 영역의 치료사들이 보다 상세하게 피드백을 제공할 수 있었다. 다음에 아동의 아버지와 나눈 이메일의 일부를 첨부하였다. 이메일과 사진은 아동 아버지의 동의하에 게재하였다.

<권지훈 아동 아버지의 이메일과 치료사의 피드백 2018. 1.>

연구원 선생님, 안녕하세요. 지훈이 아빠입니다. 몇 가지 발달이 되었다고 생각하는 것과 새로이 생긴 문제점들에 대해서 공유해 드립니다.

✱ 발달상황

1. 언어: 매달 조금씩 향상되고 있습니다. 간단한 질문에 대해서 묻고 답하기가 가능합니다. 제가 "지훈이 뭐해?"라고 물으면 "음~ 공룡퍼즐/밖에 나가고 싶어." 등으로 대답합니다. 요즘 부쩍 요구하는 표현을 많이 하는데 "아빠, 만화 조금만 볼까?"라고 요구해서 제가 "안 돼. 아침에 봤잖아."라고 하면 지훈이가 "아빠~ 제발~" 이렇게 표현합니다. 그 외에도 "아빠~ 일어나. 아빠 괜찮아?" "친구들 다 집에 갔네. 조금 있으면 달님이 나올 거야." 등 세 단어, 네 단어 문장이 나옵니다.

   언어가 늘기 시작하면서, 누나를 때리고 할퀴는 공격성이 없어졌습니다. 11월까지만 해도 누나 얼굴을 매일 긁어서 피나게 했는데, 12월부터는 누나를 때리지 않고, "누나! 누나! 지훈이 꺼야!" 하면서 말로 표현을 합니다.

2. 놀이: 공룡 놀이를 좋아하고, 고무찰흙으로 과일 만들기 놀이도 좋아합니다. 책에서 본 내용을 실제 놀이에 적용하기도 합니다. 책에서 동물들이 학교에 가서 수업을 하는 내용이 있었는데, 동물들을 모아 놓고 밥 먹이고, 학교 보내고, 꼭꼭 숨어라 놀이도 합니다.

   아직은 주도적으로 놀이를 하기보다 옆에서 누군가 리드를 해 주는 게 편해 보입니다. 항상 제가 옆에서 리드를 해 주었는데, 요즘에는 누나가 리드를 해 주면 따라서 합니다. 누나가 요리 놀이/캠핑 놀이를 하면서 이것저것 시키면 참여를 합니다. 둘이서 노는 시간이 조금씩 길어지고 있습니다.

놀이를 할 때 누나와 저에게 의지를 많이 해서 혼자 있을 때 어떻게 하나 걱정이 되기도 했는데, 누나가 유치원에 가 있을 때 키즈카페에 혼자 데리고 가니, 그곳에서 만난 아이들과 잡기 놀이를 하면서 노네요. 처음에는 누나가 없으니까 어떻게 해야 할지 모르다가, 결국은 다른 아이들과 함께 뛰어다니면서 놉니다.

3. 인지: 퍼즐을 곧잘 합니다. 작년 9월에는 6~8조각 퍼즐도 어려워했는데, 지금은 40조각 퍼즐도 잘합니다. 전체적인 그림을 이해하면서 맞춰 나가는 모습이 보입니다. 수와 색깔에 대한 개념이 자리 잡은 것 같습니다. 숫자를 1~10까지 세고, 색깔을 구별해서 얘기합니다. 책에 나오는 동물들 이름도 거의 다 구별하여 말하네요(사자, 코끼리, 악어, 까마귀, 오리, 돼지, 늑대 등).

4. 기타: 혼자서 밥을 먹는 연습을 계속 시키고 있습니다. 흘리기는 하는데 많이 좋아졌습니다. 젓가락질도 최근에 시작을 했습니다. 배변훈련은 진행 중입니다. 아직 기저귀를 하고 있습니다. 변기 훈련을 하고 있는데 대변은 어느 정도 가리지만, 소변을 아직 잘 못 가리고 있습니다.

✱ 문제점

1. 신체발달(근육): 최근에 지훈이의 모습을 관찰하면서 소근육/대근육 발달이 더딘 것을 알게 되었습니다. 소근육 발달을 위해 가위질, 색칠연습을, 대근육 발달을 위해 자전거, 스케이트 운동을 시키고 있습니다.

→ 소근육의 경우, 가위질, 색칠하기 이외에도 선 긋기, 선 따라 그리기 등의 활동을 하거나 일상생활 속에서 뚜껑 열고 닫기, 단추 끼우기 등의 활동들을 스스로 하도록 도와주세요. 대근육의 경우, 자전거/스케이트 등의 운동 외에 노래나 지시에 맞춰서 율동을 하거나 행동을 하는 놀이들이 행동조절뿐만 아니라 운동발달에도 도움이 될 수 있습니다(예: 무궁화 꽃이 피었습니다, 그대로 멈춰라).

2. 반향어: 요즘 반향어가 많이 나옵니다. 만화에서 봤던 내용을 중얼거리기도 하고, 옆에서 다른 사람이 하는 말을 그대로 따라 하기도 합니다. 그리고 쉴 새 없이 떠들어서 걱정이 되긴 합니다.

→ 반향어가 역기능이 있기는 하지만 언어를 배우는 과정에 있는 아동에게는 언어를 습득해 가는 발달과정이자 방법이 될 수 있습니다. 다만, 상대방이 질문을 했을 때 그 질문의 억양까지 그대로 따라 한다면, 대답에 맞는 적절한 톤으로 억양을 수정하여 말하도록 도와주세요.

3. 교회 예배: 착석이 어렵습니다. 교회를 가기 싫어하고요. 오랜 시간 동안 앉
   아 있는 것을 어려워하는 것 같습니다. 억지로 잡아 놓고 앉혀 놓아야 하는
   것인지, 아니면 아이에게 자유를 주는 게 좋은 것인지 아직 잘 모르겠네요.
   → 아동이 시간을 보낼 수 있는 활동(예: 공룡 스티커 붙이기)을 준비해 주시거나 예배
   시간의 일부 동안만 착석을 유도하고 보상을 해 주어 착석시간을 점차 늘려 나가 보
   세요. 처음에는 5분, 10분 등 아동이 착석 가능한 시간부터 시도해 보세요.

지훈이 사진 몇 장 보내드립니다.

   지훈이 아버지의 이메일에 대해 치료사는 각 영역별, 문제행동별로 의견을 정
리하여 위와 같이 피드백을 하였으며, 현재까지도 꾸준히 메일을 주고받으면서
지훈이의 성장과 발달과정에 도움이 되도록 치료교육 관점에서 지원하고 있다.

   지훈이가 외국으로 간 지 1년이 된 2018년 8월 말, 지훈이의 아버지가 기
쁜 소식을 보내 왔다. 아동이 9월부터 정식으로 유치원에 입학을 하게 되었
으며, 유치원 입학 전 2주간 진행되는 캠프에 참여하고 있다는 내용이었다.
놀라운 사실은 아동이 캠프에서 친구들과 함께하는 시간을 매우 즐거워하고
있다는 것이었다. 지훈이는 우리의 예상보다도 더 잘 적응하며 즐겁게 지내
고 있었다.

   지훈이 아버지는 10월 초 다시 한번 소식을 보내 왔다. 아동이 9월부터 아

침 9시부터 오후 3시까지 유치원에 잘 다니고 있다는 내용이었다. 지훈이는 친구들 무리에 끼려고 하거나 적극적으로 놀이에 참여하는 등 유치원 생활에 잘 적응해 나가고 있었다. 다만, 아동이 현지 언어에 서툴고 사회적 기술이 부족하여 자기중심적으로 행동하다 보니 친구들이 아동을 밀어내거나 때리는 상황이 발생하여 안타깝기는 하지만 아동의 누나와 담임선생님이 아동을 도와주고 챙겨 준다고 하였다. 아버지는 외국으로 온 뒤 언어치료사 및 작업치료사와 두 번의 미팅을 하였고 아동이 전반적으로 발달이 진행되어 좋으나, 상대방의 눈을 잘 안 마주친다는 의견을 받았다. 아버지는 치료사들과 구체적인 치료계획 아래 아동의 발달을 위해 꾸준히 노력하고 있었다.

아버지는 아동이 여전히 또래에 비해 늦지만 꾸준히 발달하는 모습을 보이고 있어 기쁘다고 인사를 전해 왔다. 1년 전 지훈이와 함께 연구원을 다니며 치료를 받던 시간들을 떠올리면서 정신적으로도 육체적으로도 쉽지 않았다고 하였다. 하지만 지훈이가 조금씩 발달하는 모습에 힘을 얻었고, 앞으로 지훈이의 발달을 위해 부모로서 어떻게 해야 할지를 알게 되었던 좋은 시간이었다고 기억하고 있었다.

지훈이의 아버지는 외국으로 간 후 발달장애를 가진 아이들에 대한 사회의 시선이 한국과는 매우 다르다는 것을 느꼈다고 했다. 그곳은 발달장애에 대한 특별한 선입견을 가지고 있지 않을 뿐만 아니라 발달장애를 가진 아이들을 사회적 약자로서 배려하고 사회적으로 어떻게 도움을 줄 수 있을지에 대한 고민이 많은 나라라고 하였다. 아버지가 외국에서 만난 현지인들에게 지훈이의 상황에 대해서 사실대로 얘기를 하면, 그들은 이런저런 조언을 해 줄 뿐만 아니라 이용할 수 있는 시설들을 알려 주었다. 한국에서는 사람들이 이상한 눈으로 볼까 봐 아이의 상태를 숨기고 싶었던, 왠지 죄인 같은 마음이 있었는데, 그곳에 간 이후로는 그런 마음이 사라져서 마음이 한결 가볍다고 소식을 전해 왔다.

외국으로 출국하던 1년 전, 지훈이의 미래를 생각하며 슬프고 괴로운 마음을 표현하던 아버지도 아동이 성장한 만큼 마음의 변화가 있었다. 아동의 더

딘 발달에 좌절하지 않고 아동이 한 걸음, 한 걸음 세상을 향해 나아가도록 길을 안내하는 든든한 지원자로서 열심히 나아가고 있었다.

5. 결론

지훈이는 자폐스펙트럼장애 진단을 받은 아동으로, 호명에 반응이 없고 눈맞춤이 잘 안 되며 상호작용에 어려움이 있어 2016년 만 2세에 연구원에 내원하였다. 지훈이의 치료교육은 총 8개월간 이루어졌으며 계획에 따라 가족발달놀이치료, 개별발달놀이치료, 짝 발달놀이치료가 단계적으로 이루어졌다. 2016년 12월부터 2017년 4월까지 아버지가 치료를 관찰하고 참여하는 가족발달놀이치료가 진행되었다. 이때 아버지가 아동의 문제행동을 통제하고 적절하게 양육하도록 코칭과 교육도 함께 이루어졌다. 2017년 4월부터 9월까지는 행동조절과 놀이 확장을 위한 치료사와 아동 간의 개별발달놀이치료가 진행되었다. 2017년 7월부터 9월까지는 또래 상호작용의 즐거움을 경험하기 위한 짝 발달놀이치료를 시행하였다. 지훈이는 2017년 외국으로 갔으며, 2018년 9월부터 현지 유치원에 입학하였다. 아동은 현지 언어에 서툴고 사회적 기술이 부족하여 어려움이 있지만, 또래에 관심이 있고 적극적으로 놀이에 참여하는 등 유치원에 잘 적응하고 있다.

이 사례에서는 아동 아버지의 적극적인 치료 협력과 양육 피드백의 중요성을 일깨워 주고 있다. 지훈이와의 만남은 약 8개월이라는 비교적 짧은 시간 동안 이루어졌지만, 아동의 변화는 치료가 종결된 지금까지 이루어져 왔다. 여기에는 전문적이고 다각적인 영역에서 이루어진 치료의 효과도 있었지만, 아동 아버지의 헌신적인 노력과 협력이 있었다. 지훈이 아버지는 다정하고 허용적인 사람으로 아동의 정서 변화를 민감하게 알아채고 반응할 수 있었지만 부적절한 행동을 제한하고 적절하게 훈육하는 데는 어려움이 있었다. 아버지는 치료사와 가족발달놀이치료를 하면서 아동과 놀이하는 법, 상황에 맞게 적절하게 대응하는 법을 관찰하고 적용해 볼 수 있었다. 치료사와 아동이 놀이하는 것을 먼저 관찰하고 아동의 놀이상대로서 치료사와 함께 놀이에 참여해 보았으며, 치료사 없이 아동과의 놀이를 이끌어 보는 등 단계적으로 치료가 이루어졌다. 아버지는 적극적으로 치료에 참여할 뿐 아니라 부모상담 시간에 이루어진 질의응답을 활발히 활용하여 아동의 발달 수준에 맞는 양육을 하기 위해 노력하였다.

　짧은 치료 기간에도 긍정적인 변화가 나타날 수 있었던 이유는, 첫째로 아버지가 아동의 치료를 우선순위로 두고 환경적 여건을 조절하면서 헌신적으로 치료에 임했던 점이다. 둘째로 치료 시간 이외에도 끊임없이 치료 내용을 일상생활에서 적용하려는 노력이었다. 기본적인 내용이지만 실제로 이를 꾸준하게 유지하는 부모님은 생각보다 많지 않다. 아동에게 긍정적인 변화가 일어나기 시작하면 '아, 이제 됐구나.'라는 안도감에 어느 순간 마음이 해이해지면서 다른 일들에 우선순위를 뺏기기도 한다. 반면, 아동이 쉽게 변화하지 않으면 치료효과를 의심하여 기관을 계속 옮기거나 좌절하여 무기력해지기도 한다. 하지만 변화는 한번에 이루어지지 않는다. 부모의 노력은 아동의 변화로 반드시 보답이 된다. 지훈이 아버지는 희망과 좌절 사이에서 기뻐하고 힘들어하기도 하였지만, 꾸준히 노력하고 헌신하였다. 한 주, 한 주 발달하고 변해 가는 아동의 행동과 모습으로 알 수 있었다. 그리고 외국에 가서도 아동에게 맞는 양육과 교육, 치료를 하기 위해 노력하고 있다는 사실이 아버지가 보내 준 이메일에 고스란히 적혀 있었다. 지훈이 아버지가 보내 준 사진 속에서 지훈이는 다른 사람들과 함께하는 즐거움을 배우고 있었다. 놀이터에서 함께 놀고 블록을 쌓으며 율동을 따라 하고 잡기 놀이를 하는 모든 순간에 아동은 발달하고 있었으며 성장하고 있었다.

　아동은 아버지의 손을 잡고 세상으로 향하는 발걸음을 씩씩하게 내딛고 있다. 조금 느릴지라도 아동에게 맞는 방법으로 세상에서 즐겁게 살아 나갈 수 있도록 가족들과 연구원이 지원하고 지켜볼 것이다.

제5장

발달지연아동의
가족통합치료교육

이 사례는 아동과 어머니, 형제아동에 대한 지원을 통하여 가족 전체의 심리 · 정서적 역량 강화를 제공한 사례이다.

∞ 가족지원의 필요성

가정이라는 환경은 일차적인 관계를 경험하는 곳으로서 가족 간의 상호작용은 아동의 정서 · 행동발달과 성장에 중요한 영향을 미치게 된다. 하지만 장애아동이 있는 가정의 부모는 장애를 수용하기까지 우울감, 수치심 등으로 극심한 양육스트레스를 겪게 되며 비장애형제의 경우 분노, 질투심, 고립감 등의 부정적인 정서를 경험하여 가족 구성원 간의 관계에서 심리적 어려움을 겪는다고 보고되고 있다. 때문에 최근에는 장애아동의 부모와 비장애형제를 포함한 가족 단위 지원의 필요성이 강조되고 있다. 아이코리아 아동발달연구원에서는 장애가정의 부모와 형제아동을 포함한 심리지원을 지속적으로 제공하고 있으며 프로그램에 참여한 부모들로부터 높은 만족도와 효과를 보고받고 있다.

1. 프롤로그

우진이는 아주 마른 체구의 아동으로 어머니 옆에 가만히 앉아 있었다. 약하고 힘이 없어 보였다. 치료사의 질문에 눈만 깜빡이며 대답하지 않아 엄마가 대신 대답해 주기도 하였다. 반응을 할 때에도 고개를 끄덕이거나 젓는 등, 최소한의 제스처를 사용하였으며 대답을 해도 잘 들리지 않는 작은 목소리를 사용하였다. 또한 대답을 한 후 어머니의 표정을 살펴보며 자신의 대답이 괜찮았는지를 확인하였다. 아동은 매우 위축되어 있었으며 자신감이 없고 소극적이며 수동적이었다.

어머니는 매우 지쳐 보이는 기색으로, 담담하고 솔직하게 아이들에 대한 생각을 이야기했다. 힘든 이야기를 하면서도 표정이나 어조의 변화가 거의 없는 것이 특징적이었다. 생후 5일부터 여러 차례 큰 수술을 받은 우진이를 양육하기 위해 그토록 원하던 일도 그만두며 노력해 왔는데, 또래에 비해 언어발달이 느린 것 같아 답답하다고 했다. 또한 "못해요. 안 된다고요."라는 말을 하며 새로운 것을 마음껏 시도하지 못하는 아동의 모습이 걱정되기도 하고 때로는 화가 치밀어 오른다고 했다. 우진이를 돌보느라 제대로 챙기지 못하고 있는 우진이의 누나, 은지도 신경 쓰인다고 했다.

2. 배경정보

우진이는 신체발달과 언어발달이 늦다는 이유로 만 4세가 되던 2011년 4월 연구원에 방문하였다. 방문 당시에는 심한 위축으로 평가를 실시하지 못하였고, 2013년 만 6세가 되어 실시한 심리평가의 유아용 웩슬러 지능검사에서 전체 지능지수 74, 언어성 지수 78, 동작성 지수 76으로 경계선 수준으로 평가받았다. 또한 언어평가(PRES)에서는 수용언어는 백분위 4%, 표현언어는 9%에 해당하여 언어발달이 다소 지체되었다고 평가받았다.

아동은 생후 5일과 80일경, 선천성 거대결장 수술을 받았으며 이후 근 긴장도 부족으로 인해 배변이 잦고 조절이 어려워 작업치료를 받았다. 연구원 방문 당시에도 관장을 통해 배변을 할 만큼 스스로 조절이 어려운 상황이었다. 이 외에도 폐렴과 기타 질병으로 병원 입원이 잦아 만 2세까지는 어머니와 아동 모두 병원과 집을 오가는 생활을 반복하였다.

어머니는 휴직 후 아동을 양육하였는데 아동의 배변을 처리하고 재우고 먹이는 것만으로도 벅차, 놀아 주거나 애정을 표현하는 등의 정서적인 보살핌은 생각도 하지 못하였다. 만 2세 이후에는 어머니가 직장에 복직하고 휴직하는 것을 반복하게 되어 그때마다 양육 도우미, 어머니, 할머니가 교대 양육하는 등 요일과 시기별로 주 양육자가 달라졌다. 만 4세부터는 친가와 외가에서 모두 아동에 대한 양육 부담이 어려워져, 어머니가 직장 퇴직 후

전담하게 되었다.

　우진이와 한 살 차이인 누나 은지는 우진이의 큰 수술 병력과 부부 갈등 등으로 인해 가족 내에서 다소 방임되듯이 성장되어 "엄마는 맨날 우진이 편만 들어."라며 불만을 보이는 일이 많다고 한다. 하지만 부모의 큰 관여 없이도 어린이집과 초등학교에 잘 적응하였으며 학업도 원활한 편이다. 다만, 초등학교 입학 후, 어머니가 학업적인 부분에 관여를 하기 시작하며 혼나는 일이 많아지다 보니 어머니와의 갈등이 심하였다.

　우진이의 아버지는 자신의 일을 가장 중요하게 여겼으며, 경제적으로 지원하는 것이 아버지로서의 큰 역할이라고 생각하였다. 이에 간혹 어머니가 아이들의 일을 상의할 때마다 "내 일도 힘든데 그것까지 생각할 수가 없다."라고 하며 가사와 자녀들의 양육, 교육을 모두 아내에게 맡기며 신경 쓰지 않는 편이었다. 어머니도 자녀의 양육은 자신의 몫이라 생각하며 큰 책임감을 가지고 있었다.

3. 치료적 접근

1) 치료교육 접근

　연구원에서는 다음과 같이 치료교육을 진행하였다. 2011년부터 4년 동안 개별·짝 언어치료를 진행하였으며 6년 동안 개별·짝 놀이치료를 진행하였다. 또한 2013년부터 1년 동안은 학교 입학을 준비하기 위한 취학 준비 집단 프로그램을 진행하였으며, 2013년 만 6세부터 초등학교 5학년까지 5년 동안 학습지원을 진행하였다.

　초등학교에 입학할 무렵에는 우진이의 더딘 학습에 대한 어머니의 훈육이 잦아졌으며, 어머니와 누나 은지와의 갈등이 심화되는 등 가족 전체의 문제가 대두되었다. 이에 2014년 1년 동안 어머니 개별 음악치료 12회기, 형제

은지의 개별 놀이치료 6개월, 어머니-은지의 가족 음악치료 12회기, 가족 전체가 참여하는 가족 음악치료와 가족 모래치료 8회기를 실시하는 등, 가족 개인과 전체에 대한 다양한 형태의 가족지원이 실시되었다.

아동은 언어·놀이·학습 영역에서 지속적인 치료를 진행하였지만 이 장에서는 가족지원이 중점적으로 이루어졌던 중기 내용에 보다 초점을 두어 기술하였다.

(1) 초기: 언어치료와 놀이치료를 통한 아동 개별 지원

2011년부터 2013년, 2년 동안은 우진이의 전반적인 언어발달과 정서적인 안정을 위하여 개별·짝 언어치료와 개별·짝 놀이치료를 진행하였다.

아동은 초기에 치료사가 먼저 말하기를 기다리며 가만히 기다리는 일이 많았으며 "아, 무서워라고 해 봐." "그만하라고 해 봐."라고 하며 자신의 요구를 치료사가 대신 말하도록 하는 일이 많았다. 가지고 놀고 싶은 장난감을 마음대로 꺼내지 못하였으며, 장난감 앞에 서서 "기차가 있어. 움직일 수 있을까?"라고 돌려 말하며, 자신의 요구를 직접적으로 표현하기 어려워하였다. 치료사의 표정을 살피며 지나치게 눈치를 보기도 하였는데, 심지어는 웃어야 할지 울어야 할지, 화내야 할지에 대한 감정표현도 치료사의 표정을 보고 반응하였다. 또한 치료사가 아동의 행동에 대하여 칭찬하거나 지지해 주었을 때, 갑자기 다른 이야기를 꺼내거나 못 들은 척하며 무시하였다. 자신에 대한 긍정적인 표현을 온전히 수용하지 못하였다.

놀이치료사는 아동중심놀이를 통해 아동이 자신감과 안정감을 가질 수 있도록 지지하였다. 또한 상황에 따라 아동이 느낄 수 있는 감정을 대신 명명해 주고 반영해 주어 스스로의 정서를 인식하고 표현하도록 촉진하였다. 언어치료사 역시 아동중심 접근을 통해 자연스러운 놀이상황 속에서 언어를 습득하도록 안내하였다. 부모상담을 통해 아동이 스스로에 대한 자신감을 가지도록, 자발적인 행동들을 있는 그대로 믿고 수용해 주도록 하였다.

우진이는 약 6개월 동안 언어·놀이 치료를 진행한 이후, 언어 표현이 향상되었으며, 정서적으로도 안정되어 가는 모습을 보이기 시작했다. 어린이 집에서 겪은 경험을 스스로 말하기 시작하였으며 누나가 기분이 좋지 않아 보이는 날에는 "엄마, 누나가 속상한가 봐."라고 대신 말해 주는 등 타인의 정서도 세심하게 알아차리기 시작했다. 어머니의 보고에서도 유치원에서 어 떤 일이 있었는지, 전달사항이 무엇인지에 대해서 비교적 정확하게 전달하 기 시작하여 매우 기특하고 장하다는 생각이 든다고 했다. 어머니 스스로도 치료사와의 상담과 교육을 통해 정서적인 반영과 지지가 무엇인지 새로 알 게 되었으며, 우진이에게 따뜻하게 대하고자 노력하고 있다고 하였다.

한편, 우진이는 치료사와 부모와의 관계에서는 자신감을 회복한 반면, 또 래와의 관계에서는 여전히 위축되어 자기 주장을 적절하게 하지 못하였다. 특히 이해나 판단, 대처방법이 매우 미숙하고, 수행 속도가 느려서 어린이집 활동에서 지적을 받는 일이 많았다. 이에 또래관계에서 언어로 적절히 표현 하기, 상황을 이해하고 대처하기, 나와 타인의 감정과 의사를 적절히 말하고 수용하기 등을 목표로 하여 2012년, 만 5세부터는 언어치료와 놀이치료에서 모두 짝치료를 병행하였다.

2011년에서 2013년까지 약 2년 동안 언어치료와 놀이치료에서 개별 · 짝 치료를 진행한 결과 아동은 기본적인 의사소통이 가능해졌으며 어린이 집에서 또래와 놀이할 때 크게 제외되지 않으며 마음이 맞는 소수의 친구 도 생겼다고 했다. 다만, 2년 동안의 치료 후 2013년 만 6세에 실시한 언어 평가(PRES)에서 수용언어 백분위 4%, 표현언어 백분위 9%에 해당하여 여 전히 언어발달이 지체된 수준으로 나타났다. 또한 전반적인 수행능력을 평 가하기 위하여 실시한 유아용 웩슬러 지능검사에서 전체 지능지수 74, 언어 성 지수 78, 동작성 지수 76으로 경계선 수준의 인지기능이 나타났다. 2년 동안 치료를 진행했지만 보다 집중적인 개입이 지속적으로 필요한 상황이 었다.

가족지원 프로그램이란

연구원에서는 가족 간의 긍정적인 상호작용 경험, 아동과 치료에 대한 이해 증진, 형제아동의 건강한 발달을 위하여 아동의 형제, 부모의 심리적 지원을 제공하는 가족지원 프로그램을 실시하고 있다. 매년 가족 구성원에 대한 심리적 개입이 필요한 10~15가족을 선정하여 진행한다.

가족지원은 부, 모, 형제아동에 대한 개별 심리지원을 제공하기도 하며, 부(모)-아동, 부(모)-형제아동, 부-모-형제아동, 아동-형제아동 등 다양한 짝과 가족의 형태로 구성하여 진행이 가능하다.

가족지원 프로그램은 주로 아동, 성인 모두 부담 없이 즐겁게 참여할 수 있도록 음악·미술·모래놀이 등의 표현예술매체를 적극 활용한다. 또한 보조 양육자와 형제아동의 참석을 적극 권하기 위하여 되도록 주말에 실시하고 있으며, 구성원 모두의 지속적인 참여가 어렵고 비용의 제한이 있는 점을 고려하여 4~8회기의 단기 프로그램으로 실시하고 있다. 또한 전체 회기 동안 한 가지 매체를 지속하는 방법(예: 가족 음악치료 8회기), 여러 매체를 순차적으로 진행하는 방법(예: 가족 음악치료 4회기, 가족 미술치료 4회기)이 있다.

(2) 중기: 가족의 역량 강화와 아동 집단 프로그램

만 6세가 되어 아동의 초등학교 입학이 가까워오자 어머니와 아동 모두 심리적 불안감이 커졌다. 또한 어머니는 우진이가 걱정될수록 형제인 은지에게 과도한 기대를 하게 되어 더욱 화를 내게 되었다. 이러한 어머니와 누나의 갈등은 우진이를 다시 치료 초기의 모습처럼 매우 위축되고 소극적이고 수동적인 아동으로 돌아가도록 만들었다. 이에 우진이 가족 전체에 대한 심리적 개입을 위해 어머니와 은지의 개별 심리치료, 가족 구성원의 관계 회복을 위한 가족 모래놀이치료, 가족 음악치료, 어머니-은지 음악치료를 진행하였다. 또한 우진이는 2013년 만 6세부터 기초학습능력 증진과 초등학교 입학 준비를 위하여 학습지원과 사회성 집단, 취학 전이 집단 프로그램을 진행하였다.

① 가족: 가족 지원을 통한 가족의 역량 강화

• 어머니, 형제 개별 심리치료

어머니는 아이들이 기대를 무너트릴 때마다 쉽게 좌절하여 분노하는 등 감정 조절을 어려워하였다. 연구원에서는 2014년 4월부터 어머니의 개별 심리치료를 12회기 진행하였다. 치료과정에서 어머니는 자신이 성장과정에서 경험하였던 원가족의 불안정함을 남편, 자녀들에게 투사하고 있음을 알 수 있었다. 특히 정서적인 지지 없이 매우 이상적인 딸이 되기를 바랐던 자신의 어머니의 요구를, 자신도 모르게 첫째 은지에게 그대로 투사하고 있다는 것을 통찰하였다. 남편의 행동이 아주 심각한 문제가 아니며 성격이 다를 뿐이란 것도 알게 되었다. 이후 원가족에서의 갈등이 자녀와 남편에게 전이되지 않도록 노력하였다. 학습 이외에도 은지와 함께 보내는 시간을 늘려 가기 시작하였으며 자신의 우울과 무기력증을 견디기 위해 약물치료도 고려하는 등 적극적인 대처방법을 찾는 모습을 보였다. 또한 치료가 끝난 이후에도 아동의 놀이치료사와 지속적으로 부모상담을 진행하였다.

형제인 은지는 약 6개월 동안 개별 놀이치료를 진행하였다. 은지는 어머니의 관심을 충분히 받지 못하는 것에 대하여 평소 불만이 많았다. 또한 일상생활이나 학습을 할 때 어머니에게 혼나 속상해하는 일도 많다고 하였다. 초기에 은지는 어머니에게 혼나거나 동생과 싸우고 오는 경우가 잦았는데, 그럴 때마다 치료사를 등지고 앉아 놀이를 거부하거나 치료사의 작은 행동을 과하게 지적하고 다른 선생님과 비교하는 등 매우 공격적이고 적대적인 태도를 보였다. 시간이 지나 신뢰관계가 형성되자 칭얼대거나 애교를 부리는 등 어린아이처럼 애정을 표현하는 일이 많아졌으며 "엄마가 화나면 마녀 같이 보여요." "동생이랑 싸울 때 맨날 나만 혼내요."라며 보다 적극적으로 자신의 부정적 정서를 표현하기 시작했다. 또한 후반부에는 동생을 괴롭히는 친구에게 복수를 하고 싶다며 펀치백을 때리기도 하였으며 가족을 위한 작품을 만들어 가져가는 등 가족에 대한 긍정적인 정서도 함께 표현하기 시작했다. 치료사는 아동의 감정을 허용적이고 안전한 분위기에서 표현하고 표출할 수 있도록 도왔다. 또한 어머니와의 상담에서는 어머니가 아동과의 갈등을 해결할 수 있도록 적절하게 대처할 수 있는 양육방법에 대해서 다루는 시간을 가졌다.

은지는 약 6개월 동안의 놀이치료를 통해 가족관계에서 느끼는 부정적인 경험을 안정적인 공간에서 해소할 수 있었으며, 적절하게 언어로 표현하는 방법을 습득할 수 있었다. 또한 동생에 대한 질투·분노감 등의 부정적인 감정과 함께 누나로서 도와주고 싶고 보호해 주고 싶은 애정을 함께 인식할 수 있었다. 다만, 어머니와의 관계에서는 애정을 요구하다가도 거부적인 태도를 보이는 등의 불안정함이 지속적으로 나타났다. 어머니는 개별 심리치료 진행 후, 자신이 원가족에게 받았던 높은 기대를 은지에게 쏟아 아동의 발달수준 이상의 것을 요구하고 있음을 깨닫고 있었다. 이에 은지가 이전보다 더 어린 아동처럼 느껴져, 실수를 하거나 투정을 부리는 등의 행동들이 이해가 되고 때로는 안쓰러워 보이기도 한다고 했다. 다만, 아동에게 애정을 표현하려고 노력해도 아동이 이를 자연스럽게 받아들이지 못하고 오히려 비난을 하거나 거부하는 모습을 보여 대처가 어렵다고 보고하였다.

가족 모래놀이치료, 가족 음악치료

가족 전체가 참여하는 가족 프로그램은 4~8회기의 단기 프로그램으로 진행되므로, 명확한 목표와 주제가 있는 구조화된 프로그램을 계획해야 한다. 또한 회기 내에 해결할 수 없는 가족의 깊고 복잡한 문제나 부정적인 감정의 해결에 중점을 두기보다는 긍정적 상호작용 경험, 가족의 내적 자원 발견 등 긍정적인 측면에 목표를 둘 것을 권한다. 프로그램의 주제, 활동은 참여 가족의 특성에 따라 달라질 수 있다.

◆ 가족 모래놀이치료

가족이 함께 모래작업을 진행하는 것은 서로에 대한 이해와 상호 존중, 긍정적인 정서의 공유를 진행하기에 좋은 기회가 될 수 있다. 모래상자에 피규어를 함께 놓고 재배열함으로써 가족이 서로의 세계를 이해하고 공유할 수 있다.

초기에는 피규어 숨기고 찾기, 모래성 무너트리기와 같은 간단한 놀이를 통해 모래를 자연스럽게 만지는 워밍업이 필요하다. 이후 구체적인 주제를 가지고 상자를 만들도록 유도할 수 있는데, '행복한 우리 가족' '행복한 어린 시절' '나를 힘내게 해 주는 것' '우리 가족의 소중한 것' 등 긍정적인 자원에 목표를 둔 주제가 도움이 될 수 있다.

상자를 꾸밀 때에는 각자 개인의 상자 꾸미기, 짝(부-장애아동, 모-형제아동)을 이루어 꾸미기, 가족 전체가 함께 꾸미기 등 다양한 형태로 진행할 수 있으며, 회기에 따라 개인상자 꾸미기-가족상자 꾸미기를 순차적으로 진행할 수 있다.

◆ 가족 음악치료

가족이 함께하는 음악 감상, 노래 가사 만들기, 악기 연주 등의 활동은 심리적인 스트레스를 효율적으로 감소시키며, 가족 간의 긍정적인 상호작용을 촉진시키는 데 도움이 될 수 있다.

성인의 경우 음악 표현에 대한 부담감을 느끼는 경우가 많기 때문에 초기에는 워밍업을 위해 이름표 꾸미기, 간단한 정서 표현하기, 퀴즈 맞히기 등 다소 인지적인 작업으로 시작하는 것이 좋다. 또한 이후 가족이 서로 악기를 통해 감정을 표현하는 활동, 가족이 원하는 선율의 곡을 선택하여 악기를 합주하거나 가사를 쓰는 활동, 내가 좋아하는 것, 가족이 좋아하는 것, 힘이 되는 말을 넣어 노래를 만드는 활동 등을 진행할 수 있다.

• 가족 모래놀이치료, 가족 음악치료

연구원에서는 우진이 가족이 함께하는 표현예술치료 가족프로그램을 실시하였다. 2014년 8월에 시작하여 8회기 동안 진행하였다. 가족 모래놀이치료 4회기, 가족 음악치료 4회기를 진행하였으며, 전체 8회기 중 6회기는 아버지가 함께 참여하였다.

○ 가족 모래상자 사진

1~4회기는 가족 모래놀이치료를 진행하였다. 개인 상자 만들기, 모-아동, 부-형제아동이 짝을 이루어 만들기, 함께 만들기 등 다양한 형태로 프로그램을 진행하였다. 첫 회기에는 '행복한 우리 가족'이라는 주제로 진행하였는데, 어머니는 아이들과 함께 한 사파리 투어, 아버지는 바닷가 여행을 떠올렸다. 하지만 우진이는 자신의 경험과 상관없이 동물을 고쳐 주는 주사기와 같은 피규어를 놓으며 주제에 대한 몰입을 어려워하였으며, 은지는 엄마

가 없는 여행을 만들겠다며 어머니에 대한 거부감을 상자에 그대로 드러내
어 가족 모두를 당황시키는 모습이 관찰되었다. 함께 만들기에서는 한 상자
안에서 서로의 생각과 감정을 이해하고 수용하는 시간을 가졌다. 앞서 제시
한 사진은 당시 만들었던 가족의 모래상자이다. 어머니는 우진이가 건강했
으면 하는 바람에 운동하는 남자아이를 선택하였고, 은지가 좋은 사람을 만
났으면 하는 바람에 신랑, 신부 피규어를 선택하였다. 은지는 어머니의 대답
을 비웃으면서도, 자신이 결혼하게 되는 사람이 진짜 좋은 사람인지 고민하
고 있는 피규어를 놓겠다고 하며, 어머니의 이야기에 자신의 이야기를 덧붙
여 하나의 세계로 연결하는 모습을 보였다.

　5~8회기에는 가족 음악치료를 진행하였다. 초기에는 가족의 노래를 결정
하고 행복한 순간을 떠올리는 과정에서 의견을 모아 하나의 장면과 노래를
만드는 데 어려움을 보였다. 각자의 의견을 적절히 조절하는 중재자의 역할
이 부재하였다. 이에 치료사가 개입하여 가장 나은 것을 고를 수 있도록 지
지하였으며, 어머니와 아버지가 치료사의 행동을 보고 중재를 모델링할 수
있도록 안내하였다. 그 결과 '비타민'이라는 노래 가사에 가족들이 좋아하는
단어들을 넣은 하나의 노래를 만들었다. 또한 노래 만들기 활동에서는 아버
지와 어머니, 우진이와 은지가 짝이 되어 서로에게 마음을 전하였는데, 그
내용이 다음 페이지에 제시되어 있다.

<가족이 직접 만든 노래 가사>

비타민

(박학기)

처음 너를 만나던 그 날 설레던 **(8)**월의 아침

아카시아 달콤한 향기 부드러운 바람 우릴 감싸 주고

함께 걸어 왔던 시간을 그림 같은 예쁜 날들

여우비 내리던 여름 하늘을 구르던 너의 웃음처럼

너는 나의 **(기쁨)** 너는 나의 **(장난감)**

너는 나의 **(수박)** 너는 나의 **(거울)**

너는 나의 **(희망)** 너는 나의 **(게임)**

넌 나의 비타민 날 **(사랑하게 해)**

'아름다운 세상'

- 가족 노래: '문득 **(슬픔을)** 느낄 때 **(엄마를 봐)**요. 힘이 되는 **(사랑이)** 있어요. 우린 하나예요. 우리들의 꿈 **(기쁨을)** 만들어 가요. **(마음을 모아)** 사랑의 힘으로.'
- 부가 모에게: '문득 **(혼자라)** 느낄 때 **(당신을 봐)**요. 힘이 되는 **(믿음이)** 있어요. 우린 하나예요. 우리들의 꿈 **(함께)** 만들어 가요. **(서로서로 항상 기대요)** 사랑의 힘으로.'
- 모가 부에게: '문득 **(혼자라)** 느낄 때 **(뒤를 돌아봐)**요. 힘이 되는 **(가족이)** 있어요. 우린 하나예요. 우리들의 꿈**(의 가정)** 만들어 가요. **(모두 함께 힘을 모아)** 사랑의 힘으로.'

어머니와 아버지는 가족들을 생각하며 의견을 나누고 조율해 보는 시간을 가진 적이 매우 오랜만이라고 하였다. 특별히 무언가를 하지 않고 같이 활동에 참여하는 것만으로도 행복했으며 아이들의 좋은 아이디어와 재미있는 상상에 기분이 좋았다고 했다. 다만, 어머니는 은지가 얼마나 엄마에게 화가 나 있는지 절실히 느껴 마음이 불편하다고 했다.

우진이의 가족은 모래놀이치료와 음악치료를 통해 가족이 함께 행복했던 순간을 떠올리며 가족의 긍정적인 내적 자원들을 탐색하고 공유하는 시간을 가졌다. 또한 서로에 대한 마음을 담은 모래상자와 노래 가사를 보며, 긍정적·애정적인 정서를 공유할 수 있었다. 다만, 가족 프로그램이 끝날 때까지 여전히 은지의 어머니에 대한 적대감이 남아있어 이에 대한 개입이 지속되어야 할 것으로 생각되었다.

가족 음악치료 이후 어머니와 은지의 관계 개선을 위하여 어머니와 은지가 참여하는 가족 음악치료를 12회기 진행하였다. 가족 음악치료에서는 음악 안에서 정서적인 지지를 경험하며 긍정적인 상호작용을 경험하는 것을 목표로 하였다. 은지는 어머니에게 자신의 악기 연주를 보여 주기 위해 노력하였으며 마음에 들지 않을 때 매우 절망하는 모습이 관찰되었다. 이때 어머니는 아동을 격려하고 지지해 주었으며 도와주려고 노력하였다. 또한 자신의 생각을 강요하기보다는 아동이 스스로 선택할 수 있도록 유도하는 모습도 보였다. 은지가 치료사 앞에서 어머니를 비난하고 당황시킬 때에는 아동의 감정과 자신의 감정을 분리하여 대화를 시도하는 연습도 하였다. 어머니의 변화가 시작되자, 은지 역시 좌절 상황에서 짜증을 내고 포기하기보다는 본인이 어떠한 마음인지, 왜 이러한 기분을 느끼는지를 표현하고 대화로 해결하려는 시도를 보이기 시작했다. 또한 어머니에 대한 부정적이고 적대적인 감정뿐만 아니라 어머니에게 인정받고 사랑받고 싶은 애정의 욕구를 직접적으로 드러내기도 하였다.

② 아동: 집단 프로그램을 통한 사회성 발달과 학교 적응

2014년 3월부터 9월까지 우진이의 가족 지원이 진행되는 한편, 아동은 초등학교 입학 준비, 적응을 위한 사회성 집단과 취학 전이 집단 프로그램에 참여하였다.

아동은 2014년 초등학교 입학 후, 새로운 환경에 적응하느라 사회성 집단 프로그램에서 매우 피곤한 모습으로 활동에 참여하는 일이 많았다. 교사

나 또래와의 관계에서 자신이 선택한 놀이를 자신 있게 제안하거나 설명하지 못했으며, 준비한 놀이 대신 다른 친구가 원하는 놀이를 하는 등 다시 자신감 없고 위축된 모습을 보이기도 하였다. 학기 초, 우진이의 1학년 담임교사는 어머니와의 첫 상담에서 아동이 지시에 집중하거나 이해하는 것을 매우 어려워하여 수업 내용을 따라 가기 힘들 것 같으므로 도움반에서 집중적인 지도를 받을 것을 권유하였다. 이에 어머니가 매우 심한 불안을 호소하여 치료사에게 상담을 요청하였으며 치료사는 아동이 낯선 학교와 또래에 대한 경계가 줄어들 때까지 일반 학급에서 적응해 볼 것을 권하며 어머니를 지지해 주었다. 또한 놀이치료에서 아동의 작은 선택도 충분히 존중하고 지지해 주며 또래에게 자신의 의사를 적절히 표현할 수 있도록 지속적인 모델링을 제시하였다. 취학 전이 집단 프로그램에서는 학교의 구조를 빨리 파악하고 적응할 수 있도록 시간표 보기, 쉬는 시간과 공부 시간 구분하기, 학교에 있는 건물과 사람들 알기 등 학교의 전반적인 내용에 대한 교육을 중점적으로 진행하였다.

1학년 2학기가 되어서 아동은 학교생활에 점차 안정적으로 적응하기 시작했다. 학교의 여러 가지 상황을 이해하였으며, 각 상황에서 본인이 해야 할 역할도 인지할 수 있어 발전된 수행에 대하여 교사에게 칭찬을 받기도 하였다. 친구와 교사와의 관계에서 조금씩 자신감을 나타내기 시작하였으며, 치료 장면에서 이러한 자신감이 뚜렷하게 나타났다. 학기 초반에 새로운 친구들과의 관계에서 위축되어 친구들이 자신을 수용해 주기만을 바랐던 소극적인 자세에서 벗어난 모습이었다. 또한 교회 활동 등의 다양한 장면에서 친구들과 소통하기 시작하였다. 이후 2학년이 되어 교사와 반 분위기가 바뀌었는데, 이전보다 빠르게 현재의 반 분위기에 적응하는 모습을 보여 어머니도 우진이의 학교생활이 안정적인 궤도에 올랐다는 생각이 든다고 보고하였다. 다만, 2학년까지 학교 과제를 하거나 단원 평가를 준비할 때는 학습 내용 이해를 위해 매번 많은 시간이 필요하였으며 공부한 만큼의 좋은 결과를 얻지 못하였다. 학교와 또래와의 생활에 대한 적응은 이뤄졌지만 아직 학업성취라는 과제가 남아 있었다.

우진이가 초등학교에 입학한 2014년부터 학교생활이 안정되었던 2015년까지, 가족 내 갈등 개선을 위한 다양한 형태의 가족지원이 집중적으로 진행되었다. 또한 아동의 안정적인 또래관계와 초등학교 적응을 돕기 위한 사회성 집단과 취학 전이 집단 프로그램을 진행하였다. 전체 치료 기간 중 가족 전체의 역동에 가장 많은 변화가 있었으며, 변화를 위한 많은 에너지가 필요한 시기이지 않았을까 싶다. 이러한 시기를 아동과 어머니, 가족이 함께 지나 오니 어느덧 우진이는 초등학교 3학년이 되었다.

(3) 후기: 학습지원을 통한 성취감, 자존감 향상

아동은 초등학교 입학 후 학년이 올라감에 따라, 교과목의 단원 평가 결과에 따라 크게 기뻐하거나 속상해하는 모습이 나타났으며, 학업이 아동의 긍정적 자아상과 유능감에 많은 영향을 미치기 시작했다. 아동은 2013년 만 6세부터 학습지원을 통해 한글과 기본적인 연산 습득을 진행해 왔는데, 2014년 1학년에 실시한 학습검사(KISE-BAAT)에서 읽기와 쓰기는 평균 하, 수학은 학습 지체 수준으로 나타났다. 이에 초등학교 2학년이 되어서부터 학습지원을 주 2회로 늘리며, 매우 취약하였던 수학 영역에서의 집중적인 개입을 시작하였다. 그리고 인지행동 놀이치료를 지속하면서 친구와 겪게 되는 다양한 상황에 대처하고 문제를 해결하며 좌절을 인내할 수 있도록 하였다.

우진이의 학습지원은 수학 과목에서 교과과정에 따라 각 단원의 기본 개념을 습득하고 중간 수준의 문제를 스스로 풀이하는 데 목표를 두었다. 또한 학습 계획을 세우고 과제의 양과 난이도를 가늠하는 등, 학습에서의 자기관리를 돕고, 평가 결과에 쉽게 좌절하지 않도록 아동의 노력과 수행 자체를 지지하는 데 초점을 두었다.

아동은 수학 학습을 본격적으로 시작한 2학년 1년 동안은 수행이 매우 더디었다. 덧셈, 뺄셈과 곱셈구구와 같이 단순한 연산과 암기는 원활했지만 시간과 길이의 개념습득이 매우 오래 걸렸다. 특히 한번 어렵다고 생각될 경우, 모든 문제를 포기하며 무반응한 태도를 보이거나 졸린 척 회피하는 일이 많았다. 한번은 단원평가에서 모르는 문제가 나오자 당황하여 이후 문제는 전혀 시도하지 않아 매우 낮은 점수를 받기도 했다. 이에 어머니에게 아동이 학습 내용을 습득하는 것 자체보다 좌절을 인내할 수 있는 힘을 길러 주는 것이 필요함을 강조하며, 아동이 어려운 문제를 견디어 내고 해결할 때마다 '포기하지 않아 멋지다. 도전하는 우진이가 제일 멋지다.'라고 칭찬하고 지지하며 좌절에 대한 인내력을 높일 수 있도록 지원하였다.

아동이 내원하여 치료를 진행한 지 5년째 되던 해인 2016년 3학년에는 아동의 학습 태도와 성취에 서서히 변화가 나타나기 시작했다. 3학년 2학기, 4학년 1학기에는 수학 단원평가에서 매번 80점 이상의 결과를 받으며 일반적인 또래 수준의 문제풀이가 충분히 가능해졌다. 친구가 우진이에게 수학 문제를 물어보는 일이 있었는데 우진이는 "선생님, 짝꿍이 나한테 수학 문제 물어봤어요. 진짜 쉬운 문제인데 모르나 봐요."라고 뿌듯한 모습을 보이며 자랑하기도 하였다. 학습에서 점차 성공을 경험하자 동기 수준이 매우 높아져 어머니가 요구하지 않은 상황에서도 숙제를 하고 예습하였으며 단원평가를 대비하여 스스로 문제풀이를 진행하는 모습을 보였다. 단원평가를 앞두고 주말 동안 8시간 30분 동안을 공부하는 끈기와 인내를 보이기도 했다.

이때 놀이치료에서는 일상생활의 문제 상황에 대하여 해결방법을 스스로 생각해 보고 적용해 보는 연습을 진행하였으며, 보다 많은 친구와의 다양한 상호작용 경험을 촉진하기 위한 여러 가지 과제를 실천하기도 하였다. 동시에 어머니가 아동의 수행에 지속적으로 관심을 갖고 지지해 주도록 어머니 상담도 지속적으로 진행하였다. 그 결과 3학년 담임교사와의 상담에서는 아동이 친구들 사이에서 분쟁을 해결하는 역할을 수행하며 도움 행동을 많이 하고 있어 기특하다고 하였고, 정해진 것을 끝까지 해내는 아동 특유의 성실함에 대해서도 칭찬을 하였다고 한다.

아동은 학습과 또래관계에서의 긍정적인 경험이 지속되자 3학년 2학기에는 어머니에게 학급의 부회장이 되고 싶다고 했다. 회장은 아직 어려울 것 같지만 회장을 도와주는 부회장의 역할은 잘 해낼 수 있을 것 같다고 했다. 어머니는 아동이 적은 표를 받아 속상할까 봐 말리고 싶었지만 그동안 치료사와 어머니가 강조하였던 '도전하는 우진이'를 생각하며 아동을 지지해 주었다. 선거 결과, 우진이는 아쉽게도 4표를 받아 당선이 되지 않았다. 하지만 어머니는 우진이의 말에 눈물이 핑 돌았다고 했다. "나는 포기하지 않는 사람이니까 다음에 다시 하면 될 수 있지요?"라고 말한 것이다. 어머니가 항상 우진이에게 해 주려고 노력했던 말. 그 말을 이제는 우진이가 스스로 말하기 시작하였다.

4. 향후 계획

현재 아동은 초등학교 5학년으로 또래관계에서 어려움은 본인 스스로 대부분 대처할 수 있어 놀이치료를 종결하였다. 하지만 다른 과목에 비해 취약한 수학 학습에 있어서는 아동과 부모 모두 지속적인 관리를 원하고 있어 학습지원을 유지하고 있다. 더불어 핵심을 스스로 파악하여 중요한 내용에 효율적으로 시간을 분배하는 학습 전략의 습득도 목표로 하고 있다. 아직 스스로의 만족감보다는 어머니를 기쁘게 하기 위하여 공부하는 모습이 있어 아동의 성취감이 더욱 건강한 내적 보상으로 작동하도록 지지하고 있다.

어머니는 아동의 수학 학습이 원활해지자 국어 · 사회와 같은 다른 과목에서의 평가에도 기대 수준을 높였으며, 높은 난이도의 문제를 요구하는 등 아동의 인지 특성과 잠재력에 비해 과도한 기대를 보였다. 때때로 다시 과도하게 훈육하는 모습이 나타나기도 했다. 이에 어머니와의 지속적인 상담을 통해 아동의 인지 특성과 인지적 잠재력, 강점과 약점에 대한 이해를 넓히고, 과도한 훈육과 학습동기 수준의 관련성에 대한 안내 및 교육을 지속적으로 진행하고 있다. 아동의 특성에 맞는 방식으로 보다 쉽고 간결하게 지시하기,

언어적인 설명과 함께 시각적인 자료를 동시에 제시하기, 간단한 도표 이용하기 등의 방법을 지속적으로 안내하고 있다.

5. 결론

아동은 언어발달 지연과 정서문제로 인해 2011년 만 4세에 연구원에 방문하였으며 총 7년 동안 치료를 진행하였다. 2011년부터 4년 동안 개별·짝 언어치료, 6년 동안 개별·짝 놀이치료를 진행하였으며, 2013년부터 약 1년 동안 사회성 집단 프로그램과 취학 전이 집단 프로그램을 진행하였고, 6년 동안 개별 학습지원을 진행하였다. 가족 전체의 역량 강화를 위해 2014년부터 1년에 걸쳐 어머니, 형제의 개별 심리치료, 가족 모래놀이치료, 가족 음악치료를 진행하였다.

아동은 2013년 7월, 만 6세에 실시한 유아용 웩슬러 지능검사 결과, 전체 지능지수 74, 언어성 지수 78, 동작성 지수 76으로 경계선 수준으로 평가받았는데, 2017년 4학년에 실시한 아동용 웩슬러 지능검사에서는 전체 지능지수 84, 언어성 지수 100, 동작성 지수 70으로, 평균 하 수준으로 나타났다. 전반적인 인지기능의 향상이 보고되었으며 특히 언어성 영역의 높은 향상이 눈에 띄었다. 또한 2014년 1학년에 실시한 학습검사(KISE-BAAT)에서 읽기, 쓰기가 평균 하, 수학은 학습지체 수준으로 나타났는데, 2018년 5학년에 재실시한 결과 읽기, 쓰기, 수학에서 모두 평균 수준으로 나타났다. 종합하면, 언어치료와 놀이치료에 의뢰된 아동에게 개별치료뿐만 아니라 가족 전체에 대한 통합적인 심리지원을 진행한 사례로서, 가족 구성원의 역량 강화를 통해 아동이 정서적으로 안정되었으며 이를 기반으로 자존감과 학습동기의 향상을 가져올 수 있었다.

아동의 치료를 진행할 때는 주 양육자 한 명이 아닌 가족 전체가 아동에 대해 이해하는 것이 필요하며, 그러한 가정일수록 가족 구성원들이 아동 치료의 보조자이자 지지자, 동반자의 역할을 함께 수행할 수 있어 빠른 경과가 보고된다. 하지만 일반적으로 치료 장면에는 장애아동과 주 양육자 한 명만이 지속적으로 방문하기 때문에 보조 양육자인 다른 부모는 치료기관이나 아동 특성에 대한 이해가 부족한 경우가 많다. 부모 간 의견 차이로 인하여 치료를 부득이하게 종결하는 일도 빈번하게 발생한다.

　우진이 가족이 다양한 가족지원이 가능했던 것은 무엇보다 어머니가 연구원과 치료사를 전적으로 신뢰하여 자신의 문제를 솔직하게 개방할 수 있었기 때문일 것이다. 어머니는 약 7년 동안 아동과 동반하여 지속적이고 집중적인 치료를 진행하였다. 치료사의 안내에 따라 시기적절하게 사회성 집단 프로그램, 취학 전이 집단 프로그램, 가족 프로그램 등을 추가로 실시하거나 병행하여 참여하였다. 부모들은 주로 장애아동의 치료 자체에만 집중하여 자신의 개인적인 문제나 양육에서의 어려움에 개입하는 것에는 인색한 경우가 많다. 또한 치료가 새롭게 추가되거나 변화될 경우 아동이 새롭게 적응해야 한다는 부담감이 있어 변화를 경계하는 일도 많다. 연구원에서 가족 프로그램이나 부모의 심리지원을 후원하거나, 무료 기관에 연계해 주는 혜택을 제공할지라도 예상 외로 적극적으로 신청하고 참여하는 부모는 적다. 우진이의 어머니는 이러한 심리적 부담감을 잘 겪어 냈으며 자신의 개인적인 어려움을 솔직히 개방하고 적극적으로 도움을 요청하였다. 어머니의 의지와 노력이 가족 전체의 성장에 도움이 될 수 있었다.

　그리고 가족지원 프로그램에 대한 연구원의 전문적인 역량과 지원 또한 중요한 역할을 했다고 여겨진다. 가족의 문제를 인식하고 개입을 원할지라도 한 기관에서 통합적인 치료를 받는 것이 어려울 때가 많다. 또한 경제적인 이유로 인하여 다양한 치료 지원을 동시에 제공받는 것은 어려운 일이다. 연구원에서는 2011년부터 현재까지 형제아동 지원, 가족지원을 지속하며 전문적인 프로그램을 갖추고 있으며, 다양한 외부 사업과 내부 후원제도를 통해 지속적인 지원을 제공하고 있는데, 우진이 가족이 그 대표적인 예이다.

　아동의 건강한 발달과 적응에는 아동과 가족, 치료사의 각자의 의지와 노

력이 필요하며 서로 간의 굳건한 신뢰와 인내가 필요하다. 이러한 과정을 7년
동안 잘 견디어 온 우진이의 가족에게 존경을 표하며, 가족의 힘이 앞으로도
우진이의 무한한 성장에 디딤돌이 될 것이라 믿는다.

자폐스펙트럼장애아동의
유치원 협력 치료교육

2. 배경정보

3. 치료적 접근

    1) 의학적 접근

    2) 치료교육 접근

        (1) 초기: 유치원 협력, 개별치료 진행을 통한 의사소통 향상

        (2) 중기: 유치원 협력을 통한 사회적 상호작용 향상, 행동 문제

            대처

        (3) 후기: 초등학교 입학 후 의학 영역과의 협력, 약물치료

4. 향후 계획

5. 결론

이 사례는 자폐스펙트럼장애아동의 치료교육을 위해 치료사와 유치원 교사, 소아정신건강의학과 전문의가 협업하여 통합적으로 개입한 사례이다.

❀ 유아교육 협력 치료교육이란

일반적으로 장애가 있는 아동의 경우 특수교사가 배치되어 있는 통합 어린이집이나 특수학급이 있는 유치원에 다니는 경우가 많지만, 간혹 부모가 아동의 지연이나 지체, 장애에 대한 이해가 없거나 통합교육을 원치 않는 등의 기타 사유로 인해 일반 어린이집이나 유치원에 다니는 경우도 상당수 보고되고 있다. 이에 아이코리아 아동발달연구원은 통합 기관과 일반 기관에 다니는 장애아동의 적응을 위하여 다양한 형태로 교사-치료사 간의 협력을 지원하고 있다. 본 원은 통합 어린이집에 치료사를 파견하는 순회재활사업을 통해 개별치료 지원, 교실 내 지원을 실시하며, 특수교사의 개별화교육계획 수립 시, 각 영역 치료사들이 치료계획과 내용을 적극 공유하고 있다. 이 외에 일반 어린이집, 유치원에 다니는 아동의 경우 부모와 교사의 동의하에, 기관의 원장님 또는 담임교사와 지속적인 논의, 자문을 진행하여 아동의 적응과 교육을 돕고 있다.

1. 프롤로그

"원장님. 무지개 반에 지도가 어려운 아이가 있어요. 발달지연이라고 진단받기는 했는데, 일반적인 아이들하고는 많이 달라 보여요. 한 번 와서 봐 주세요!"

어느 날, 아이코리아 협력 유치원에서 연구원으로 급한 연락을 해 왔다. 유치원에 입학한 아동이 교사의 지시 따르기가 어려우며 언어 표현도 제한적으로 나타나고 충동적인 행동이 많아 교사들이 집단 활동에서 교육하는 데 어려움이 많다고 했다. 관찰 결과 아동은 또래보다 큰 체구의 남자아이였으며, 지시를 하거나 질문을 하여도 교사의 말을 그대로 따라 하거나 반응하지 않았다. 자신이 원하는 것에 대해서만 단순한 단어로 반복하여 말하기도 하였다. 또한 수업 진행 중 교실을 갑자기 뛰쳐나가거나 드러누워 버리며 소리 지르는 돌발행동도 많았다. 아동의 아버지는 이러한 아동의 행동을 제한해 주고 보조해 주기 위하여 수업에 함께 참여하고 있는 상황이었다.

2. 배경정보

현빈이는 유치원 교사의 안내로 치료를 위해 내원하였다. 아동은 눈 맞춤이 원활하지 않으며 만 2세에도 소리를 내는 정도로만 언어 표현이 나타나 2012년 만 2세에 소아정신과에 방문하여 자폐스펙트럼장애 소견을 받고 집중적인 치료를 받을 것을 권유받았다. 이에 타 기관에서 놀이, 언어, 학습치료를 진행하였으며 어린이집도 다니기 시작했지만 아동의 등원 거부가 심하여 2개월 후 모두 중단하였다. 아동은 만 3세부터는 "아빠 물, 물 주세요."와 같은 표현이 나타나기 시작하였으며, 만 4세에는 가정 내에서 필요한 자조기술을 습득하였고 행동 문제도 크지 않아 일반 유치원에 입학하였다. 하지만 입학 후 유치원 교사의 지시이해 및 또래와의 상호작용의 어려움, 자리를 이탈하는 돌발 행동 등이 관찰되어 아버지가 함께 유치원 수업에 참관하고 있다. 이때 아동은 2014년 7월 타 기관의 소아정신과 평가 결과 경도의 지적장애를 동반한 자폐스펙트럼장애라는 진단을 받았다. 아동은 어머니, 아버지와 함께 살고 있는 외동아이로 어머니가 직장에 다니고 아버지가 대학원에 다니고 있어, 주중에는 주로 아버지가 아동의 모든 양육과 교육 등을 책임지고 있다.

3. 치료적 접근

1) 의학적 접근

아동은 전체 지능 51의 경도 지적장애, CARS 31.5의 경도 자폐스펙트럼 장애(ASD), 그리고 과잉행동이 두드러진 주의력결핍-과잉행동장애(ADHD)를 동반하고 있다. 이런 유형은 비교적 드물지 않은 경우로, 종종 약물치료가 아동의 치료 및 교육에 많은 도움을 줄 수가 있다. 왜냐하면 치료와 교육에 전제되는 것이 집중력인데, 이런 부분이 호전되기 때문에 치료 및 교육의 효과를 높이는 데 많은 도움을 주기 때문이다. 이와 함께 아동의 반항적인 행동, 혹은 예민하고 짜증스러운 태도에도 호전을 가져올 수 있어 부모 혹은 교사, 심지어 또래들과의 관계 형성이나 유지에도 도움을 줄 수가 있다.

아동은 2014년, 만 4세부터 아이코리아 아동발달연구원에서 치료를 받아 왔다. 이후 초등학교 입학 전, 타 기관 소아정신과에서 스트라테라라는 약물을 처방받아 좋아진 부분도 있기는 한데, 입학을 하자 '착석' 문제가 해결되지 않아 병원을 옮기게 되었다. 이 외에도 아동은 사교성이 부족하였고, 만 6세 유아용 웩슬러 지능검사를 시행하였는데 전체 지능지수 51로 경도의 지적장애를 동반하고 있었으며, 자폐평정척도(K-CARS)에서도 31.5로 경계선 내지 경도의 자폐스펙트럼장애가 의심되는 상황이었다.

초등학교 입학 후 '착석이 안 돼서'가 가장 큰 약물치료의 타깃이 되었던 행동이다. 수업 중에도 수시로 복도로 뛰쳐나가는데, 아직은 교실 근처를 맴돌기 때문에 큰 문제는 없지만, 유치원 마지막 학기에 교사 시야에서 완전히 사라졌다가 돌아오는 경우가 있었다. 병원 외래 놀이치료실에서도 의자에 거의 앉아 있지 못하고, 눈 맞춤도 지속하지 못하며, 몇 살이냐는 질문에 "여더살(여덟살)"이라고 어눌한 발음으로 대답하였고, 손가락으로 해 보도록 하자 시늉을 낼 수 있었다. 토마스 기찻길을 맞추고는 "건던디(건전지)가 없어."라고 이야기하였다.

이런 문제로 서방형 약물인 메디키넷(Medikinet)을 1주일 간격으로 5mg → 10mg → 15mg 투여하였다. 약물치료를 시작할 당시 아동의 몸무게와 키는 각각 34kg, 130cm였다. 3주가 지났을 때 학교에서 '많이 좋아졌다. 착석이 좋아지고 있다.'는 보고를 받았고, 연구원의 치료 시간에서도 '착석이 다소 나아졌고, 말이 늘었다.'는 이야기를 하였다. 이후 3주간에 걸쳐 메디키넷을 매주 5mg씩 30mg까지 증량하였는데, 학교에서 '걱정을 안 해도 될 정도로 많이 좋아졌다.'는 교사의 보고를 받았다. 연구원에서도 엄마가 "올라가 봐." 라는 지시에 순순히 "올라가 봐." 하는 반향어로 따라 하면서 스스로 신발을 벗고 올라가 차분히 놀이를 하였다. 부작용으로 밤 10시경 잠이 들던 아이가 최근에는 1~2시간 늦게 잠드는 것 외에는 별다른 증상이 나타나지 않았다.

1학년 5월 중순 학교에서 소풍을 갔는데 교사가 제지를 하자 돌발적으로 교사에게 신발을 던지는 등의 과격한 행동을 하고, 이후 학교에서 담임교사는 물론 도움반 교사에게도 드러내 놓고 반항적인 행동을 하였다고 했다. 아이의 이런 고집스러운 행동과 환경변화에 지나치게 예민한 것에 대해 SSRI 제제인 세로자트(seroxat) 10mg을 추가로 복용하도록 시도하였다. 이 약이 추가로 처방된 6월 이후 학교생활이 아주 좋아져서 무난히 지냈으며, 집에서 보이던 징징거림과 짜증이 전혀 나타나지 않았다. 잠은 여전히 밤 11~12시경 사이에 잤지만 별다른 어려움은 보이지 않았다. 방학 전에 아동은 도움반에 가는 것을 거부하여 거의 가지 않았고, 학교생활은 무난하게 해내고 있었다.

운동과 같이 팀워크가 필요한 활동을 권고하였고 아동이 책 읽기를 싫어하지만 놀이 형태로 부모와 함께 조금씩 해 보도록 하였는데, 문맥 이해나 미묘한 뉘앙스를 파악하는 것은 많이 부족하였다. 하지만 기계적인 것(예를 들어, 구구단 암산)이나 시각 기억 및 인지는 상대적으로 매우 좋은 모습을 보여 책 읽기와 같이 언어적인 과제나 학습에 시각 등을 함께하는 통합적 방법을 활용하도록 하였다. 예를 들어, 함께 그림을 그리면서 이해를 높이도록 하거나 관련한 놀이, 음악 등을 시도하는 방식 등이다.

현재 메디키넷 30mg과 세로자트 10mg을 유지 중에 있는데, 처음 문제가 되었던 '착석이 안 되는 어려움' '돌발적인 행동' 그리고 '짜증과 예민한 정서'는 대부분 해결이 되었지만, 가벼운 자폐스펙트럼장애의 특징인 미묘한 언어적 이해 및 표현의 어려움과 고집스러움, 그리고 이로 인한 원활한 또래관계에는 아직도 어려움을 가지고 있다. 많은 부모님이 걱정하시는 성장에 대한 부분은 6개월이 지난 최근 32kg, 135cm로 약간의 체중 감소는 있지만 키는 무려 5cm 증가가 있어 별다른 문제는 없는 것으로 판단하고 있다.

2) 치료교육 접근

연구원에서 진행한 치료교육은 다음과 같다. 2014년 7월, 초기 부모의 보고로 측정된 언어평가(SELSI) 결과, 수용언어 20개월, 표현언어 22개월 수준으로 나타나, 만 4세인 연령에 비해 약 2년 지체된 수준으로 평가되었다. 이에 전반적인 상호작용 증진을 위해 2014년부터 언어, 놀이, 음악치료를 3년 진행하였으며, 2015년 만 5세부터 학습지원을 3년 진행하였다. 또한 2016년 만 6세에는 학교 입학 준비를 위하여 약 1년 동안 취학 전이 집단 프로그램에 참여하였다. 이 기간 동안 유치원 아동관찰 2회, 교사와의 회의 6회를 진행하였다. 2017년 만 7세에 초등학교에 입학한 후에는 연구원의 협력병원인 한양대학교병원 안동현 교수로부터 약물치료를 시작하였다.

(1) 초기: 유치원 협력, 개별치료 진행을 통한 의사소통 향상

현빈이의 행동에 대하여 유치원 수업을 참관한 결과, 아동은 특히 의사소통과 행동조절, 사회적 상호작용에서의 어려움을 보이고 있었다. 초기에는 아동의 기본적인 의사소통과 행동조절에 초점을 두어, 유치원 교사와 대처 방안을 논의하였으며, 연구원에서는 개별 놀이, 언어, 음악치료를 진행하였다.

부모의 동의하에, 유치원 담임교사와 한 학기에 1회, 회의를 진행하여 아동의 적응을 돕기 위한 지속적인 논의를 진행하였다. 논의 후에는 아동의 행동에 대하여 치료실, 유치원, 가정에서 동일하게 대처할 수 있도록 안내하였다. 다음은 초기에 진행하였던 교사와의 회의 내용이다.

<유아교육영역과의 협력: 유치원 담임교사와의 회의>

1. 의사소통 문제: 행동으로 표현
아직 언어 표현이 적절히 나타나지 않다 보니 행동으로 나타내는 일이 많다. 먹고 싶은 반찬을 손으로 가져가려 하거나 때로는 손으로 가리키고 기다린다. 몸이 간지러울 때 갑자기 선생님의 손을 잡고 자신의 옷 안으로 넣는다.
  → 현재 아동은 언어 모방이 가능하므로 원하는 것을 손짓으로 보일 때는 "더 주세요, 걸어 주세요, 긁어 주세요." 등의 말을 함께 해 주어 모방을 유도하도록 하며 모방 후 바로 원하는 것을 해 주도록 한다. 현재보다 자발적인 언어 표현이 많아지기 시작하면 "말해 줘. 말해 주면 더 잘 도와줄 수 있어."라고 스스로 말하는 기회를 가지도록 안내한다.

2. 행동 문제: 익숙하지 않은 것에 대한 두려움, 충동적 행동
아동은 유치원 상황에서 작은 변화가 생길 경우 갑자기 뛰쳐나가서 그 장소를 벗어나려 하거나 멀리서 지켜보며 참여하지 않으려 한다. 모이는 장소가 바뀔 때, 평소와 다르게 여러 반이 한 장소에 모일 때, 체험활동을 할 때 등이다.
  → 아동은 자신이 예상하지 못했던 갑작스러운 상황에서는 상황인지와 대처가 모두 어려우며 매우 불안해하는 특성이 있다. 따라서 평소와 다른 상황일 경우 아동이 이해할 수 있는 말로, 앞으로의 상황을 미리 반복적으로 알려 주도록 한다. 또한 등원 후 일과 계획표를 같이 손으로 짚어 가며 하루의 일과를 말해 주면 더욱 도움이 될 것이다. "1번 간식 먹기, 2번 유희실 가기, 3번 바깥놀이, 4번 점심 먹기 할 거야. 다 하면 끝~ 하고 아빠 만나기 할 거야."

유치원 담임교사와의 회의를 진행하는 한편, 치료 장면에서는 아동의 기본적인 의사소통능력 증진을 위하여 놀이, 음악, 언어치료를 진행하였다. 2014년 만 4세에 시작한 놀이치료에서 현빈이는 치료자와의 눈 맞춤이 없었으며, 질문에 대답하지 않거나 기계적으로 반응하는 일이 많았다. 주로 혼자

서 자동차나 기차를 길 따라 굴리거나 터널을 통과하는 단순한 놀이를 하였으며, 치료사의 행동에 대해 집중하지 않고 반응하지 않았다. 비슷한 시기에 시작한 음악치료에서는 행동 문제가 더욱 두드러졌다. 악기 연주에 흥미를 보이지만 활동 자체에 금세 흥미를 잃고 산만해져 활동 유지가 어려웠으며 장난감이 없는 상황에서는 무엇을 해야 할지 몰라 착석이 더욱 어려웠다. 또한 당시 피부염으로 인한 심한 가려움증 때문에 치료 중간에 몸을 긁는데 몰입하는 일이 많았는데, 함께 약을 바르고 편안한 노래를 들으며 휴식을 취하는 식으로 대체가 필요했다. 컨디션이 좋은 날에는 원하는 장난감이나 악기를 가지고 치료사의 옷을 끌어당김으로써 상호작용 욕구를 나타내는 모습을 보이기 시작했다.

2014년 만 4세에 시작한 언어치료에서는 손을 끌어당기거나 단순한 단어로 표현하는 것 외에는 초기 의사소통기능이 나타나지 않았는데, 아버지의 보고에 의하면 가정에서는 두 단어에서 세 단어 수준의 문장을 표현할 수 있다고 하였다. 이에 초기 의사소통기능 중 인사하기, 거부하기, 선택하기를 이해하고 더 적절하게 요구하도록 비언어적인 제스처와 언어 표현을 동시에 촉구하였다.

6개월 정도 언어, 놀이, 음악치료가 진행되자, 아동은 전체 치료교육 영역에서 호명에 눈을 맞추기 시작했으며 자발적으로 인사하기가 가능했다. 놀이치료에서 교사의 말을 따라 '현빈 것' '선생님 것'이라고 장난감을 구분하고 치료사가 아동의 놀이에 개입하여도 수용하였으며 놀이에 대한 지연 모방이 나타났다. 음악치료에서도 선호하는 기타를 연주하며 큰 목소리로 뽀로로 주제가를 불렀으며 안내에 따라 새로운 노래를 만들기도 하였다. 곡이 끝난 후 "한 번 더"를 여러 번 하면서 반복하기를 요구하여 흥미 있는 활동에서의 지속시간이 늘어나기도 하였다. 언어치료에서도 단어 수준의 자발화가 늘어나고 단순한 지시에 대한 응답이 가능하여 어머니의 보고가 아닌 아동이 직접 반응하여 진행하는 언어평가를 재진행할 수 있었다. 또한 일상생활에서 따라 말하는 단어의 수가 증가하였다.

이처럼 아동은 언어, 비언어적인 부분에서의 양적, 질적 성장이 눈에 띄게 관찰되기 시작했다. 치료사와 부모와의 관계에서는 타인의 지시나 개입에 수용적인 태도를 보이며 적절히 반응하기 시작하였으며, 자신의 생각이나 요구를 언어로 표현하려는 시도도 늘었다. 특히 가정 내에서는 언어 표현이 치료실보다도 더욱 원활하다고 보고되었다. 아버지는 갑작스러운 행동 때문에 현빈이를 혼내게 되는 일이 많이 줄어들었다고 하였다. 또한 "오늘 뭐해? 끝나고 뭐해?"라며 하루의 일과를 먼저 물어보며 예상하는 모습을 보이기 시작했다. 익숙하게 반복되는 장면에서는 장소를 이동하거나 다른 활동이 진행되어도 충동적으로 자리를 이탈하거나 거부하는 행동을 보이지 않았다. 다만, 유치원에서 1년에 1~2회 진행되는 명절행사, 체육대회, 학예회, 졸업식에서는 여전히 유치원에 가는 것을 심하게 거부하였다. 참여하더라도 행사 도중 갑자기 한복을 벗어 던지거나 주위의 물건을 밀치고 드러눕는 등 활동을 방해하는 심한 거부행동을 보였다. 자주 경험하기 어려운 행사에 참여하는 것은 여전히 현빈이에게 어려운 과제로 남아 있었다.

(2) 중기: 유치원 협력을 통한 사회적 상호작용 향상, 행동 문제 대처
① 중기 1: 유치원 협력을 통한 사회적 상호작용 향상

1년 동안의 치료 이후 아동은 유치원에서 언어로 자신의 요구를 표현하려는 시도가 많아졌으며, 돌발행동의 빈도와 강도가 줄었다. 이에 2015년 만 5세부터는 충동적인 행동에 대처하기 위해 유치원 참관실에서 대기하였던 아버지가 일상적으로 진행되는 수업에는 동반하지 않아도 될 정도로 행동 조절이 원활해지기 시작했다. 담임교사는 아동이 치료를 시작한 이후 지시의 이해와 언어 표현이 많이 나타나고 있지만, 여전히 또래관계에서는 어려움이 있어 적절히 반응하거나 함께 놀이하는 것이 매우 어렵다고 했다. 이에 아동의 교실 내 또래와의 상호작용을 관찰하기 위하여, 부모와 유치원 교사의 허가를 받아 아동을 담당하고 있는 놀이치료사, 언어치료사, 음악치료사, 학습치료사가 직접 유치원에 방문하여 참관실에서 아동을 관찰하였다.

〈유아교육영역과의 협력: 아동의 행동관찰을 위한 유치원 수업 참관〉

1. 장소: 유치원 참관실

2. 시간: 유치원 중간 놀이 시간

3. 관찰자: 아동의 놀이치료사, 언어치료사, 음악치료사, 학습치료사

4. 관찰 내용

유치원에서 또래와 자유롭게 상호작용하는 시간인, 중간 놀이 시간 동안 아동의 행동을 관찰하였다. 아동은 중간 놀이가 시작되자 혼자 블록 쌓기와 같은 기능놀이를 1~2분 유지하다가 또래의 놀이를 지켜보며 가만히 서 있는 일이 많았다. 또래의 놀이에 관심을 보이면서도 먼저 다가가지 못하였으며 혼자 노는 것에도 몰입하지 못하였다. 내원 초기의 보고와는 달리 교실 밖으로 나가거나 친구들을 피하는 행동은 없어 무리에서 크게 눈에 띄지는 않았지만 간혹 몇몇의 여자 친구들이 아동에게 먼저 말을 걸어도 대답하지 않고 반응하지 않았다. 다만, 교사가 아동의 옆에 가서 음식 모형을 주며 요리 놀이를 제안하며 무엇을 해야 할지 알려 주자 옆에 앉아 과일을 자르고 접시에 차리는 가상놀이를 시작하였다. 또한 교사의 제안에 따라 옆에 온 친구들에게도 음식 모형을 나눠 주었다. 즉, 자발적으로 놀이를 시작하고 참여하지는 못하지만 교사의 도움이 있는 경우 또래와 단순한 가상의 역할놀이가 가능하였다.

5. 교사의 추가 보고

아동은 교사와 친구에게 먼저 대화를 시도하는 일이 없지만 교사의 질문이나 제안에는 수용적인 편이다. 또래의 단순한 질문에도 "응, 아니, 현빈이 해."라는 정도로 대답을 한다. 하지만 눈을 마주치지 않고 대답하여 친구가 대답을 못 듣고 지나칠 때가 많다. 또한 짝과 손을 잡거나 율동을 하는 등의 신체 접촉이 필요할 때 친구가 손을 내밀어도 반응을 보이지 않는 일이 많아 "현빈이가 나랑 손 잡는 거 싫은가 봐요."라며 토라지는 아이들도 많다. 관심을 보이며 도와주려는 아이들도 현빈이가 반응을 보이지 않자 거부한다고 생각하고 그만두는 경우가 많다.

→ 아동은 사회적 관계에서의 다양한 신호를 잘 인지하지 못하고 어떻게 대해야 하는지 잘 알지 못하므로 아동이 친구들의 행동에 어떻게 반응해야 할지를 구체적으로 알려 줄 필요가 있다. 짝꿍과 손을 잡거나 눈을 마주쳐야 할 때도 "현빈아, 유희실까지 손 꼭 잡고 가는 거야. 유희실 가면 끝 할 거야." "지금 선생님 눈 봐요. 눈 보고 얘기해 줘." "현빈이를 도와줬어. 고마워~ 라고 대답하면 돼."라고 구체적으로 무엇을 해 야 할지 행동이나 말을 제시해 주는 것이 필요하다. 또한 친구들도 현빈이의 특성을 이해할 수 있도록 "현빈이 지금 싫은가 봐." "지금은 혼자 있는 게 편한가 봐." "손 잡는 게 불편한가 봐."라고 설명해 주는 것도 도움이 될 것이다.

아동은 자발적으로 놀이를 시작하는 것은 어렵지만 교사가 무엇을 해야 할지를 알 려 주면 참여하는 모습을 보이는데, 지금 교사가 이에 대해 충분히 잘 안내해 주고 있 다. 따라서 아동의 자유놀이를 계속 보조하지는 못하더라도 중간 놀이 시간이 시작 될 때부터 오늘 현빈이가 무슨 놀이를 할지를 구체적으로 알려 주거나 몇 가지 보기 를 주어 선택하도록 유도하여, 처음부터 놀이를 정해 주는 것이 좋을 듯하다. 또한 교사가 아동에게 말을 건네는 것도 좋지만 친구들이 아동에게 말을 걸 수 있도록 "현 빈이에게 음식 달라고 해 봐. 현빈이한테 같이 정리하자고 해 볼까?" 등 방법을 안내 해 주면 더욱 도움이 될 것이다.

유치원 수업 참관과 교사와의 회의 후, 아동의 사회적 상호작용 향상을 위 하여, 짝·집단치료를 확대 실시하였다. 언어치료에서는 2015년 1학기부 터 개별치료와 짝치료를 병행하여 진행하였으며, 2학기에는 언어·음악 통 합 짝치료를 진행하였다. 현빈이에 대한 사례회의 진행 시, 다른 영역에 비 해 음악치료에서 언어적 표현이 많이 나타나고 있다는 보고가 있었다. 이에 음악을 매개로 하여 언어, 비언어적 상호작용과 상황인식 및 유연한 대처능 력을 증진하기 위하여 언어치료사와 음악치료사가 함께 치료를 진행하는, 초학문간 통합 프로그램을 진행하였다. 약 6개월간 진행한 이 프로그램에서 아동은 또래를 모방하여 수행에 참여하려는 자발적인 시도가 많아졌으며, 특히 치료사의 칭찬을 받기 위해 노래를 부르고 언어 표현을 하는 등 사회 적 보상에도 반응하였다. 이에 통합 프로그램 이후에는 '누구예요?' '뭐 줄까 요?' '얼마예요?' '어디예요?' '가방이랑 화분이랑 신발 주세요.' 같은 의문사를 포함한 질문이나 3~4어절의 문장 표현을 자발적으로 하는 것이 가능해지는 등 언어 표현의 발전이 보고되었다.

2016년 만 6세에는 초등학교 입학을 앞두고 4명의 또래와 취학 전이 집단 프로그램을 시작하였다. 현빈이는 반복되는 프로그램의 구조와 환경은 쉽게 인지하였지만 자신의 컨디션에 따라 선택적으로 반응하여 수용적이지 않은 태도를 보였으며 특히 힘들거나 지루할 경우에는 진행되는 수업과 상관없이 엎드려 있는 일이 많았다. 또한 신체부위나 불필요한 물건을 만져 착석이 흐트러지거나 문을 열고 닫고 갑자기 나가는 등의 행동 문제를 보이기도 하였다. 개별과 짝 치료에서는 조절이 가능하였지만 함께하는 인원이 많아져 공동 지시와 기다려야 하는 시간이 늘어나자 행동 조절을 매우 어려워하였다. 산만하고 충동적인 행동의 빈도와 강도가 심하여 다른 친구들의 수업 집중에 방해가 될 때도 있었다. 이에 2016년, 아동의 행동과 주의력 수준에 대한 정밀한 진단을 위하여 본 원에서 종합심리평가를 진행하였으며, 유아용 웩슬러 지능검사에서 전체지능 63(언어성 62, 동작성 65)으로 경도 지적장애 수준으로 평가받았으며 자폐스펙트럼장애와 ADHD를 함께 진단받았다.

당시 아동이 정기적으로 검진을 받고 있는 소아정신과에서도 아동의 산만하고 충동적인 행동의 조절을 위해 약물의 복용을 권유하여 이때부터 약물치료를 병행하게 되었다. 약물치료를 병행한 이후 아동은 산만하고 충동적인 행동들의 강도가 매우 줄었으며 이로 인해 치료사로부터 칭찬과 지지 등의 긍정적 피드백을 받는 상황도 많아졌다. 같은 집단의 친구들과도 우호적인 관계가 형성되어 자발적으로 이름을 호명하고 물건을 기억하여 돌려주는 행동을 보이기 시작하였다. 또한 평소에도 아버지에게 친구 이름을 말하며 연구원에 빨리 가기를 기대하는 모습을 보였다. 친구의 행동을 참조하여 바람직한 행동을 모방하였으며, 수업에도 적극적으로 참여하는 등 발전이 관찰되었다.

치료 장면과 동일하게 유치원에서도 또래와의 상호작용에서 눈에 띄는 향상이 보고되었다. 약물 복용 후 충동적인 행동도 매우 안정되었다고 했다.

다만, 집단활동에서 또래만큼 수업에 집중하는 것은 여전히 어려우며 큰 행사에서의 불안감도 여전하다고 했다.

<유아교육영역과의 협력: 유치원 담임교사와의 회의>

1. 사회적 상호작용 향상: 또래와의 놀이 시도

아동은 유치원에서 언어 표현이 매우 많아졌으며 여자아이들과 말로 하는 간단한 역할놀이가 가능하다. 이전에는 교사나 친구가 무엇을 해야 할지 알려 주어야 그 역할을 수행하였다면, 지금은 가까이 다가와 친구에게 궁금한 것을 먼저 물어보기도 하며 "현빈이도, 현빈이도 할 거야."라며 자발적으로 놀이에 참여하는 모습이다.

→ 치료실의 집단 프로그램에서도 비슷한 모습을 보이고 있다. 현빈이가 자신에게 호의적인 친구들의 이름을 알 수 있도록 지속적으로 알려 줄 필요가 있다. 또한 현빈이가 현재 3~4어절의 언어 표현이 가능하니 교사와 친구들에게 단어가 아닌 문장으로 이야기하도록 더욱 안내할 필요가 있다.

2. 집단 활동에 대한 집중의 어려움

아동은 집단 활동에 최대 10분 정도만 집중할 수 있는 것 같다. 처음에는 미동도 없이 가만히 앉아 있는데, 10분 이후부터는 머리가 바닥으로 향하거나 뒤에 있는 보조교사에게 기대거나 누우려고 한다.

→ 아동은 약물 복용 후 충동적인 행동은 많이 감소하였지만, 여전히 주의집중이 어려운데, 이것은 주의력 문제만이 아닌 상황에 대한 이해가 원활하지 않기 때문인 경우도 많다. 집단에서 무엇을 하고 있는지 정확하게 이해가 되지 않아 활동이 매우 지루하게 느껴질 수 있다. 아동이 주로 끝자리에 가서 앉아 있는 일이 많으므로, 가능하다면 보조교사가 아동의 옆에서 지금 무엇을 하고 있는 것인지, 현빈이는 어떤 행동을 하면 되는지 작은 목소리로 간단히 설명해 주는 것이 도움이 될 것이다. 또한 아동이 바른 자세를 유지해야 하는 시간을 조금씩 늘려 가는 연습이 필요할 듯하다. 처음에는 10분, 그다음에는 15분을 목표로 하여, 아동에게 언제까지 바른 자세로 앉아 있어야 할지를 시각적인 단서로 제시해 줄 수 있다. 치료실에서는 "긴 바늘이 5자에 갈 때까지 바른 자세 할 거야."라는 등의 지시로 모든 치료에서 동일하게 자세를 바르게 유지하는 연습을 진행하고 있다. '긴 바늘이 3에 갈 때까지'와 같이, 시곗바늘의 위치로 끝나는 시간을 알려 주면 충분히 이해할 수 있다.

3. 큰 행사에서의 불안감

발표회나 체육대회와 같은 일회적인 큰 행사에서는 여전히 두려움을 보여 등원을 늦게 하는 일이 많으며, 실제로 행사 과정에서도 멀리 도망가 버리는 일이 많다. 초기 회의에서 논의했던 것처럼, 행사에 무슨 일이 벌어질지에 대하여 교사와 부모 모두 반복적으로 이야기하여 예상 가능하도록 하고 있지만, 막상 행사 당일이 되면 당황하는 것 같다. 또한 행사가 지난 이후에는 다른 활동에서도 매우 불안정한 모습을 보여 차라리 참여를 시키지 않는 것이 나을 것 같아 고민이 된다.

→ 행사 진행 시 아동이 어떤 자리에 서 있어야 할지(어떤 친구 뒤에, 옆에), 어떤 활동만 하면 될지를 보다 구체적으로 안내해 주는 것이 필요하다. 아동이 행사 중 정확히 어디에서 무얼 해야 하는지 1:1로 안내해 주는 보조자가 있다면 훨씬 좋을 것이다. 그것이 어렵다면 부모와 논의하며 행사 전체가 아닌 일부 활동에만 정확히 참여하도록 활동 참여의 시간을 조금 줄이는 것도 도움이 될 것이다. 연습 단계에서부터 구경하는 시간, 같이하는 시간을 구분하여 보다 단순한 활동에만 일부 참여하도록 하는 것이다.

아동은 중기 1 기간 동안 언어치료에서의 짝치료, 언어-음악 초학문간 통합치료 등 언어발달을 위한 다양한 형태의 프로그램을 통해 자발적으로 문장 수준의 표현이 가능하게 되어 언어 표현에서의 두드러진 향상이 관찰되었다. 또한 학습지원과 취학 전이 집단 프로그램을 통해 취학 전, 기초학습 능력을 증진하고 학교와 유사한 구조화된 집단 상황을 사전 연습할 수 있었으며, 약물 복용을 통해 산만하고 충동적인 행동을 보다 완화시킬 수 있었다. 실제로 2016년 7월 만 6세에 실시한 언어평가(PRES)에서 수용언어 4세 8개월, 표현언어 3세 2개월로 나타나 2014년 내원 당시 수용언어 20개월, 표현언어 22개월이었던 것과 비교하였을 때, 매우 향상된 결과가 보고되었다.

② 중기 2: 유치원 협력을 통한 행동 문제 대처

아동이 초등학교에 입학하기 전, 2016년 2학기에는 부모의 원가족과의 문제로 인해 부부 갈등이 심해졌다. 그럴수록 아동은 자신이 확실하게 통제할 수 있는 장난감이나 음식, 일과에 매우 집착하여 조금의 변화도 수용하지 않았으며, 등원을 거부하기도 하였다. 유치원에 가지 않거나 매우 늦게 등원하는 등 비일관적이고 불안정한 일상생활 패턴이 지속되자 초기에 나타났던 피부염 또한 심해지기 시작했다. 공격적이고 충동적인 행동이 더 강하게 나타나는 등, 중기에서만큼의 약물의 효과가 나타나지 않았다. 이러한 총체적인 문제로 인해 부모는 정기 검진을 받고 있는 타 기관의 소아정신과 의사와 상의 후, 약물을 잠시 중단하였다. 유치원과 치료실에서는 치료사, 교사, 또래의 관심을 유도하려 하는 현빈이의 부적절한 행동이 많아졌다. 지시와 반대로 수행하기, 책상 밑에 들어가기, 자리 이탈하기, 의자에서 일부러 떨어지기 등과 같은 행동이었다. 유치원에서도 동일한 행동들이 나타나기 시작했다고 했다. 이에 유치원 교사와의 회의를 통해 새롭게 나타나는 행동 문제에 대하여 동일하게 대처하기 시작하였다.

<유아교육영역과의 협력: 유치원 담임교사와의 회의>

교사: 최근 지시 따르기를 의도적으로 거부하는 일이 많으며 교사로부터 끊임없는 관심을 요구한다. 특히 큰 소리를 내며 의자에서 떨어지며 웃는 행동이 최근에 빈번하게 나타나며 이로 인해 반 친구들이 모두 아동을 쳐다볼 때가 많다. 보조교사가 자세를 지속적으로 교정해 주고 있다.

→ 치료실에서도 의자에서 떨어지는 행동이 동일하게 나타나고 있다. 대부분 과제 수행을 하느라 모두 조용한 가운데 나타나거나 교사가 다른 친구에게 발표 순서를 주거나, 이야기하는 상황에서 나타나고 있다. 반응해 줄수록 횟수가 더욱 빈번해지며 행동 후 치료사의 얼굴 표정이 어떤지를 확인하고 있다. 따라서 행동이 부적절하다는 것을 알려 주기 위해 행동 후 아예 반응하지 않은 채 무시하는 방법이 가장 좋으며, 옆에 바르게 앉아 있는 친구를 대신 칭찬해 주는 것도 좋다. 또한 의자에 앉아 있는 순간에는 바르게 앉아 있음을 칭찬해 주어, 긍정적인 행동을 할 때 아동이 원하는 관심을 주도록 한다.

> 치료실에서는 책상 밑에 들어가거나 일부러 밖으로 나가는 시늉을 하는 등, 부적절한 관심 유도 행동이 더 많이 나타나고 있으므로 유치원에서도 곧 이러한 행동을 보일 수 있다. 행동의 의미와 기능이 모두 교사의 관심을 받기 위한 것이니, 위와 같이 동일하게 무시하기, 적절한 행동을 하는 친구를 대신 칭찬하기 등으로 대처할 것을 권한다.

담임교사와의 회의를 통해 유치원과 연구원에서는 모두 동일하게 아동의 부적절한 행동에 대처하기 시작하였다. 협업이 지속되자 아동은 2016년 12월 부적절한 행동이 점차 줄어들기 시작하였으며 적절한 행동을 통해 칭찬과 관심을 받고자 하는 시도들도 관찰되기 시작했다. 또한 긍정적인 행동으로 사회적 보상을 받는 횟수가 많아지자 교사뿐 아니라 또래에 대한 관심도 많아지기 시작하였다.

유치원 교사의 보고에 의하면, 이제는 친구들이 모여 있는 곳에 함께 구경하기도 하며, 자신에게 호의를 보이는 친구들에게 먼저 말을 걸고 질문하고, 단순한 대화를 나누며 가상의 역할놀이에 참여할 수 있다고 한다. 또한 유치원 활동에서 전통복장을 착용한 후 아이들 앞에서 보여 주는 모습을 보이고 함께 사진을 찍는 것도 가능해졌다. 아이들은 현빈이의 변화된 모습에 "선생님, 현빈이가 저한테 먼저 물어봤어요. 현빈이가 이거 저 보여 줬어요. 이거 했어요. 칭찬해 주세요!"라고 말하며, 함께 기뻐하는 모습을 보였다.

아버지는 그동안 교사와 치료사가 현빈이에게 같은 방법을 제시하고 적용해 주다보니 일관적인 교육을 받을 수 있었으며 이로 인해 행동이 더 빨리 변화하였다고 보고하였다. 또한 교사와 치료사의 이야기가 다르지 않아 안심이 되었으며 신뢰할 수 있었다고 했다. 행동 문제로 인하여 오히려 유치원에서 소외될 수 있었을 텐데도 모두에게 관심을 받고 존중을 받고 있다는 느낌이 들었으며 어떤 경우 특혜를 받는다고 생각될 정도로 고마울 때가 많았다고 하였다.

(3) 후기: 초등학교 입학 후 의학 영역과의 협력, 약물치료

후기는 2017년 초등학교 입학 후 시기로, 구조화된 집단생활 적응을 위해 약물치료를 재시작하는 등의 큰 변화가 있던 시점이었다. 현빈이는 2017년 3월, 초등학교에 입학하여 국어, 수학 시간에는 도움반에서 수업을 받고 이외 시간에는 일반반에서 친구들과 함께 수업을 받는 통합교육을 진행하였다.

아동은 취학 전이 집단 프로그램에서와 유사하게 진행되는 학교의 일과(우유 급식, 급식실 이용하기, 사물함 이용하기, 자리 찾기, 시간표 이해하기 등)에 대해서는 빠른 적응을 보였다. 다만, 수업 진행 시 과제에 흥미가 없을 때 교사 모르게 갑자기 밖으로 나갔다가 돌아오거나 흥미 있는 과제의 경우 앞으로 나가 교사에게 자신이 수행을 완료했음을 반복적으로 보고하는 등 자리 이탈이 빈번하였다. 여러 차례 반복된 지시와 제한에도 행동 조절이 어려워 담임교사가 아버지에게 아동 관리의 어려움을 여러 차례 호소하였다. 이에 현재의 행동 조절을 위하여 의학적인 처치를 취할 것을 권하였으며 연구원의 협력 병원인 한양대학교병원의 안동현 교수에게 의뢰하여 약물치료를 다시 시작하였다.

2017년 4월부터 아동은 약물치료를 시작하였으며, 이후 자리를 이탈하는 빈도가 감소하여 입학 초기와 같은 큰 행동 문제 없이 학교생활을 해 나갔다. 또한 학교 입학 후 재시작한 약물치료의 안정화를 위하여, 약물 이후 치료실에서의 행동 변화에 대하여 세심히 관찰하여 부모에게 보고하였으며 약물의 부작용 등에 대한 걱정에 대해 안심할 수 있도록 설명하고 지지하였다.

또한 2017년 3월부터 진행된 학교생활 적응 집단 프로그램을 통해 아동이 교과과정에서 배울 다양한 활동을 미리 경험해 보는 연습을 진행하였다. 아동은 처음에는 유치원 때보다 다소 복잡한 활동들에 매우 당황하며 규칙을 지키고 활동에 참여하는 데 어려움을 보였다. 하지만 여러 차례 반복하자 익숙해지기 시작하였으며, 치료실에서 연습한 활동을 학교에서 진행할 때는 적극적으로 참여하였다. 친구들의 행동을 참조하여 적절한 행동을 하는 횟수도 늘어나, 함께 공책을 펴고 한글을 쓰고 수학 문제를 푸는 등 적극적인

수업 참여 태도를 보였다.

　2014년 내원 당시부터 현재까지 유지해 오던 음악치료에서는 2017년 초등학교 입학 후에 개별 치료를 유지하며 선호하는 곡 직접 연주하기, 가사 만들기 등의 활동을 통해 성취감을 경험하고 자신을 표현하도록 안내하였다. 현빈이는 '구구단 노래, 뽀로로 숫자 송, 쥐가 백 마리' 등의 노래를 선호하여 활동에 높은 흥미를 보였으며 주의 수준도 높게 지속되었다. 또한 부부 갈등과 아동의 학교 적응 문제 등으로 가족 전체가 힘든 시기를 보냈던 기간에는 아동과 아버지가 함께 참여하는 가족회기를 진행하여, 아버지가 아동의 긍정적인 수행을 관찰하도록 하였으며 긍정적인 상호작용을 경험하도록 하였다.

　2017년 학교 입학 후 개별 학습지원에서는 한글의 쓰기와 기본적인 독해를 위한 2~3어절 문장 이해하기, 기본적인 덧셈, 뺄셈 습득을 목표로 치료를 진행하였다. 현빈이는 수학적 개념을 빠르게 습득하여 1학기까지는 또래 수준의 교과 문제풀이가 가능하였다. 다만, 국어 교과에서는 읽기에서 음독과 유창성 단계까지는 원활한 반면, 자신이 읽은 글을 이해하는 것은 어려워했다. 또한 쓰기에서 크기를 맞춰 쓰거나 원하는 모양대로 쓰는 것에 집착하다 보니 과제를 완료할 때까지 많은 시간이 필요하였다. 이에 문장 수준에서 글을 구성하고 이해하는 연습을 진행하였으며, 정해진 선을 넘어가거나 다른 글씨체로 쓰는 것에도 긍정적인 피드백을 주어 정해진 시간 안에 쓰기 과제를 마치는 연습을 진행하였다.

　아동은 학교에서 친구들과 같은 과제를 하기 위하여 수학, 국어 시간에도 도움반으로 이동하는 것을 거부하거나, 과제물을 끝까지 스스로 해내지 못했을 때는 울음을 터트리며 힘들다고 호소하는 등, 과제 성취에 대한 과도한 스트레스를 보이기도 했다. 이에 학년이 올라가면 국어, 수학에서의 수행의 편차가 더욱 심해질 수 있으니 장기적으로 보았을 때 정해진 시간에는 도움반에 가도록 일관적으로 안내하는 것이 필요하다고 권하였다. 이후 아버지는 치료사의 조언을 수용하여 담임교사, 특수교사에게 의견을 전달하였으며, 1학년 2학기부터 월·화·수요일은 교실에서, 목·금요일은 도움반에서

국어, 수학 수업을 진행하는 것으로 결정하였다.

아동은 학교의 체험학습, 운동회, 소방 대피 훈련, 지진 대피 훈련과 같은 일회적인 행사에서는 유치원 때와 유사하게 학교 가기를 두려워하며 멀리 떨어져서 참여하였다. 하지만 행사를 거부하여 옷을 벗어던지거나 드러누우며 전체 활동을 방해하였던 이전과는 달리, 1학년이 되어서는 어느 정도 상황을 이해하는 모습을 보였으며, 집단에 피해를 주는 행동은 현저히 줄었다. 행사 후 다시 일상에 적응하여 회복하는 시간도 빨라졌다.

4. 향후 계획

아동은 초등학교 1학년으로, 학교에서 필요한 기본적인 생활 기술을 습득하여 반에서 큰 문제 없이 수업에 참여하고 있다. 다만, 같은 반 또래들과는 적절한 관계를 맺는 데 아직 어려움이 많다고 보고되고 있다. 따라서 앞으로는 아동이 가진 사회적 의사소통 능력을 최대한 발휘할 수 있도록 다양한 구성원이 속해 있는 집단 수업을 통해 지속적인 학습이 필요할 것으로 보인다. 또한 아동은 읽기와 쓰기, 수, 기본연산을 습득할 수 있는 기본적인 인지능력을 갖추고 있으므로, 단순히 교과활동이 아닌 대중교통 이용하기, 물건 사고 계산하기 등 사회적 장면에서 활용할 수 있는 실제적인 생활지식들을 습득하는 것도 필요할 것으로 보인다.

5. 결론

아동은 지적장애를 동반한 자폐스펙트럼장애로 유치원 담임교사와의 협력, 의사와의 약물치료 협력과 함께 총 4년 동안 치료를 진행하였다. 2014년 만 4세부터 언어치료, 놀이치료, 음악치료, 인지학습치료를 3년 진행하였으며, 만 6세에는 학교 입학 준비를 위하여 약 1년 동안 취학 전이 집단 프로그램에 참여하였다. 4년 동안 아동은 기본적인 의사소통과 사회적 상호작용이 향상되었으며 충동적인 행동에 대한 조절이 이루어졌다. 일반 유치원을 졸업하였으며 현재 통합학급이 있는 초등학교에 입학하여 2학년에 재학 중이다. 현재도 학교의 새로운 행사가 있을 때 간혹 자리를 이탈하거나 주위를 맴도는 행동을 보이지만 행사를 방해하는 행동은 나타나지 않으며, 앉아서 상황을 지켜보는 일이 많다고 한다. 또한 또래와의 적극적인 상호작용이 이루어지지는 않지만, 자신의 요구사항에 대해서는 정확히 전달하고 도움을 요청할 수 있어 학교의 일상적인 과업을 수행하는 데는 큰 어려움이 없다고 보고되고 있다.

아동의 문제에 대한 개입을 위해서는 치료사와 교사, 의사 등 다양한 영역의 전문가의 협업이 중요하다는 사실은 모두 알고 있을 것이다. 각 전문가들이 아동을 보는 관점이 다를 경우 서로 다른 개입과 처치를 권유하거나 아동의 행동에 대한 다른 정보를 제공할 수 있어 부모가 아동을 이해하는 데 많은 혼란이 일어날 수 있다. 특히 아동이 치료 장면에서의 향상된 모습이 실제 일상생활에 일반화되도록 하기 위해서는 아동이 주로 시간을 보내는 교육기관과의 지속적인 협력이 필수이다. 하지만 실제 현장에서 치료사와 교사가 아동 한 명의 적응을 위해 지속적으로 논의하며 진전 상황, 문제 상황을 공유하고 대처한다는 것은 결코 쉬운 일이 아니다. 이에 대부분은 학기 초반, 통합기관 특수교사의 개별화교육계획(IEP) 수립 시 치료의 목표를 공유하는 정도의 협력이 진행되며, 그 밖의 상황은 주로 부모를 통해 전달받게 된다. 하지만 이 경우 교사나 치료사의 의도가 정확하게 전달되지 않을 때가 많아 아동의 구체적인 어려움에 대하여 논의하는 것은 상당히 어려운 일이다.

현빈이의 경우 연구원의 협력 유치원에 다녔으며 이후 연구원의 협력 병원으로 의뢰됨으로써 전문가 간의 협력이 보다 원활하게 진행될 수 있었다. 아동은 자폐스펙트럼장애로 진단받았지만 특수교사가 없는 일반 유치원에 입학하였는데, 이때 유치원 원장과 교사는 아동의 적응을 돕기 위하여 치료

사들에게 적극적으로 자문을 요청하였으며 아동이 졸업할 때까지 2년 동안
을 지속적인 회의를 통해 문제 상황을 공유하고 공통의 대처 방법을 수립하
였다. 이를 통해 교육 장면에서 발생하는 아동의 여러 가지 문제 행동에 대
한 대처를 안내할 수 있었으며, 유치원에서 발생하는 문제를 치료실에서 더
욱 구체적으로 보완할 수 있었다. 이는 유치원 원장과 교사들의 이해와 배
려, 노력이 있지 않았다면 절대 진행할 수 없는 일이었다.

　한편, 전문가들의 협업이 이루어지는 중심에는 현빈이와 그 가정이 있었
다. 특히 현빈이의 치료와 교육 과정에는 항상 아버지가 함께했다. 현빈이 가
족의 경우 대학원에 다니는 아버지가 주중에 아동의 양육을 모두 담당하였는
데, 아버지는 아동의 유치원 적응을 위해 약 1년 동안을 유치원 참관실에서
대기하였으며 큰 행사 때마다 아동을 도와주며 수업을 보조하였다. 유치원 적
응이 원활해진 후에는 치료 전에 함께 맛있는 음식을 먹고 치료 후에는 운동
장에서 축구를 하거나 킥보드를 타며 즐거운 시간을 함께하고자 노력하였다.
아동의 양육에 대한 심리적 부담감과 좌절감을 느끼면서도 아동이 함께 있는
순간만큼은 최선을 다한 것이다. 아버지의 헌신과 노력이 결국 치료사와 교
사, 의사가 온 힘을 다하여 치료하고 교육하도록 긍정적인 영향을 주었다.

　현빈이의 사례는 치료사와 부모, 교사, 의사의 협력을 통해 자페스펙트럼
장애아동의 문제행동을 개선하고 사회적 상호작용을 향상시킨 사례로, 영역
간 협업의 중요성을 보여 준다. 아동의 유치원 적응을 돕기 위하여 교사가
치료사에게 자문을 요청하여 이후 2년 동안 문제 행동에 대한 개입을 함께
진행하였다. 또한 행동 문제 조절을 위해 의학 영역에서의 약물 처치가 진행
되었으며, 전문가 간의 지속적인 논의가 진행되는 데는 전문가에 대한 부모
의 신뢰와 믿음이 있었다. 현빈이의 부모님은 유치원 교사의 안내로 연구원
에서 치료를 시작하고 치료사의 안내로 협력 병원에서 처치를 받는 등 각 기
관 전문가의 안내를 신뢰하였다. 이러한 부모의 신뢰가 아동의 긍정적인 변
화의 밑거름이 될 수 있었던 것이다. 현빈이와 아버지, 그 가족에게 존경과
감사의 인사를 드린다.

제7장

자폐스펙트럼장애아동의
취학 전이 집단 프로그램

이 사례는 자폐스펙트럼장애로 진단받은 아동들을 대상으로 취학 준비 집단과 학교생활 적응 집단 프로그램을 진행하여, 초등학교 입학 후 적응을 돕는 것을 목표로 하였다. 이 프로그램을 위해 언어치료사, 학습치료사, 놀이치료사가 협업하였다.

☞ 취학 전이 집단이란

취학 전이 집단은 초등학교 입학 준비를 위한 집단으로 취학 전 해부터 짧게는 6개월, 길게는 12개월 동안 실시된다. 참여 아동들은 개별-짝-3명 이상 집단치료를 거쳐서 취학 전이 집단에 들어올 수 있다.

취학 집단의 전체 목표는 학교 적응에 필요한 언어와 생활기술, 인지개념의 습득과 사회성기술의 습득이다. 이에 아이코리아 아동발달연구원에서는 다양한 영역의 발달을 위하여 언어치료사, 학습치료사, 놀이치료사의 협업으로 진행하였다. 프로그램은 1교시 언어(50분), 쉬는 시간(10분), 2교시 학습(50분), 우유 급식(10분), 3교시 놀이(50분)로 진행하였다. 언어에서는 자기소개, 상황에 맞는 인사말, 공동 지시 따르기, 자신의 차례에 맞춰서 의견 말하기, 주제에 대한 조사하기와 발표하기 등을 진행하였다. 또한 학습에서는 기초학습인 국어와 수학 과목에 필요한 인지개념 습득과 학교의 구조에 대한 학습을 진행하였으며, 놀이에서는 교과활동에서 진행되는 놀이의 사전 경험과 기본적인 사회성기술 습득을 진행하였다.

취학 전이 집단은 기본적인 학습 준비 기술과 생활에서의 상황을 이해하고 문제를 해결하는 연습을 한다. 또한 초등학교를 입학하면서 만나게 될 장소와 규칙을 미리 경험하면서 학교에 대한 흥미와 자신감을 갖도록 한다.

학교생활 적응 집단은 초등학교 입학 후 안정적인 적응이 이루어질 때까지 유지되며 2~6개월간 실시한다. 실제 학교 상황에서 발생하는 문제 상황들에 대한 대처와 문제해결을 연습하며, 교과활동을 미리 진행하여 사전 경험하는 것을 목표로 한다.

대상 아동의 수행 수준과 부모들이 요구하는 목표나 주제를 반영하여 진행하기 때문에 장기 목표와 단기 목표는 집단 구성원에 따라 달라질 수 있다. 또한 단계별 장기 목표와 단기 목표, 활동들을 안내문으로 제작하여 시작 전, 참가 아동의 부모에게 전달하고 질의응답 시간을 가졌다.

1. 프롤로그

"물건을 사려면 어떻게 할까요?" 치료사가 갑자기 영상을 멈추고 질문하였다. 아이들은 영상에 빨려 들어갈 듯이 보다가 치료사의 질문에 가만히 스크린을 바라봤다. 치료사가 "문구점에서 지우개를 사려고 해. 어떤 말을 해야 할까?"라며 구체적인 상황을 설명해 주고 다시 질문하자 진경이와 준석이는 "저요! 저요!"라고 손을 들었다. 현진이는 "선생님!"이라고 말하며 갑자기 자리에서 일어났다. 하윤이는 영상을 멈추지 말라고 소리를 질렀다. 준석이가 정답을 말하여 칭찬받자, 자리를 이탈했던 현진이가 자리에 돌아오며 준석이의 답을 따라 말한 후 치료사의 칭찬을 기다렸다. 진경이는 영상을 끄려 하는 하윤이에게 "앉아. 앉아야 돼."라고 말하며 하윤이가 앉도록 도와주었다. 모두 착석이 된 후 치료사는 "모두 예쁘게 앉아 보자. 다시 시작할게."라고 말하며 영상을 시작했다. 이후 치료사는 아동들과 함께 사인펜, 연필, 볼펜, 필통, 실내화, 공 등을 사고파는 문구점 역할극을 진행하면서 아동들의 이해와 표현을 촉진했다. 매우 복잡하고 정신이 없어 보였지만 그 안에서 아동들은 선생님께 칭찬받은 친구의 행동을 따라 하거나 다른 친구를 도와주기도 했다. 학교에 가기 전, 집단 활동에 열심히 참여하고 있는 아이들의 모습이었다.

2. 배경정보

프로그램에 참여한 아동 총 4명의 배경정보는 다음과 같다.

진경이는 부모와 여동생이 있으며 연구원의 협력 병원인 분당서울대학교병원에서 만 4세에 자폐스펙트럼장애 진단을 받은 후, 2015년 1월 치료를 받기 위해 연구원에 내원하였다. 내원 시 아동의 언어 및 발달 수준은 만 2세 후반이었으며 어머니와 분리되는 것이 어렵고, 단순 상징놀이 수준을 가지고 있는 것으로 나타났다. 아동은 주 2회 언어 및 놀이 치료에 의뢰되어 가족 수업을 진행하였으며, 어머니가 아동의 수준을 이해하고 가정 내에서 일반화할 수 있도록 교육받았다. 어머니는 둘째 자녀로 인해 치료실에 직접 들어올 수 없어, 매 회기 아동의 치료를 모니터실에서 관찰하였다. 이후 아동은 16회기 짝치료와 20회기 집단치료 후 취학 전이 집단을 시작하였다. 취학 전이 집단에 참여한 초기에는 아동의 한글 문자 습득은 50%, 숫자 개념 이해 및 표현은 70% 정도였다. 기분에 따라 기복이 있었지만 과제를 끝까지 하려는 모습이 항상 보였고, 꾸준히 노력하는 아동이었다. 또한 분당서울대학교병원에 정기적으로 방문하여 진전사항을 점검받았다.

하윤이는 외동아이로 부모, 친할머니와 함께 살고 있었으며, 2014년 7월 만 4세부터 연구원에서 치료를 받기 시작하였다. 내원 초기 타 기관에서 발달지연 진단을 받았고, 유치원 교사와 협력하여 매 학기 아동의 발달 상황과 문제행동 대처, 앞으로의 계획을 회의하며 치료를 진행하였다. 아동은 내원 시 언어 수준이 2세 미만이었고, 단순 상징놀이를 보였으며 음악을 좋아하였다. 아버지가 아동의 주 양육을 맡았으며 가족치료 시 입실하여 치료사와 아동의 놀이를 관찰하고, 직접 놀이하는 장면을 피드백받았다. 아동은 48회기 짝치료와 24회기 집단치료 후 취학 전이 집단을 시작하였다. 취학 전이 집단 참여 시 아동의 한글 문자 습득은 70%, 숫자 개념 이해 및 표현은 80% 가능하였다. 아동은 한글 쓰기 및 읽기를 잘할 수 있으나 틀리는 것에 대해 민감하여 항상 맞았는지 틀렸는지를 반복적으로 물어봤다. 어려운 문제에서는 "몰라." "못해."라는 표현을 하면서 울거나 화를 내는 행동을 보였다.

현진이는 어머니와 외할머니, 초등학교 5학년 쌍둥이 형과 함께 살고 있었는데, 2014년 7월 만 4세에 전반적 발달장애로 진단받고 연구원에 내원하였다. 내원 시 언어평가에서 2세 수준의 발달을 보였지만 치료는 2015년 7월 만 5세에 재방문하여 진행하기 시작하였다. 재방문 시 아동의 발달 수준은 첫 내원 당시와 비슷했다. 어머니와 할머니가 공동양육을 하여 가족 수업에도 교대로 참여하였으며, 각각 주 1회씩 언어, 놀이, 인지치료를 받았다. 1~10까지

기계적 수세기가 가능하나, 수 개념은 1~5까지 가능했다. 한글 문자 습득은 단모음 수준으로 읽고, 자신의 이름 쓰기와 따라 쓰기가 느리지만 가능했다. 친구들과 자신의 과제를 비교해서 과제가 다르다는 생각이 들면 과제물을 밀어내거나 "안 해." "싫어."라고 말하면서 수행을 거부하였다. 친구들이 칭찬받을 때 "선생님, 나도."라고 말하면서 치료사의 손을 끌어당겨 자신의 머리 위에 놓거나 안아 주기를 요구하는 등 칭찬을 바라는 행동을 보였다.

준석이는 외동아이로 부모와 함께 살고 있으며 2013년 3월 만 3세에 어린이집에서 또래보다 느리다는 교사의 소견을 듣고 내원하였다. 타 기관에서 전반적 발달지체로 진단받은 후 내원하였는데 언어평가에서 2세 수준의 발달을 보였다. 아동은 언어치료와 놀이치료, 학습지원을 주 2회 진행하였으며 이 중 주 1회는 어머니가 모니터하는 가족 수업을 진행하였다. 한글을 읽고 받아쓰기와 수 개념 이해 및 덧셈, 뺄셈은 만 6세에 가능하였으나 읽고 이해하기와 생각이나 상황에 대한 쓰기는 거부하거나 자신 없어 하였다. 아동은 연령이 높아지면서 승부욕이 두드러졌는데 이로 인해 개별치료보다 집단치료에서 더 적극적인 모습을 보였다. 취학 전이 집단 참여 시 아동의 한글문자 습득과 숫자 개념 이해 및 표현은 70% 이상이었다.

🔍 집단치료 전 개별치료의 중요성

집단치료에 참여하는 아동은 담당 치료사에게 10회기 이상의 개별치료를 받아야 한다. 개별치료를 통해 치료사가 아동의 발달 수준, 강점과 보완점, 유의할 점을 이해할 수 있으며 이를 보완할 수 있는 또래와 집단을 형성하도록 안내할 수 있다. 개별치료를 통해 아동의 양육자와의 신뢰관계도 형성할 수 있다. 또한 집단치료를 시작하더라도 개별치료를 지속적으로 병행할 것을 권하는데, 집단에서 또래와의 상호작용을 진행하며 나타나는 아동의 다양한 어려움에 대하여 개별치료에서 집중적으로 보완해 나갈 수 있다.

상기 아동들은 모두 개별치료 및 짝치료 후 3명 이상 참여하는 집단치료를 거쳐서 취학 전이 집단에 참여하였다. 연구원의 취학 전이 집단 프로그램은 언어, 학습, 놀이치료사의 협업으로 진행하였지만 이 장에서는 언어 집단에서의 진행에 보다 초점을 맞추었으며, 4명의 아동 중 진경이의 사례를 중심으로 기술하였다.

3. 치료적 접근

1) 의학적 접근

집단에 참여한 아동 4명 중 진경이는 연구원의 협력병원인 분당서울대학교병원 협업 아동이다. 아동은 간단한 질문에도 답하기 어려워하고, 어린이집에서 친구들의 무리에 잘 끼지 못하는 것이 가장 걱정이라고 하였다. 부모님의 보고에 의하면 아동은 간단한 지시를 따를 수 있고, 원하는 것을 표현하는 정도의 의사소통 능력을 갖고 있으며, 50개 정도의 문장으로 필요한 모든 것을 표현하는 정도였다. 사회적인 관계에서 아동은 자발적으로 또래에게 관심을 가지고 지켜보기도 하지만 직접적으로 다가가거나 관심을 표현하지 않았다. 다가오는 또래를 경계하는 편이며 아는 또래가 말을 걸 경우 거부적인 태도를 보이기도 하였다. 이전에는 또래가 자신을 바라보기만 해도 소리를 지른 시기도 있었으나, 내원 당시에는 "쟤한테 엄마 책 줄까?"와 같은 정형화된 언어 표현을 통해 또래에 대한 관심을 표현하기도 한다고 하였다. 진경이는 책의 특정 페이지와 특정 그림을 선호하며, 장난감 놀이에 있어서도 특정 부분만을 좋아하고 반복하는 특성을 가지고 있었다. 맥포머스와 같은 구성놀이에 있어서도 직육면체와 같이 원하는 모형을 반복적으로 구성하며 다양한 형태로 확장하는 것에 제한이 있었다.

처음 진료 당시 아동은 처음 오는 장소를 낯설어하고, 진료실에 들어오는 것 자체를 매우 어려워하였다. 맥락에 맞지 않는 질문을 반복하며 의사소통하려고 하였고, 말의 톤이 높고 매우 단조로운 특성을 보였다. 대답이 어렵다고 느껴질 때는 상대방의 끝말을 반복하는 즉각 반향어가 나타나기도 하였고, 전반적으로 대화를 주고받기 상당히 어려웠다. 자발적인 사회적 접근은 관심을 표현하거나 요구하는 상황에서 주로 나타났고, 매우 제한적인 빈도와 다양성을 보였다. 언어로 요구를 표현하지 않고 일방적으로 검사자의 손에 있는 것을 가지고 가거나 계속해서 뺏으려는 행동을 보였으며, 맥락에 맞지 않게 상대의 관심을 끌기도 하였는데, 이는 아동이 상황 맥락을 융통성 있게 파악하지 못하는 사회적 특성의 영향으로 여겨졌다.

아동의 발달력과 현재 보이는 사회적 의사소통과 상호작용의 어려움으로 미루어 볼 때, 진단적 인상은 자폐스펙트럼장애에 해당하는 것으로 생각되었고, 기질적으로 사회적 불안이 높은 특성이 있다고 생각되었다. 검사를 대기하는 동안 화용적인 능력에 초점을 둔 언어치료를 우선 시행하도록 권유하였고, 사회적 상호작용 기술을 가르칠 수 있는 발달놀이도 도움이 될 것으로 생각되었다. 초기 검사 결과 유아용 웩슬러 지능검사에서 전체 지능지수 56, 언어성 지능지수 61, 동작성 지능지수 56, 사회성숙지수 80, K-CARS 35.5점이었다. 잠재적인 지능은 조금 더 높을 것으로 생각되었지만 아동이 지시를 잘 이해하지 못하고 검사에 완전히 집중하기 어려워서 다소 과소평가된 경향이 있었다. Autism Diagnostic Interview-Revised(ADI-R)와 Autism Diagnostic Observation Schedule(ADOS 모듈 2)에서도 자폐스펙트럼장애의 진단기준을 만족하였다.

아이코리아 아동발달연구원에서 치료를 시작하고 난 뒤 약 3개월 후부터 진료에서는 또래들과의 어울림이 늘어났고, 대화도 조금 더 상황에 맞게 주고받을 수 있게 되었다. 진료할 때 항상 담당의사의 머리 모양, 옷, 집이 어디인지 등을 질문하는 경향이 있었는데, 사회적 관심이 늘어난 반면 맥락에 잘 맞지 않고, 반복적인 경향이 있다고 생각되었다. 하지만 일상생활 기능이 점점 좋아지고 있고, 유치원에서의 적응과 단체생활도 점차 좋아지고 있는 것, 학습에도 적절한 관심이 생긴 것 등은 좋은 변화로 평가하였다. 첫 진료 후 약 1년이 경과했을 때, 아동의 생활이 좋아지면서 좀 더 일상생활에 직접 적용 가능한 구체적인 개입을 권했고, 아동의 속도에 맞는 학습 기회를 줄 것, 그리고 실제 또래와의 놀이 시간을 많이 가지면서 보호자가 그 자리에서 놀이기술이나 상호작용에 대해 코치를 하는 방식으로 도와주기를 권유하였다. 학교 입학 후에는 스스로 아침에 일어나 준비물을 챙겨서 학교에 가고, 학교생활을 비교적 잘 해내는 모습을 보였으나, 수업에 집중이 어렵고 지시를 잘 따르지 못할 때가 많아 향후 집중을 돕기 위한 약물치료를 고려하기로 하였다.

2) 치료교육 접근

취학 전이 집단은 다음과 같이 진행되었다. 취학 전이 집단의 전체 목표는 입학 전과 입학 후 집단으로 나눌 수 있다. 아동들의 초등학교 입학 전 해인 2016년 9월부터 2017년 2월까지, 총 24회기 동안은 1단계로 취학 준비 집단을 진행하였다. 초등학교 입학 후 3월부터 5월까지, 총 12회기 동안은 2단계로 학교생활 적응 집단을 진행하였다. 프로그램의 목표는 다음에 제시하였다.

🔍 취학 전이 집단의 목표

	시기	프로그램	목표
1단계	초등학교 입학 전 (24회기)	취학 준비 집단	교사와 또래와 함께 하는 구조화된 집단 활동에 필요한 기본적인 규칙과 언어기술, 생활기술, 사회성기술을 습득하도록 돕는다. 또한 기본적인 학교의 장소, 교과목, 시간표 등에 대한 사전 경험과 지식의 습득을 통하여 초등학교 입학에 대한 흥미를 유발하고 적응에 대한 자신감을 갖도록 한다.
2단계	초등학교 입학 후 (12회기)	학교생활 적응 집단	학교 입학 후 실제로 일어나는 문제 상황들을 연습하고 해결하기 위하여, 부모들이 보고하는 문제 상황을 프로그램에 적극적으로 반영하여 진행한다. 또한 교과 중 주요내용과 활동을 사전에 경험하도록 돕는다.

(1) 초기: 취학 준비 집단 '기본적인 학습 준비 기술 습득'

취학 준비 집단의 1단계의 1~12회기 동안은 기본적인 학습 준비 기술을 습득하는 단계로, 구조화된 집단 활동에 적응하기 위한 기본적인 언어기술과 생활기술, 사회성기술을 습득하는데 초점을 두었다.

언어 시간 1~3회기는 자기소개 기술을 배우는 시간이었다. 앞에 나와서 치료사의 지시(자신의 이름, 나이, 누구랑 사는지, 어디 사는지, 형제자매가 있는지 없는지, 어느 유치원/어린이집에 다니는지, 어떤 색, 장난감을 좋아하는지, 무엇을 잘하는지 등)를 듣고 '나는~'이라는 말을 시작으로 문장으로 대답하는 연습을 하였다. 이 활동을 하기 위해서는 양육자들로부터 질문에 대한 사전조사를 하여 기본 정보를 파악하는 것이 필요하다. 아동들이 무엇을 대답할지 모를 때 친구들의 대답을 따라 말하는 경우가 많기 때문이다. 예를 들면, 앉아서 연습할 때는 "용인에 살아요."라고 정확하게 대답했다가도 친구들 앞에서면 자신보다 앞서 발표한 친구의 대답을 쫓거나 익숙한 지명 "장지동에 살아요." "아이코리아에 살아요."라고 대답하는 경우가 많았다. 이 활동을 마치면 치료사는 질문과 핵심어가 표시된 시트지를 나눠 줬다. 이 시트지의 대답 부분에는 '나는 _____ 에요. / _____살이에요. / _____랑 살아요. / _____에 살아요. / 있어요, 없어요. / _____유치원에 다녀요. / _____색을 좋아해요. / _____를 잘해요.'라고 적혀 있었다. 아동은 질문을 직접 읽거나, 치료사가 읽어 주는 것을 듣고 대답을 했다.

아동마다 수행 수준이 다른 것을 고려하여, 시트지는 세 가지 종류로 제작되었다. I형은 스스로 보고 쓸 수 있도록 보기가 주어진 것, II형은 쓰기를 거부할 때 글자를 읽고 찾아 붙일 수 있는 것, III형은 그림으로 질문에 답할 수 있는 것이었다. 아동들은 치료사가 도와주기를 바라는 일이 많았는데 거의 모든 경우에 아동 스스로 할 수 있도록 안내하였다. 아동이 도움을 요청하면 아동의 수준을 고려하여 시트지에 있는 단서를 알려 주거나 일부 읽어 주거나 글씨 쓰기를 도와주어 아동이 '스스로 하는 나' '잘하고 있는 나' '칭찬받는 나' '노력하는 나'를 경험하면서 자신감을 갖고 도전하도록 하였다. 초기에는 약간의 도움을 제시하여 활동에 재미를 갖는 것이 중요하다. 매년 집단에 참여하는 아동들은 초기에는 많은 도움을 요구하지만 종결할 때는 도움을 거부하며 스스로 하는 의젓한 모습을 보이곤 한다. 1~3회기까지의 활동이 진행되자, 아동들은 자신과 친구를 한 팀으로 자연스럽게 받아들이고 친구들을 챙겨 주는 모습이 나타났다.

학습과 놀이시간 1~3회기에는 프로그램의 진행에 대한 명확한 구조화를 위하여 취학 집단에서 지속적으로 반복하게 될 활동에 대한 연습을 진행하였다. 1교시, 2교시, 쉬는 시간, 우유 급식 시간에 무엇을 하는지를 학습하였으며, 인사하기와 화장실 이용하기, 우유 급식하기를 집중적으로 연습하였다.

언어 시간 4~6회기는 과거, 현재, 미래형으로 자신을 이해하고 표현하는 것을 목표로 하였다. '어제' '오늘' '내일' '아침' '점심' '저녁'을 이해한 후 '작년' '올해' '내년'을 이해하여 시제로 표현하도록 했다. 활동 전 치료사는 아동의 양육자에게 미리 활동에 대한 자료를 전달받아서 아동이 표현하기 어려워하거나 친구들 대답을 따라 말할 때, 적절한 답을 대답할 수 있도록 하였다. 또한 치료사는 아동들이 보조 치료사, 또래아동에게 어미 부분을 다르게 대답하도록 촉구하였다. 예를 들면, 같은 과거형 대답이라도 친구에게는 '~었어', 선생님에게는 '~었어요'를 사용해야 했다. 입학 후 진행되는 담임교사와의 첫 상담에서는 교사에 대한 반말 사용이나 또래에 대한 존댓말 사용이 주 호소 문제가 되는 경우가 많다. 따라서 시제 연습 시 대화 상대에 따라서 다르게 사용하는 소 목표를 세우고, 가정과 유치원에서 일반화되는 것에 주력했다.

언어 시간 7~9회기는 이야기와 질문을 듣고 맞는 것과 틀린 것을 구분하는 것이 목표였다. 청각적 주의력을 높이기 위한 것이며, 이전 개별치료 때부터 점진적으로 수준을 높여 과제를 연습해 왔다. 초등학교에서는 담임교사가 사용하는 공동 지시를 듣고 수행해야 하는 활동이 많고, 어린이집이나 유치원과 같이 교사의 도움을 받는 것이 상대적으로 어렵다. 따라서 교사의 지시 듣기, 지시를 듣지 못했을 때는 친구들 반응을 보면서 따라 하기, 모를 때 도움 요청하기와 같은 상황을 연습하였다. 또한 아동 스스로 친구를 돕거나 도움받는 경험을 통해서 자신감을 높일 수 있도록 하였다. 과제는 주의력 수준에 맞춰서 2~3어 조합 수준부터 복문 수준까지 다양하게 제시하였다.

관형사 '어떤'이 포함된 질문은 아동들이 이해하는 데 어려움이 있었다. 어려운 목표는 몇 회기에 몰아서 하기보다 가랑비에 옷이 젖듯 매 회기 진행했다. 매 회기 1~3개씩 관형사 '어떤'이 포함된 질문을 하고 대답하는 활동을 꾸준히 하였다. 아동들은 매 회기마다 과제를 시트지 형태로 받아서 가정에서 부모의 지도를 받거나 스스로 하는 연습을 하였다.

학습과 놀이 시간의 4~9회기에는 초등학교에 대한 학습을 진행하였다. 초등학교에서 배우는 교과목 이름 알기, 교과서 구분하기, 학교의 장소와 건물 알기, 학교에 있는 사람들의 역할 알기 등을 진행하였다. 특히 학교 장소 '급식실 이용하기' 연습은 아동과 부모들에게 높은 호응을 얻었던 활동이었다. 아동들은 음식 모형 앞에서 직접 배식을 받는 연습을 하였으며 다 먹은 후 급식판을 정리하는 과정까지 진행하였다. 초등학교의 급식실은 많은 아이가 모여 매우 시끄럽고 복잡하여 처음 겪는 아동들에게는 혼란을 줄 수 있다. 이러한 상황을 안전한 공간에서 집중적으로 연습하고 경험함으로써 작은 절차들을 하나씩 습득할 수 있는 기회를 제공하였다.

언어 시간 10~12회기에는 이유를 포함한 복문 만들기를 목표로 활동을 하였다. '날씨' '신체질환' '학교 장소와 건물 및 가게' 같은 일상생활에서 일어날 수 있는 일들을 소재로 했다. 10회기는 치료사의 상황극을 보면서 질문을 듣고 복문 만들기, 11회기는 10회기의 상황극을 시트지로 다시 본 후 복문 만들기, 12회기는 여러 가지 상황을 보고 적절한 복문 완성하기를 하였다. 특히 10회기부터는 스스로 이해가 어려울 때, 친구들이 하는 것을 참조하거나 직접 도움을 요청하여 복문을 만들도록 하였으며, 손 들고 제자리에서 발표하기, 앞에 나와 발표하기 등 다양한 형태로 발표를 연습하였다. 또한 과제물이나 활동 시트지 제출 시 항상 이름을 쓰도록 습관화하였다.

아동의 감정적인 행동을 읽고 표현해 주기

　집단을 구성하고 회기를 진행하다 보면 아동들마다 개인적인 상황으로 격해지거나 우울해지는 감정적인 행동을 보인다. 이때 어떻게 해야 할까? 첫 번째, 발달장애 아동이기 때문에 감정적인 행동이 부적절하다고 보지 않아야 하며, 두 번째, 아동이 보이는 표정과 눈빛에 대해 이해하고 그 의미를 읽어 줄 수 있어야 한다. 간혹 집단에서 '하기 싫어' '모르겠어' '어려워'라고 말하고 싶은 마음을 '소리 지르기' '울기' '찢기' '떨어뜨리기' '교실 밖으로 나가기' 등의 행동으로 나타내는 아동들이 있다. 학교생활에서는 이런 상황이 수용되기 어렵기 때문에 취학 전이 프로그램에서 아동의 마음을 읽어 주고 적절한 행동을 할 수 있도록 아동에게 반복해서 설명하고 적절한 행동을 할 수 있도록 알려 주는 것이 필요하다. 예를 들어, '찢기' 행동을 보일 때 치료사는 아동의 이름을 부르고 적절한 감정상태어를 들려준다. "○○아, 화났니?"라고 말해 주면서 아동의 표정, 눈빛, 시선 등을 보고 대체 행동을 함으로써 얻을 수 있는 이점을 알려 준다. 치료사는 아동에게 "'화났어요. 하기 싫어요.'라고 말하면 쉴 수 있어."라고 알려 준다. 물론 3~4번씩 반복해서 말해 주어야 하지만 대부분의 아동은 따라 말하기를 사용해서라도 표현하고 쉴 수 있는 행복한 시간을 선택하고 누린다.

　또한 소리 지르는 행동을 멈추기 어려워하는 아동에게는 양육자와 상의하여 교실 내에서 최대한 수용 가능한 대체활동을 찾는 것도 필요하다. 예를 들어, '소리 지르기' 행동이 3회 이상 반복되는 경우 '보조 치료사가 아동의 수행을 돕기' '제시된 과제물을 한 쪽에 정리하거나 가방에 넣기' '책상에 엎드려서 쉬기' '부모가 제시한 양만큼의 물이나 초콜릿 먹기' 등이다. 학교 교실에서 친구들의 수업에 미칠 영향을 최소화하면서도 개인적으로 시간을 보낼 수 있는 활동을 정해야 한다. 입학 후에는 부모와 담임교사가 상담하여 대체활동을 세울 수 있도록 돕는다.

집단 프로그램에서는 수행에 참여하고자 하는 동기가 매우 중요하다. 개별 회기에서는 치료사의 칭찬이 큰 보상이 되었지만, 집단 내에서는 아동들 사이에서 서로 알려 주고 따라 하는 적극적인 움직임이 수행에 대한 동기를 향상시키는 데 더욱 효과적이었다. 아동들은 서로 준비물과 숙제, 출결석을 챙겨 주었다. 때로는 선생님처럼 친구 이름을 부르면서 "너무 시끄러워. 조용히 해 줄래?" "네가 먼저 하고 싶어? 내가 양보해 줄게." "책상을 두드리니까 글씨가 안 써져. 잠깐만 참아 줘." 등의 의사표현을 하였다. 신기한 것은 같은 말이라도 치료사가 하는 것보다 친구가 했을 때 더욱 자연스럽고 긍정적으로 수용하는 모습을 보였다는 점이다.

초기 프로그램 동안의 아동들의 변화는 다음과 같다. 진경이는 초기에 친구들의 행동을 지켜보거나 다른 생각을 하느라 과제를 느리게 진행하는 일이 많았다. 또한 수업의 주된 활동에 집중하기보다는 갑자기 보조 치료사에게 "어디 살아요? 어디에서 오신 선생님이에요?"라고 물어보며 산만한 태도를 보이며 집중하지 못하는 일이 많았다. 이에 치료사는 과제 진행 시 아동의 이름을 호명하여 주의를 지속적으로 환기시켰으며 언제까지 수행해야 하는지를 알려 주고 제한 시간에 맞추어 활동을 끝냈을 때 많은 칭찬과 지지를 보여 주었다. 또한 보조 치료사에 대한 질문은 쉬는 시간에 물어봐야 하며, 지금은 어디에 집중해야 할지를 구분하여 설명해 주었다. 이후 진경이는 "긴 바늘이 3자 될 때까지 5번까지 끝내야 돼."라고 스스로 말하며 해야 할 과제와 마칠 시간을 상기시키는 모습을 보였다. 이 외에도 보조 치료사에 대해 궁금한 것이 생겼을 때 "선생님 그 치마 어디~ 아! 맞다!"라고 질문을 하다가도 스스로 입을 막는 등, 부적절한 질문인 것을 스스로 알아채고 조절하는 발전을 보이기 시작했다.

현진이가 진경이의 행동이나 말을 따라 하는 일이 많았는데, 이때 진경이는 매번 "선생님, 현진이가 자꾸 따라 해요."라고 말하며 매우 거부적이고 적대적인 태도를 보였다. 이로 인해 본인의 과제에 더욱 집중하지 못하였다. 하지만 회기가 지속되자 과제와 상관없는 현진이의 불필요한 행동을 적절히 무시하는 모습을 보였으며, 필요할 때 준비물, 시트지 등을 직접 챙겨 주는 도움행동을 보이기도 하였다. 치료사가 "도와줘서 고마워."라고 진경이를 칭찬하자 다른 아이들도 진경이를 따라 현진이를 도와주기 시작했다. 그 밖에 급식 활동 연습 중 알레르기가 있는 반찬이 나왔을 때 적절히 "못 먹어요."를 말하도록 알려 주거나 자신의 선호, 특성을 고려하여 적절한 의사표현을 하게 했는데 후반부에는 비교적 적절히 요구를 표현하는 모습이 관찰되었다.

현진이는 상황에 따라 교사를 따라 말하기에서는 70%, 자발적인 표현은 30% 나타나는 향상을 보였다. 또한 원하는 것을 위해 갑자기 자리를 이탈하거나 반복적으로 말하며 기다리지 못하는 충동적인 행동이 많아 이를 적절히 언어로 표현하고 복잡한 수행을 하나씩 순서를 지켜 진행하도록 안내하였다. 이에 점차 자신의 요구를 단순한 언어로 표현하는 빈도가 늘어나며 착석이 안정되기 시작하였다. 급식 연습에서도 다 먹은 후 잔반을 떨어트리지 않고 모으거나, 젓가락, 수저, 급식판을 정확히 분류하여 놓는 등의 모습을 보였다.

하윤이는 단어 수준의 대답이나 2어절 조합 수준의 대답을 할 때 종결어미 '~요' '~야'를 포함한 표현을 70% 자발적으로 하게 되었다. 또한 초기에는 쉬는 시간에 수업이 끝났다고 생각하여 부모에게 달려가 집으로 갈 것을 요구하고, 큰 소리로 울거나 우유 당번이 아닌데도 우유를 가로채듯이 가져가는 행동이 많았다. 하지만 반복된 연습 후에는 공부 시간 종이 울리면 스스로 착석하였고, 우유 급식 시 당번의 배부를 기다리는 모습을 보였다. 이처럼 대부분의 아동이 집단에서의 언어 표현에 향상을 나타내기 시작하였다. 반복되는 일과에 대해서는 각 활동의 시작과 끝을 인지하기 시작하였고, 그 안에서 무엇을 해야 할지 적절한 행동을 습득하고 조절해 나가기 시작했다.

(2) 중기: 취학 준비 집단 '상황 이해와 문제해결, 초등 1학년 활동 경험'

취학 준비 집단의 13~24회기는 보다 복잡해진 상황에서의 문제해결과 실제 학교에서 하게 되는 1학년 교과활동과 유사한 활동을 하였다.

규칙이 모여 있는 곳, '학교'

학교라는 장소는 창의성이 꽃피는 곳이기도 하지만 지켜야 할 것이 많아지는 곳이기도 하다. 교칙, 교실규칙, 친구들과의 예의, 선생님께 지켜야 하는 예의, 급식실 예의, 화장실과 복도에서 예의 등 사회적으로 지켜야 할 것과 도덕적으로 지켜야 할 것이 모여 있는 장소가 학교인 것이다. 취학 준비 프로그램에서는 학교 가방과 실내화 주머니, 간식, 1·2교시 공책, 알림장, 필통(지우개, 연필 5자루, 자, 풀, 가위), 색연필, 시트지와 숙제를 받아서 넣을 수 있는 클리어 파일을 항상 갖고 다녀야 한다. 아동들은 교실에 들어오면서 치료사에게 인사해야 하고, 자신의 책상 위에 필통, 공책, 숙제 파일을 올려놓는다. 책가방과 실내화 주머니는 자신의 보관함에 넣어 두며 외투도 함께 보관한다. 앉는 자리는 2주마다 뽑기로 결정하거나 교실에 입실하는 순서대로 원하는 자리에 앉도록 하였는데 아동들이 익숙한 자리를 선호하면서 자리가 고정화될 때는 다양한 '뽑기' 방법으로 바꿔 가면서 앉는다.

아동들은 입실 전 또는 쉬는 시간에 화장실에서 용무를 보는 습관을 갖게 하여 공부 중 화장실에 가는 행동을 줄인다. 상황에 따라서 화장실을 가거나 기다리는 양육자에게 다녀와야 하는 경우 손을 들고 "선생님 화장실에/엄마한테 갔다 와도 돼요?"라고 질문하고, 치료사의 대답을 들은 후 적절한 행동을 하도록 한다. 활동으로 인해 일어나는 경우를 제외하고 40분 수업 동안 착석을 유지하도록 하며, 정해진 시간에 간식을 먹고 차례를 기다리는 등 학교에서 일어날 수 있는 모든 상황을 경험하고 적절한 행동과 표현을 할 수 있도록 한다.

언어 시간 13~18회기에는 원인/이유, 해결/추론, 단서 추측 범주 찾기 활동을 하였다. 가정, 길, 병원과 가게, 학교와 학원을 배경으로 한 과제를 아동의 이해 및 표현 수준에 따라서 다른 방식으로 제시하였다. 예를 들면, '무슨 일이 일어났지? 무슨 일이야? 친구가 울고 있네. 뭐지?'와 같이 넘어져서 울고 있는 아이에 대한 그림을 똑같이 보여 주되, 아동의 상황 및 질문 이해 수준과 표현 수준에 따라서 하향식 또는 상향식 질문을 하였다. 어려워하거나 활동을 거부하는 경우 따라 말하기 방법으로 대답하도록 하였다. 이는 아동이 수행에 대한 동기가 저하되지 않고 지속적인 참여를 독려하기 위함이었다. 문제 해결하기는 부모들이 가장 필요하다고 공감하면서도 가르치기 어렵다고 호소하는 부분이었다. 따라서 이 활동은, 첫째, 사전 부모상담 시 아동이 겪었던 상황에 대한 조사를 하였고 일어날 수 있는 상황들을 다양하게 제시하였다. 부모는 아동이 경험했고, 이에 대한 설명을 하였기 때문에 비슷한 일이 생기면 아동이 해결하거나 해결하려는 노력을 보일 것이라고 믿는다. 그러나 아동은 익숙하지 않은 상황, 갑자기 일어난 상황 등에 당황하게 되면서 아는 것, 배운 것을 잊은 채 어떻게 해야 하는지 모르는 것처럼 반응하기 때문에 아동이 경험하고 기억하는 상황에서부터 문제해결하기 활동을 하였다. 둘째, 가정에서도 수행할 수 있도록 부모상담 시 부모들이 활동을 직접 해 볼 수 있도록 안내하였다. 아동의 눈높이에 맞춘다는 것은 부모가 아동의 입장에서 아동이 어떤 마음일지 생각해 봐야 가능하다. 부모는 아동의 마음을 생각해 보고 어떻게 접근할 것인지 얘기 후 치료사에게 내 아이에게 맞는 접근 방법을 배웠다. 셋째, 일상생활에서 적용해 본 결과를 상담 시 나눠서 일반화에 대한 확인을 지속적으로 하였다.

언어 시간 19~21회기는 이야기 만들기를 하였다. 주제를 유지하면서 대화를 하기 위해서는 청각적으로 집중하고, 기억하여야 하며 어떤 이야기인지 이해하여 관련된 이야기를 할 수 있어야 한다. 이 활동은 여러 개의 제시된 그림들을 보면서 아동들이 앞 사람의 이야기를 기억하고 자신의 이야기를 이어 가는 활동을 하는 것이었다. 이 목표를 위한 기초 활동으로 2장, 3장, 4장의 그림을 연결하여 이야기 만들기 활동을 개별치료 시간에 미리 하였다. 이 활동은 최대 15장의 그림으로 이야기를 만드는 것이며, 아동이 자신감을 갖게 하고 스스로 참여하도록 하는 것이 중요했다. 집단 활동에서는 개별 활동 시 나타난 아동의 수준을 고려하여 그림을 놓는 순서를 결정하거나 1~2개의 단서를 제공하여 다른 아동들과 큰 차이를 보이지 않으면서 활동할 수 있도록 하였다. 또 개별 활동에서 미리 경험하면 집단수업 시 처음부터 끝까지 자신이 만들어 봤던 이야기 순서대로 진행되는 것을 고집하는 경우도 있어서 최대 60~70%의 새로운 그림이나 사진을 사용하였다.

19회기에서는 5장의 그림을 갖고 활동했다면 20회기에는 그림 7장, 10장을 제시하고 이야기 만들기 활동을 하였다. 21회기에는 15장의 제시된 그림을 보고 이야기 만들기와 8개 문장을 보고 각 문장에 맞는 그림을 찾은 후 이야기 만들기 활동을 하였다. 또한 아동들은 이야기를 만든 후 제목을 짓는 것으로 소 활동을 마무리했는데 처음에는 '물고기' '가요' '배고팠고 배불러 끝'이라고 제목을 짓다가 차츰 '인어를 만났어요' '기차 타고 비행기 타고 슝' '친구가 침대 밑에 숨었어'처럼 제목만으로도 내용이 예상되는 제목 짓기가 가능해졌다. 대견한 점은 아동들이 친구의 이야기 내용과 제목을 듣고 "이상해." "바꿔."라고 자신의 느낌이나 생각을 표현한 것과, 발표한 아동은 이런 반응을 들으면서도 기분 나빠 하기보다 웃으면서 "뭐가 좋아?"라고 물었다는 것이다.

학습과 놀이 시간, 13~21회기에는 실제 국어, 수학, 통합교과 '봄'의 내용을 토대로 진행하였다. 국어 과목에서는 1, 2단원에 나오는 한글 습득에 중점을 두어 자모음 알기, 자모음 결합하기, 받침 쓰기, 이중모음 쓰기를 배웠으며, 수학 과목에서는 1~10까지의 수를 활용한 놀이와 활동을 진행하였다. 통합교과 활동에서는 교과 '봄'에 나타나는 미술, 음악, 체육 활동을 사전 경험하였다. 통합교과에 나오는 활동들은 예상보다 어렵고 복잡한 과정이 필요하였기에, 아동들이 이해할 수 있는 간단한 말로 놀이의 방법을 설명하였으며 여러 차례 경험하도록 도왔다. 이 활동은 실제로 학교 입학 후 해당 활동을 진행하는 데 매우 도움이 되었다고 보고되었다.

언어 시간 22~24회기는 역할극이었는데 개별치료 시간과 가정에서 미리 책을 읽은 이야기로 역할극을 진행하였다. 이 활동을 하려면 내용을 이해한 후 집단에서 스스로 역할을 정하고 역할에 맞는 소품을 챙길 수 있어야 했다. 회기당 한 편의 역할극을 하였고, 각 회기마다 3회 반복하면서 역할을 바꿨다. 아동들은 자신의 마음에 드는 한 가지 역할만 고집하면서 역할 바꾸기를 거부하기도 하였으며 소품이 마음에 들지 않는다며 활동을 거부하기도 하였다. 치료사는 아동에게 권유는 했지만 억지로 시키지는 않았다. 참여하지 않는 대신 관객의 입장이 되어 친구들이 인사할 때 손뼉을 치고, 친구들이 연극할 때는 볼 수 있게 하였다. 아동이 활동을 거부하여 역할이 부족할 경우 치료사가 대신 했으며, 이때 아동들은 더 즐거워하였다. 자율성을 주고 활동을 하니 피곤하다고 책상에 엎드려 있던 아동도, 투정 부리면서 거부하던 아동도 친구들의 역할극을 보다가 나도 하겠다며 참여하는 모습을 보였다.

중기에 나타난 아동들의 변화는 다음과 같다. 진경이는 초기에 자발적 표현에서 적절한 시제 사용이 40~50% 가능했는데, 학교 입학을 앞둔 상황에서는 90% 정반응이 나타나는 발전을 보였으며, 이는 말하기뿐만 아니라 쓰기에서도 반영되었다. 상황극에 대한 흥미가 많고 이해가 빠르다는 장점이 있어, 원인/이유 파악하기, 해결/추론하기, 단서 추측하기, 이야기 만들기 등의 활동에서도 적절한 표현을 유도하기 위하여 상황극을 활용하였다. 후반부에는 예상하기와 가정하기, 선택하기, 설명하기에서의 향상을 보였을 뿐만 아니라 일상적인 대화에서도 자발적으로 차례를 지키거나 자연스럽게 견해를 표현하는 것이 원활해졌다. 친구의 영향이 커지는 학교생활에 대비하여 질문을 듣고 대답해야 할 때 답을 모르는 경우 친구에게 물어보도록 권하였는데, 진경이는 이를 잘 적용하여 "준석아, 어떻게 해야 돼? 답이 뭐야? 도와줘."라며 친구의 도움을 요청하는 횟수가 늘어났다. 또한 이 시기 진경이는 한글 습득 속도가 크게 향상하여 상대적으로 한글 쓰기가 원활해졌다. 치료사는 글쓰기가 필요한 작업에서는 진경이가 먼저 발표함으로써 친구들에게 좋은 모델이 되도록 하였다. 어머니는 아동이 유치원 친구들과는 경쟁처럼 학습을 하고 있는데, 이 집단에서는 쓰기에서 리더가 되는 경험도 해 보니 한글의 습득과 사용에 더욱 긍정적인 영향을 주며 동기 부여가 되는 것 같다고 보고하였다. 또한 아동은 미술, 음악 활동도 매우 좋아하여 통합교과 활동 시간에 배운 인사 노래와 어깨동무 노래를 집에서 수시로 불러 동생이 따라 하기도 하였다.

(3) 후기: 학교생활 적응 집단 '친구, 교과, 학교생활에서 자신감 향상'

2017년 2월, 학교 입학을 앞두고 예비소집일이 있었다. 부모들은 학교에 다녀오니 입학이 실감이 난다고 하며 "정말 무섭다." "너무 걱정이 된다." "입학을 연기할 걸 잘못한 것 같다." "담임선생님께 불려 다닐 것 같다." "선생님이 너무 무서울 것 같더라." "아동을 이상하게 보면 어떻게 하나?" "자신이 없어졌다." 등 제각각 부정적인 심정을 토로했다. 아이들은 부모의 이러한 불안한 마음을 모르는지 매우 설레는 모습이었다. 새로 산 공책, 선물받은 옷과 가방을 자랑하는 아이들, 새로 산 용품을 만지면서 빙그레 웃는 아이, 필통에 마음을 뺏긴 듯 열고 닫는 행동을 반복하는 아이 모두 생일선물을 받았을 때처럼 상기된 얼굴이었다. 아동들은 "좋아요." "친구들이 많고 남자선생님이었어요." "유치원보다 커요. 친구들이 많아서 이상해요." 등 유치원과 다른 상황을 보고하기도 했다. 반신반의하며 겁을 내는 부모님과 새로운 상황에 궁금하고 설렌 모습을 보이는 아동들이 대조적이었던 예비소집 주간이었다. 취학 전이 집단을 담당한 치료사들은 아동들이 시기적인 차이가 있기는 하겠지만 적응을 할 수 있을 거라는 믿음이 있었다. 치료사와 부모님들, 아동들이 한마음으로 열심히 연습했고 진전이 있었기에 가질 수 있는 믿음이었다.

2017년 3월부터는 취학 준비 집단을 학교생활 적응 집단으로 전환하여, 학교생활과 보다 더 유사한 활동들을 진행하였다. 특히 학교에 다니기 시작하며 개별 회기, 집단 회기에서 부모들이 보고하는 아동들의 적응 문제를 고려하여 목표를 정하고 연습하였다. 매년 학교생활 적응 집단을 진행하면서 보고받게 되는 주호소를 정리하면, 대부분 상황과 장소에 맞는 '인사하기'와 '요구하기'가 어렵다는 것이었다. 이 목표는 개별 회기 시작부터 목표로 하였지만 화용적으로 적절하게 표현하기까지는 많은 시간이 필요하다. 아동들은 치료실에서는 잘하던 인사하기, 요구하기를 새로운 환경에서는 하지 않아 부모와 치료사의 마음을 애태웠다. 부모들은 "화장실 가고 싶다고 얘기했는데 애들이 웃어서 화장실을 못 갔다고 해요." "물건 빌리는 것을 못해서 친구 것을 뺏는다는 얘기를 들었어요." "하교할 때 친구가 먼저 인사했는데 치료실에서와 다르게 모르는 척 대답을 하지 않더라고요." 등의 보고를 했다. 아동들은 "잘 안 됐어요." "뺏은 거 아니에요." "생각이 안 나요." "무서워요." 라고 대답하며 힘들어하였다. 학교라는 공간에 익숙하지 않고, 학급의 인원이 많다 보니 친구 이름이 생각나지 않았던 것이다. 이에 다양한 방법으로 매 회기 학교 오가는 길, 학교에서 일어날 수 있는 상황에 대해 이해하고 연습하여 자신감을 갖게 하였고, 부모상담 시 진전 상황을 확인하였다.

'인사하기'와 '요구하기'는 일상생활, 특히 친구들과 관계를 맺는 데 중요한 목표였다. 내 인사를 받아 주고, 내 이름을 부르며 인사해 주고, 적절하게 요구하고 수용해 주는 친구를 좋아하는 것은 당연하다. 이에 학교생활 적응 집단에서 아동들은 영상과 지문을 통해 연습하고, 친구들과 역할극을 통해 연습하였으며, 실생활에서도 연습해 보았다. 아동들은 학교와 관련된 장소에 대한 영상을 이용해서 상황을 연습하는 활동을 제일 좋아했다. 학교 상황에 대한 영상을 본 후 질문에 대답하기, 영상에서 본 것을 역할극으로 재현해 보기, 질문을 듣거나 읽고 상황에 맞는 그림이나 표현 고르기는 인기 있는 활동이었다. 하지만 영상을 이용해 상황을 연습할 때에는 잘했어도 실제 익숙하지 않은 상황에서는 금세 위축되다 보니 학교생활에서 일반화되는 것은 쉽지 않았다. 예를 들어, 익숙한 사람과는 잘하다가도 낯선 보조 선생님이 친구 역할을 하면 '인사하기' '요구하기'를 일부만 하거나 눈 맞춤을 피하거나 웃기만 했다. 장지동 대형마트에서 잘하던 활동을 천호동 대형마트에서는 어려워했다. 부모의 보고를 듣고 상담을 하면서 같은 마트라도 매장마다 입구, 진열대 위치, 직원이 다른 환경이 일반화에 어려움을 주는 것 같다는 의견이 모아졌다. 이 때문에 영상을 통한 활동은 어떤 활동을 할 것인지 알려주는 워밍업 수준으로 사용하였으며, 아동들이 최대한 다양한 상황에 노출되도록 역할극에서 배역을 바꿀 때마다 상품 진열, 장소, 손님 숫자, 직원 성격(예를 들어, 무뚝뚝하게 말하거나 쳐다보지 않고 대답하는 직원 등을 보조교사를 통해 지원함) 등을 바꿨다. 또한 실전 연습을 위하여 가정에서 할 수 있는 일상생활 활동 과제를 제공하였다.

3월 말이 되자 아동들은 학교가 '재밌다' '좋다'고 하면서 즐거워하였다. 부모들은 아동들이 학급 친구들의 이름과 얼굴, 교사에게 익숙해진 것 같다는 보고를 했고, 학교에 대한 치료사의 질문에 자신의 학교 구조에 대한 대답을 60~70% 정도 할 수 있었다. '학교시설 설명하기' '칭찬받은 것 자랑하기' '친구와 놀이 시 생긴 속상한 일 얘기하기' '놀러 가기로 한 약속 자랑하기' '우리 동네와 학교 가는 길 설명하기' 등 다양한 주제로 친구들에게 자신의 얘기를 할 수 있는 활동을 했다. 이 활동들을 하면서 비교하는 표현과 친구들에 대해 보고하는 횟수가 증가했다고 보고되었다.

수업 목표 중 '내가 다니는 학교 소개하기' 활동에서 아동들은 자신의 학교 시설에 대해 그림을 그리고 장소 이름, 상황에 대한 간단한 설명을 썼다. 친구들에게 설명하기도 하고 질문하거나 대답하는 활동 등을 하면서 학교가 다르면 시설도 다르다는 것을 이해하게 되었다. '우리 동네와 학교 가는 길 설명하기' 활동에서는 1주일 동안 부모와 함께 자신이 살고 있는 집과 다니고 있는 학교를 중심으로 길과 가게를 조사하고 약도를 그렸다. 발표할 때 아동들에게 "집에서 학교 갈 때 어떻게 가?"라고 질문하자 아동들은 "나는 신호등을 세 개 건너요." "나는 아빠 차 타고 가요. 마트 지나가요." "나는 친구랑 가요." "차 타요."라고 대답하였다. 이후 친구의 설명과 자신의 등굣길을 생각하면서 비교하였다.

'칭찬받은 것 자랑하기' 활동은 자신이 잘 한다고 칭찬받은 것을 친구들에게 자랑하는 것이었다. 아동들은 친구들 얘기를 들으면서 "좋겠다." "축하해." "나도 칭찬받았는데." "나는 심부름해서 칭찬받았다." "나도 다음에 잘해서 칭찬받을 거야." 같은 표현을 배우고 즉각 모방하여 사용했다. 이 활동에서 아동들은 친구가 자신이 칭찬받은 것을 자랑하면 '진경이는 심부름을 해서 칭찬을 받았습니다.'라는 문장 완성하기 활동을 하였다. 칭찬받은 것을 자랑하는 아동에게는 친구들이 손뼉을 치거나 책상이나 발을 구르면서 축하해 주는 세리머니를 했다. 세리머니를 받은 아동들은 점차 재미를 느끼며 서로 자신의 얘기를 하려고 하고, 옛날에 칭찬받았던 얘기까지 생각해 내어 자랑하거나 "나는 없어."라고 화내면서 울기도 하였다. 이때 치료사가 미리 준비해 간 칭찬 목록을 보면서 '언제, 누구에게 어떤 칭찬을 받았는지'를 알려 주어 아동이 듣고 친구들에게 자랑할 수 있도록 했다.

'친구와 놀이할 때 생긴 일들 얘기하기' 활동은 친구에게 자신의 감정을 표현하는 활동이었다. 친구들은 얘기를 듣고 "진짜 속상했겠다." "화났겠다." "부끄러웠겠다." "얼굴 빨개졌겠다." "미안했겠다." "그럼 엄마가 속상해하는데."와 같은 감정적 표현으로 공감해 주었다. 이 활동 후 아동들은 정해진 시간이 아니더라도 자발적으로 자신의 얘기를 하는 경우를 볼 수 있었다. 친구들이 "그럼 친구가 싫어하지." "그럼 안 돼. 엄마가 그럼 안 된다고 했어."라고 말해 주면 들으면서 찡그리고 서운해했다. 그리고 치료사에게 "그럼 안 된대요." "동생이 미워요." "그럼 어떻게 해요." 등 친구가 자신과 다른 마음이었다는 것에 당황한 듯 대안을 찾는 질문을 하였다. 친구하고 약속한 것을 얘기하면서 달력에 표시하기, 친구들에게 "너는 토요일에 뭐 할 거야?"라고 물어봤다가 다음 회기에서 만나면 "어땠어?"라고 친구의 일에 관심을 갖는 모습이 보였다.

꽃 피는 4월은 학교생활 적응 집단 아동들에게는 지친 듯 기운이 없어 보이는 시기였고, 부모들에게는 학교상담으로 긴장되는 시기였다. 그러나 '아동이 잘 적응하고 있다.' '아직 긴장된 모습을 보이지만 점점 나아지는 모습이다.' '걱정했던 것보다 괜찮다.' '참여도가 높아졌다.'는 담임교사의 피드백을 들은 후 부모와 아동들 모두 물을 머금은 나무처럼 다시 생기가 가득해졌다. 부모들은 '더 열심히 해야겠어요.'라며 서로 응원하고, 아동들에 대한 뿌듯함을 보였다. 부모의 마음과 생각은 아동들에게 바로 전해지는 법! 아동들은 물먹은 나무처럼 다시 생생해졌다.

취학 준비 집단 전부터 개별치료를 받았던 부모들은 항상 과제를 잘해 왔지만, 학교생활 적응 집단에서는 '정말 철저하다.'라고 생각될 만큼 과제를 더욱 꼼꼼하게 해 왔다. 부모들은 아동이 프로그램에 지각하거나 결석하지 않도록 관리하였으며 프로그램 진행 시 아동이 피곤하지 않도록 일과를 조정하기도 하였다. 또한 상담 시간에 배운 내용을 일상생활에서 연습하는 등의 과제를 함께 진행해 주었다. 이러한 부모의 도움은 아동의 진전에 많은 영향을 준다.

치료사는 아동들이 수업 시간에 즐겁고 재밌게 참여할 수 있도록 항상 연구해야 하고, 아동의 작은 시도에도 칭찬해 줄 수 있어야 한다. 특히 매 회기 생기는 변수를 잘 다룰 수 있어야 한다. '오늘 이것을 해야 해.'가 아니라 '오늘 어떤 일이 있었을까?'를 듣고 목표를 유지하면서 계획했던 활동을 상황에 맞게 수정하고 적용하는 수업능력이 필요하다. 아동들이 제일 어려워하고 하기 싫어하는 해결/추론하기, 단서 추측하기, 원인/이유 찾기는 집단 상황에 맞게 수정하고 적용하는 능력이 특히 필요했다. 이것은 개별 회기 때부터 장기목표를 가지고 진행된 활동이었다. 주제와 활동은 아동이 할 만하다고 느끼는 수준부터 구성하였다. 예를 들어, 오늘 어떤 일이 있었는지 물어보고, "나와서 친구들에게 몸으로 행동해서 보여 주자."라고 얘기하면서 '해결/추론하기' 활동을 진행하는 것이다. 아동들보다 먼저 치료사가 "나는 오늘 선생님들하고 얘기하면서 걷다가 의자에 걸려서 넘어졌어. 무릎이 너무 아팠어."라고 말하면서 직접 행동으로 보여 주면 아동들은 앉아 있다가도 일어나거나 앞으로 나와서 자신들이 직접 의자에 걸려서 넘어져 보기도 하고, 치료사의 몸을 살펴보면서 "어디 봐요."라고 말하기도 했다. "앞을 보면서 걸어야지요. 약 발랐어요?" "의자를 제자리에 넣지 않으면 발에 걸린대요."라고 해결방법을 얘기하였다. 그리고 자신에게 있었던 일들을 스스로 몸을 움직여서 보여 주고 친구들과 같이 문제를 해결해 갔다.

매 회기 진행하면서 아동들이 자발적으로 표현하는 상황들에 대해 칭찬하고, '문제 해결하기'를 진행한 결과, 아동 스스로 상황을 생각해 오고 치료사를 보자 마자 어떤 일이 있었는지 발표할 거라고 자랑하는 모습을 보였다. 지루한 과제를 놀이처럼 생각하고 접근하니 흥분 가득한 과제로 바뀌게 된 것이었다. 치료사는 부모상담을 할 때 아동들의 얘기 속에서 나타난 학교에서의 일들을 부모에게 설명했다. 그리고 아동과 어떤 해결방법을 찾았는지 전달하고 앞으로 주시해 달라고 요청했다. 이후 비슷한 상황에서 아동들이 어떻게 행동했는지 부모들에게 전달받았는데 완벽하지는 않지만 아동이 친구들과 함께 찾았던 방법을 사용하고 있음을 알 수 있었다.

후기 프로그램 동안의 아동들의 변화는 다음과 같다. 진경이는 매 회기 열심히 활동에 참여하였으며, 피곤할 때도 모든 활동과 과제를 성실하게 하려고 노력하는 아동이었다. 특히 진경이의 어머니는 항상 치료 내용을 모두 기록하고 가정에서 철저하게 연습해 오는 모습을 보였는데, 그래서였는지 진경이는 치료 기간에 비해 진전이 빠른 편이었다. 또한 학교에서도 친구들을 제일 많이 사귀고 적응하는 등 연습했던 것들이 일상생활에서 바로 발휘되기 시작하였다.

진경이는 학교 수업에서의 수행을 위하여 개별치료 시간에 진경이만의 여러 가지 방법을 만들었는데, 예를 들면 시험지를 받으면 꼭 해야 하는 것을 순서로 만들어서 기억할 수 있도록 하는 것들이다. 진경이는 수행을 할 때 스스로 시작할 때까지 시간이 많이 걸리는 편이다. 이에 과제를 할 때 '이름을 쓰고 문제를 읽고 생각하고 답을 써요.'라고 순서를 정하여, 과제 시작 시 꼭 해야 하는 것을 순서로 말하도록 하였다. 이에 진경이는 친구들이 어떤 시트지를 받는지 관심을 보이다가도 자기 것을 받으면 '이름을 쓰고 문제를 읽고 생각하고 답을 써요.'라고 혼잣말을 하면서 쓰기를 했다. 또한 진경이는 읽고 쓰기가 50% 수준으로 원활하지 않을 때도 쉬운 것을 하려고 하기보다 치료사의 도움을 받으면서 보다 어려운 I형 시트지를 도전하려 하였는데, 이때 문제에 차례대로 답을 적지 못하면 매우 불안해하여, 모르는 문항이 나올 경우 더 이상 진행하지 못하고 수행을 중단하는 일이 많았다. '아는 것을 먼저 적고 모르는 것은 다음에 적어요.'라는 말을 되뇌며 수행을 하도록 하였고, 이러한 경험이 여러 차례 반복되자 순서대로 문항을 기재하지 못해도 불안해하는 모습이 감소하였다. 그 밖에도 '모두 적은 후 다시 확인해요.'라는 검토 과정을 순서화하여 아동의 불안을 감소시키고자 했다. 이러한 활동이 지속되자 초기에는 단어 수준의 대답이나 2어절 조합 수준의 대답을 주로 하던 아동은 활동을 통해 종결어미 '~요' '~야'를 포함한 표현을 70% 자발적으로 하게 되었다.

특히 문제 해결하기 활동은 일상생활에서 필요하지만 변화 가능성이 많기 때문에 아동들이 어려워하였는데, 진경이는 상황극을 하면서 문제 상황에 대한 이해가 빨라졌고 목소리가 커지고 앞에 나와서 발표하는 것에 익숙해졌다. 이후 이야기 만들기 수업과 역할극 수업에서도 진경이는 적극적으로 참여하고 역할에 맞는 준비를 했다. 친구들이 웃느라 역할극이 늦어지면 "빨리 준비해. 늦어지잖아."라고 말하면서 친구들을 채근하기도 하고 자신의 모습을 사진으로 찍어 달라고 하면서 예쁜지 확인하기도 했다. 개별 시간에는 그림을 연결하여 이야기를 만든 후 이야기를 인형극으로 만들어 보기도 하였는데, 진경이가 이야기 자체에 흥미를 갖게 되어 스스로 책을 읽고 동생에게 얘기해 주는 모습이 자주 나타났다는 부모 보고가 있었다.

'인사하기' '요구하기' 활동은 아동들이 할 수 있지만 일상생활에서 일반화하기가 어려웠기 때문에, 부모와 함께 다양한 장소를 다니며 실제로 경험해 보도록 하였다. 예를 들면, 항상 다니던 은행과 다른 지역에 있는 같은 은행을 이용하면서 인사하기와 요구하기 활동을 하거나 아예 다른 두 마트에서 같은 물건 찾기를 할 때 직원에게 물어보는 활동을 하도록 하였다. 항상 가야 하는 마트를 정해 놓고 이용하던 아동은 타 지역에 있는 마트를 가 보면서 "하남시 별별마트 2층에 비누 있어. 승리마트에는 1층에 비누 있어."라고 비교하기도 했다. 진경이는 집에서 가까운 곳에 있는 작은 가게로 1일 1회 심부름하기 활동을 하여 인사하기, 요구하기, 계산하기도 잘할 수 있게 되었다.

학교에서의 칭찬은 아동과 부모에게 '힘'을 준다. 진경이는 '칭찬받은 것 자랑하기' 수업에서 동생하고 놀아 줘서 칭찬받은 얘기를 했을 때 친구가 "내 동생은 나랑 안 노는데." "나는 동생 없어."라고 말하면서 엎드리거나 부러워하자 "미안해."라고 하면서 수줍어하는 모습을 보였다. 자신의 얘기를 듣고 친구가 부러워하며 엎드리자 자신이 무언가를 잘못했다고 생각하며 사과한 것이다. 하지만 치료사의 설명을 들으면서 친구들이 동생이랑 노는 것을 멋지게 생각하고 부러워하여 나온 행동이란 것을 이해하게 되었다. 사실 진경이는 동생이랑 놀아 주는 것을 피하거나 어머니가 동생이랑 놀아 달라는 부탁에 의무적으로 놀아 준다고 보고되었다. 그러나 칭찬 활동 이후에는 진경이가 집에서 동생하고 놀이하는 시간이 늘어났으며, "엄마, 나 준이랑 놀아 줬어요." "엄마, 나 준이한테 지우개 빌려줬어요." "엄마, 준이가 나가려고 해서 내가 엄마하고 나가야 된다고 했어요."라고 어머니에게 보고하며, 자신이 한 일에 대해 칭찬을 받는 횟수가 늘었다고 하였다.

진경이는 친구관계가 넓어지면서 다른 친구들이 하는 놀이에도 부쩍 관심을 가졌고 "나도 친구랑 놀래요. 진이랑 집에서 놀아도 돼요? 언제 놀아요?"라고 묻는 일이 많아졌다. 부모는 친구하고 친해지는 것은 좋긴 하지만 친구가 진경이와 오래 같이 있으면서 진경이의 반응이 이상하다고 느낄까 봐 걱정이라고 했다. 치료사는 무엇이든 첫 시도가 어렵다고 하면서, 진경이에게 기회를 주는 것이 중요하고 부모님께서 곁에 계시니 괜찮을 거라고 용기를 주었다. 친구를 집에 초대하기를 먼저 해 보고 주말에 친구 집에 놀러 가기를 해 보기로 했는데 결과는 성공이었다. 진경이 부모는 이때 자신감을 많이 갖게 되었던 것 같다. 진경이가 친구와 해 보고 싶다고 얘기하는 것들을 긍정적으로 생각하고 수용했기 때문이었다.

진경이는 취학 준비 집단 전까지 적극적이지는 않지만 시키면 하는 아동이었다. 혼자 인형놀이를 하거나 '내 것'에만 집중하고, 싫어도 거부하지 않는 모습, 맥락에 맞지 않는 표현을 나타냈다. 취학 준비 집단 초기에는 대답하기, 앞에서 발표하기, 집중하기 등에서 이전 집단에서 보다 긴장하고 움츠러드는 모습을 보였다. 하지만 취학 준비 집단에서 학교생활 적응 집단으로 진행될수록 집단을 담당한 치료사들이 놀랄 만큼 주변의 칭찬을 통해 친구들과의 관계에 자신감을 갖게 되었고, 관계의 폭이 넓어졌으며, 상황에 대한 이해와 표현이 좋아졌다. 그리고 수업뿐만 아니라 학교생활과 친구들과의 일상생활에서도 스스로 참여하고 친구들과 함께해 보고 싶어서 조르는 일들이 생겼다.

4. 향후 계획

네 명의 아동은 취학 전이 집단 프로그램을 마치기 2주 전, 5~6명의 대집단에 의뢰되었으며, 대집단과 함께 언어 개별치료를 병행하였다. 또한 각 아동의 부모들은 새로운 프로그램을 시작할 때마다 집단의 구성원이 어떤 아동일지, 자신의 자녀와 어울리는 아이인지를 걱정하며 긴장하는 일이 많았는데, 초등학교 입학이라는 큰 과제를 해낸 후여서인지, 취학 전 시기보다 변화하는 상황을 쉽게 수용하는 모습을 보였다. 실제로 아동들도 새로운 친구와 교사에 대한 거부감 없이 더 빠르게 집단에 적응할 수 있었다. 초등학교 입학과 힘들었던 3, 4월이 아동, 부모들을 한 층 더 성장시키는 자양분이 된 것이다.

진경이는 타인의 감정을 기계적으로 무조건 수용하는 모습을 보였는데 이것이 아동에게 내적 갈등을 일으키는 요인이 되었다. 친구들에게 원하는 놀이를 적절히 얘기하지 못하여, 원하지 않는 놀이를 한 후에 속상한 모습을 보이며 친구에 대한 양가감정을 나타냈다. 그러나 아동 자신의 생각이나 감정을 정확하게 표현하게 되면서 자신이 할 수 있는 범위에서 자신의 생각과 감정을 표현하고, 친구들의 상황을 이해하고 기다려 주는 모습을 보였다. 하윤이는 자신이 좋아하는 요리하기 설명서를 읽거나 유튜브를 보면서 자신이 좋아하는 활동을 보통 아동들처럼 배우고 누리고 있다. 현진이는 루틴화된 생활습관 때문에 힘들 때도 있지만 친구들을 좋아해서 학교 가는 것을 재밌어하며, 준석이는 친구들과 같이 학원을 다니고 있다. 부모님들은 내 아이와 일반 아이의 다른 점에 집중하기보다 내 아이가 갖고 있는 장점에 더 집중하여 키워 주려는 노력을 하고 있다.

5. 결론

네 명의 아동은 연구원에서 개별치료, 짝치료, 집단치료를 약 2~4년 지속하였으며, 초등학교 입학을 앞두고 취학 전이 집단 프로그램을 약 9개월 동안 진행하였다. 특히 진경이의 경우 연구원의 협력 병원에서 정기적으로 검진을 받으며 진행한 아동으로, 주 2회씩 각각 개별·짝 놀이치료 2년, 개별·짝 언어치료 약 2년 4개월을 받았으며, 취학을 앞두고 취학 전이 집단 프로그램에 9개월 동안 참여하였다. 2015년 1월 진행하였던 심리평가 결과, 유아용 웩슬러 지능검사에서 전체 지능지수 56, 언어성 지능지수 61, 동작성 지능지수 56으로 나타났다. 만 4세부터 만 6세까지 약 2년 동안의 언어, 놀이, 집단 프로그램 진행 후 2016년 만 6세에 실시한 심리평가에서는 유아용 웩슬러 지능검사에서 전체 지능지수 56, 언어성 지수 70, 동작성 지수 51로 나타났다. 전체 지능지수에는 큰 변화가 없지만 언어성 지능에서의 높은 변화가 보고되었다. 또한 2015년 1월 만 5세에 실시했던 언어발달평가에서는 수용어휘력(REVT) 2세 6개월~8개월, 표현어휘력(REVT) 3세 6개월~11개월, 수용언어 및 표현언어 발달척도(PRES)에서 수용언어 발달연령 4세 1개월, 표현언어 발달연령 4세 2개월이었다. 치료가 진행되던 2016년 12월 실시한 언어평가에서는 수용어휘력(REVT) 6세 후반, 표현어휘력(REVT) 6세 전반, 취학 전 아동의 수용언어 및 표현언어 발달척도(PRES)에서는 수용언어 발달연령 5세 6개월, 표현언어 발달연령 5세 3개월, 언어문제해결력 총점 백분위수 23~24%ile로 나타났다.

혼자 말없이 인형만 만지고, 이름을 불러도 대답이 없었던 진경이. 단조로운 톤으로 맥락에 맞지 않는 즉각 또는 지연모방 표현과 2~3어 조합 수준의 단문으로 요구하기를 했던 아동은 초등학교에서 동생이나 친구와 인형놀이하기, 동화책 읽고 동생에게 얘기해 주기, 심부름 가기, 알림장 쓰기, 학교 갈 준비하기, 미술 학원에서 친구 사귀고 초대하기, 자신의 기분을 얘기하면서 거절하기, 친구들하고 같이 학교 가기 등 또래아동들과 어울리면서 생활하고 있다. 또한 학교 담임교사와의 상담에서도 지시어를 놓치거나 집중이 저하되는 모습을 보일 때도 있지만 발표와 협동과제, 친구 챙겨 주기 등 학교생활을 잘하고 있어서 기대된다는 피드백을 받아 와 훌륭히 일상과 학교생활에 적응하였음을 알 수 있었다.

학교생활 적응 집단을 마치는 날, 진경이의 어머니는 이렇게 보고하였다. "진경이가 다른 아동들에 비해 치료 기간이 짧았음에도 학교생활에 어려움이 없을 만큼 성장한 건 연구원에 다녀서인 것 같아요. 하고 있는 동안은 발달하는 것 같다가도 멈추는 것 같고, 안 좋아지는 것도 같고 하루에도 몇 번씩 기분이 오르락내리락 했거든요. 그때마다 원장님과 치료사들이 상담해 주시고 '이 과정이 지나면 이렇게 될 것이다.' 얘기해 주셔서, 반신반의하면서도 정말 얘기해 주신 대로 결과가 나타나니까 믿고 오게 된 것 같아요. 그리고 항상 진경이 치료에 대해 논의하시고 앞으로의 치료계획을 알려 주시면서 이끌어 주셔서 헷갈리지 않았고요. 진경이가 번듯해 보이지만 여전히 속은 비어 있는 부분이 있다는 건 알고 있어요. 그 부분을 앞으로 채워 나가야지요. 앞으로 예상 못했던 부분이 나타나서 속상할 수도 있겠지만 지금까지 달려온 시간들이 있으니까 용기를 낼 수 있게 됐어요. 친구들과 어울리는 게 좋다고 피아노 학원, 미술 학원, 태권도 학원에 보내 달라고 하니 기특하고요. 힘들 때마다 계속 용기 주시고 조언해 주실 거니까 긍정적으로 생각해 보려고요."

아이들은 자란다. 그래서 부모들의 마음도 목표도 자란다. 처음에는 '따라 하기만이라도 할 수 있었으면 좋겠다.'고 하다가 '더 많이 할 수 있으면 좋겠다.'로, 그다음에는 '다 할 수 있게 되어 좋기는 하지만 시키는 것만 하는 수동적인 모습이 걱정이 된다.'라고 보고한다. 아동마다 발전 속도가 다르며, 때로는 노력해도 잘 되지 않는 부분이 있다. 아동의 더디고 다소 제한적인 경과는 치료사와 양육자를 모두 지치게 하고 실망시킬 수 있다. 하지만 이때 가장 힘든 것은 아동임을 기억해야 한다. 아동의 발전하는 모습에 '조금만 더'라며 욕심이 생길 수 있지만 각 아동마다 자신에게 맞는 발달 속도가 있다. 내 아이의 장점과 단점, 좋아하는 것과 잘하는 것을 파악해서 행복하게 커 가도록 격려해 주는 것이 중요하다.

친구들과 함께하는 집단치료에서는 개별치료에서 나타나지 않았던 행동을 보이기도 하고 나타날 것으로 예상했던 행동들이 보이지 않을 때도 있다. 그렇기 때문에 섣부른 예측은 지양하고, 지속적인 치료, 가정과 연계된 치료, 개별과 집단 등 여러 형태의 치료가 필요하다. 특히 초등학교는 다양성과 구조적인 면이 동시에 존재하는 세계이며, 초등학교 입학 시기는 아동들이 그러한 세계로 발을 딛는 중요한 전환점이 되는 시기이다. 이전보다 명확한 규칙이 있으며 자발성이 요구된다. 또한 그 안에서 상황에 따라 융통성 있게 대처할 수 있어야 한다. 그렇기 때문에, 우리 아이들은 매우 큰 정신적 스트레스와 육체적 고단함을 겪게 되며, 이러한 환경에 대한 적응을 통해 몰라보게 성장하게 된다. 따라서 취학 전이 집단 프로그램을 통하여 입학 전·후 학교라는 장소를 충분히 사전 경험하는 것은 아이들의 학교 적응에 매우 큰 도움이 될 수 있다.

4년 동안 취학 전이 집단 프로그램을 진행해 보니 취학 전 해 가을부터 초등학교 2학년까지 꾸준히 하는 개별 및 집단 치료가 아동의 초등학교 적응에 많은 도움이 되는 것을 보게 되었다. 모든 부모님이 '할 수 있겠지.' '할 수 있을 거야.'라고 막연히 기대하기보다는, 초등학교 적응을 구체적, 실제적으로 도와줄 수 있는 프로그램에 적극적으로 참여하여 성공적으로 적응할 수 있기를 바란다.

제8장

발달장애아동의 약물치료

1. 발달장애아동

발달장애 혹은 발달지연 등 여러 가지 용어가 사용되고 있는데, 법에서, 의학에서, 교육(특히 특수교육)에서 규정하고 있는 것들이 조금씩 다를 수 있어 일반인들은 혼란을 가질 수 있다. 또한 국가마다 포함하는 발달장애가 다를 수 있기 때문에 또 다른 혼란을 주기도 한다. 먼저, 의학(특히 정신의학)에서 보면 신경발달장애라는 범주에 지적장애(=정신지체), 자폐스펙트럼장애, 특정발달장애(학습장애, 운동장애, 의사소통장애), 주의력결핍-과잉행동장애(ADHD)를 포함한다. 이들은 대개 유전적인 소인과 함께 선천성으로 유아기 혹은 청소년기 초기에 발달지연이나 이상을 초래하는 공통점을 갖는다. 두 번째로, 최근 제정된 「발달장애인지원법」에는 지적장애와 자폐스펙트럼장애만을 규정하고 있다. 세 번째로, 교육(특수교육) 쪽에서는 별도로 구분하고는 있지 않지만 대체로 자폐스펙트럼장애, 의사소통장애, 정신지체, 학습장애, 정서행동장애, 발달지체를 여기에 포함시키고 지체장애, 건강장애, 청각장애, 시각장애는 별도로 구분하는 경향이 있다.

따라서 흔히 발달장애아동이라고 하면 지적장애, 자폐스펙트럼장애, ADHD(=정서행동장애에 포함시킴)와 의사소통장애(흔히 언어장애로 부름)를 갖는 아동들을 말하는 경우가 많다.

2. 발달장애아동의 약물치료

아동·청소년의 발달장애를 포함한 정서행동 문제를 치료하기 위해 약물치료를 시행한 것은 약 80여 년 전 1937년 미국에서 브래들리(Bradley)가 행동장애 소년들에게 벤제드린(benzedrine)을 투여하여 학습이 향상되고, 산만한 행동이 줄어드는 것을 발견한 후부터이다. 하지만 과학적 토대를 바탕으

로 한 제대로 된 연구는 30년이 지나서야 처음으로 이루어졌다. 이후 1970년
대에 들어 아동·청소년 정신의학에서 많은 것이 변하고 발전하면서 이들에
대한 약물치료의 비중이 높아지고는 있으나 아직도 여러 문제점을 가지고
있다.

그것은 대개 아동들이 발달 과정에 있기 때문에 발생하는 문제이거나, 이
들을 대상으로 하는 연구가 부족한 것에서 기인하는 경우가 많다. 그 이유로
지적되는 것으로 약물의 효과, 안정성, 부작용에 관한 연구가 성인에 비해
부족한 것, 발달에 어느 정도 영향을 미칠 것으로 추측되지만 장기추적 연구
가 부족한 점, 전통적으로 양육 등 환경적인 요인이 중요시되어 약물치료가
간과되어 왔다는 점 등을 들 수 있다.

하지만 최근 아동들의 발달장애를 포함한 여러 정신장애에 있어 약물치
료가 많은 변화와 발전을 이루었다. 그 요인으로 최근 뇌과학의 급격한 발전
에 근거한 약물치료의 중요성이 부각된 점, 미국을 중심으로 아동을 대상으
로 하는 정신약물학 영역에 대해 정부가 연구를 적극 지원하고 있는 점, 지
나치게 엄격한 규제에 의해 아동들에 대한 약물연구가 부족했는데, 이를 촉
진하기 위한 규정이나 제도 개선이 이루어지고 있는 점, 약물치료에 대한 전
문가뿐 아니라 일반인들의 관심이 고조되고 있는 점 등이 거론되고 있다. 물
론 국내에서는 이러한 규제를 줄이기 위한 법/제도의 개선이나 정부의 연구
지원 등은 아직 이루어지고 있지 않지만, 최근에 약물치료에 대한 여러 가지
변화와 관심은 늘어나고 있다.

3. 약물치료에서 의사들의 고려사항

의사가 임상에서 약물치료를 시행함에 있어서, 고려해야 하는 점들을 다
음과 같이 제시할 수 있다. 첫째, 적응증으로 어떨 때 약을 사용하는가 하는
것이다. 둘째, 약의 치료 효과에 대한 분명한 증거가 있는가 하는 점이다. 셋

째, 치료 작용의 기전, 즉 약이 어떻게 효과를 나타내는지 하는 원리를 고려해야 한다. 넷째, 아동들에서 약이 어떻게 흡수되고 빠져 나가며 어디서 대사가 되는가를 고려한다. 다섯째, 용량 및 용법으로 어느 정도 양을, 어떤 간격으로 어떻게 줘야 하는가 하는 점이다. 먹는 건지 코로 들이마시는 건지, 근육주사인지 정맥주사인지, 하루 1번인지 3번인지, 아침인지 저녁인지 등이다. 여섯째, 동일한 약제라고 할지라도 함량에 따른 약제, 제형 혹은 작용시간, 투여 방법 등에 따라 다양한 약제가 시판되고 있으므로 어떤 약을 선택할지 하는 점이다. 또한 가격도 중요한 고려사항이 될 수 있다. 이와 함께 약제의 편이성, 부작용 발생 정도, 가용성 등 여러 가지를 함께 고려한다. 일곱째, 부작용에 대한 것으로, 이는 모든 약물에서 효능과 마찬가지로 피할 수 없는 것이다. 의사가 약물치료를 시행할 경우, 처방에 따른 득실을 고려하여 결정하는 것이고, 가능한 한 부작용을 예방하거나 줄이기 위한 주의를 기울이는 것이 필요하다. 당연히 의사는 부작용을 줄이기 위한 노력들, 예를 들어 용량을 천천히 증량하는 방법, 지나치게 많은 양을 피하는 것 등을 할 수 있다. 또한 만일 피할 수 없는 부작용이 발생했을 때, 어떻게 하는 것이 가장 적절한 방법인지를 모색하는 것이 필요하다. 여덟째, 지나치게 많은 양의 약을 사용했을 때 나타날 수 있는 독성에 대해 고려해야 한다. 그 외에도 갑자기 중단했을 때 나타날 수 있는 금단 효과, 약물 상호작용, 검사 소견에 대한 영향, 금기 사항, 자살 목적 혹은 과용량 복용 시 위험성, 남용 가능성 등을 염두에 두고 시행한다. 아홉째, 약물치료를 시작하기 전 시행해야 하는 초기 의학적 평가, 추적 방법, 듣지 않을 때 사용할 대체약물, 치료 기간 등도 고려해야 한다. 마지막으로 열째, 식약청 지침에 대해서 설명하면 이것은 보통 약물 포장지 속에 있는 내용 설명서로 요약된다. 하지만 일반인들이 흔히 생각하듯이 이것이 반드시 의사들의 처방 행위를 결정하는 것은 아니다. 이것은 제약회사에서 약제를 판매하기 위한 허가 사항이기 때문에 반드시 진료현장에서 따라야만 하는 것은 아니다. 의사들은 이것을 참고로 여러 최신 연구논문, 학술발표, 임상경험 등을 고려하여 자신의 진료행위를 수행한다.

하지만 만일 분쟁이 발생할 경우, 가장 중요한 지침으로 활용될 수 있다.

약물치료에서 고려할 사항은 이와 같은데, 발달장애아동의 약물치료에서 모든 의사가 이 모든 것을 모두 통달할 수는 없겠지만, 대신 이 가운데 몇 가지 핵심적으로 중요한 사항들은 반드시 지켜야 한다. 그리고 여기에 열거되지 않았지만, 발달장애아동의 진단 및 목표 증상이나 행동, 발달학적 측면, 부모 요소, 신체적 조건, 다른 치료 혹은 교육 수행 여부, 기타 환경적 상황 등이 중요하게 고려되어야 한다.

4. 지적장애아동의 약물치료

지적장애아동들이 초등학교에 들어가기 전에는 대개 말이 늦고 아이들과 어울리는 것이 어렵다. 학교에 들어가서는 학업을 수행하거나, 사회기술의 습득과 자조 능력이 늦어짐으로 해서 자존감이 낮고, 과제를 회피하거나 수동적 태도, 우울감, 공격적 행동이 많이 나타난다. 청소년기가 되면 어느 정도 적응을 해 나가지만, 어려서부터의 수동적이거나 공격적 행동이 계속되기도 한다. 그렇기 때문에 이러한 부적응을 방지하기 위해서는 긍정적인 자아상을 심어 주도록 노력하고, 스스로 자신의 가치를 느낄 수 있도록 도와야 한다. 따라서 이런 경우에는 상담이나 지지적 정신치료가 필요한 경우가 많다. 때로는 이들이 여러 정서행동 문제를 포함한 정신질환을 앓게 되는 수가 많은데, 이를 위해 행동수정 요법에 근거한 여러 가지 프로그램이 개발되어 시행되기도 한다.

지적장애아동의 치료에 대해서는 기술(skills) 발달, 자조기술 가르치기, 문제행동 다루기, 지적장애에 특정적인 문제들, 약물치료, 부모상담, 아직 공인되지 않은 방법 등이 있다. 이를 간략하게 소개하면, 첫째, 기술 발달을 위한 방법들로 조성, 과제 분석, 연결, 격려 및 점차 줄여 나가기, 일반화 등이 있다.

둘째, 자조기술 가르치기에서는 대소변 훈련, 식사, 옷 입기 및 치장하기 그리고 사회기술(대화할 때 눈 맞춤부터 문제해결, 집단에 참여하기 등 다양함)이 있다.

셋째, 문제행동 다루기가 핵심일 수 있는데, 응용행동분석(ABA)기법을 기본으로 기초선 자료 수집, 바람직한 행동 늘리기 기법, 잘못된 행동 줄이는 방법으로 나눌 수 있다. 바람직한 행동을 늘리는 방법으로는 긍정 및 부정 강화를 적절하게 사용하는 것이다. 중요한 것은 목표행동 설정, 적절한 강화물의 선택 및 적절한 적용 등이다. 잘못된 행동을 줄이는 방법으로 변별 강화, 소거, 반응대가, 타임아웃, 그 외에 과잉교정, 얼굴 가리기 등이 있다.

넷째, 지적장애에 특정한 문제로 자해행동, 상동행동 등이 있는데, 앞에서 이야기한 과잉교정, 얼굴 가리기 등과 함께 장갑 끼우기 등의 방법들이 연구되었다. 다섯째, 약물 투여를 통해 자해, 상동증, 난폭행동, 과잉행동 등의 증상을 완화시키기도 하는데, 미국의 경우 공립학교에서 7~15%, 지역사회에서 25~40%의 아동들이 약물치료를 받고 있는 것으로 알려져 있다.

5. 자폐스펙트럼장애아동의 약물치료

자폐스펙트럼장애는 생후 초기부터 시작하여 만성 경과를 밟는 질병이며, 따라서 장기간의 치료가 필요하고 그 시기에 필요한 치료를 적합하게 선택하는 것이다. 자폐스펙트럼장애가 완쾌되는 것은 아니지만, 치료 목표를 상태에 따라 단기 및 장기로 나누어 설정하는 것이 필요하고, 영국의 소아정신과 의사인 러터(Rutter) 박사는 자폐스펙트럼장애 치료의 일반적 목표를 다음과 같이 다섯 가지로 나누고 있다. ① 정상 발달, 특히 인지, 언어 및 사회성을 촉진한다, ② 학습과 문제해결 능력을 증진시킨다, ③ 학습을 방해하는 행위를 감소시킨다, ④ 가족들이 자폐스펙트럼장애에 대처하는 데 보조한다, ⑤ 동반된 정신질환을 치료한다는 목표이다.

이러한 목표는 광범위해서 각각에 대해 단기적, 장기적으로 나누어 좀 더 구체적인 목표를 설정하는 것이 필요하다. 앞에서도 논의했지만, 자폐스펙트럼장애의 치료에는 다양한 방법이 이용되는데, 자폐스펙트럼장애아동을 치료하는 데 광범위하기 때문에 다양한 전문가의 다학제적 접근이 필수적이다.

　의학적 접근도 자폐스펙트럼장애의 치료에 협력하는데, 주된 관심은 약물치료에 집중된다. 물론 그 외에 의학적 접근이나 고려들이 있을 수 있다. 아직 자폐스펙트럼장애나 관련된 발달장애아동들을 치료하기 위해 공식적인 허가를 받은 치료제는 많지 않다. 이들에게서 약물치료를 시행할 때는 이러한 점을 인식한 후에 다른 치료 및 교육 훈련에 병행하여 사용하는 것이 필요하다. 자폐스펙트럼장애아동에서 약물치료에 앞서 우선 평가척도를 이용한 이들의 증상에 대한 객관적인 평가가 필요하다. 그리고 자폐스펙트럼장애에 대해 특정하게 치료를 목표로 하는 치료법이 아니기 때문에 전반적인 적응력을 촉진하기 위한 교육적, 환경적, 사회적인 접근들과 함께 약물치료가 이용될 수 있는 것이다. 흔히 자폐스펙트럼장애아동에서 약물치료를 필요로 하는 경우는 대개 과잉활동, 분노발작, 자극민감성, 위축, 상동증, 공격성, 자해행동, 우울, 강박행동 등의 목표 증상들이 있다. 이 증상들은 연령에 따라 다소 다른 모습을 보이는데, 아동기 초기에는 과잉활동, 자극민감성, 분노발작이 두드러지는 데 비해, 후기에는 공격성과 자해행동이 두드러진다. 청소년기와 성인기에 이르러, 특히 기능 수준이 높은 경우, 우울이나 강박 행동이 문제가 된다. 그동안 임상 경험과 연구 결과를 통해서 얻어진 결론은 약물치료에 의해 특수교육이나 혹은 다른 심리사회적 치료법의 효과를 증진시키며 학습을 촉진할 수 있다는 것이다. 따라서 자폐스펙트럼장애아동 및 청소년의 약물치료는 단지 부모나 의사들만의 관심사가 아니고, 교사나 관련 치료자들도 효과적인 치료 효과를 얻기 위해 잘 알아야 할 치료 방법이다.

1) 항정신병 약물들

1970년대 초까지 자폐스펙트럼장애는 아동기 정신병 혹은 아동기 조현병으로 간주되어 이들 질병의 치료에서 시도되거나 사용된 약제들이 한동안 처방되었으나, 현재는 더 이상 사용되고 있지 않다. 하지만 1970년대 후반 할로페리돌과 같은 항정신 약물이 널리 연구되었는데, 현재는 사용이 줄었지만, 여전히 자폐스펙트럼장애 환자의 약물치료에서 사용되고 있다. 2000년대 들어 미국 소아정신약물팀의 연구가 발표된 이후 비슷한 계열의 비전형 항정신병 약물로 리스페리돈, 아리피프라졸 등 몇몇 약들이 현재 널리 사용되고 있다.

2) 세로토닌 재흡수 차단제들(SSRIs)

비교적 최근(1990년대)에 개발된 새로운 약물들로서 우울증을 포함하여 여러 질환에서 널리 사용되고 있다. 여기에 속한 여러 약제가 있는데 우울증이나 강박증, 자폐스펙트럼장애에서 항상 하던 일이나 의식적인 행위가 중단될 때 나타나는 불안이나 공격적 행동에 대해 효과를 일부 보인다.

3) 중추신경자극제 및 알파촉진제

이들 약물은 1970년대 시행된 초기 연구에서는 별로 긍정적인 결과를 얻지 못했는데, 2000년대 이후 새롭게 시도된 연구들에서 긍정적인 효과를 보여 주면서 최근 널리 쓰이고 있다.

4) 새롭게 주목받고 있거나 시도되는 약물들

첫째, 세크리틴이라는 일종의 위장 호르몬의 하나이다. 이것이 자폐스펙트럼장애 치료에서 관심을 갖게 된 것은 1996~1997년경 미국에서 우연히 배가 아파서 이 호르몬 주사를 맞은 자폐스펙트럼장애아동의 자폐 증상이 호전되는 것을 관찰한 부모가 소아과 의사에게 이러한 사실을 의논했으나, 소아과 의사는 아직 입증되지 않았다고 해서 자폐스펙트럼장애 치료에서의 약 처방을 거부했다. 이에 부모는 다른 기관에 처방을 허락해 줄 것을 호소하고, 그러는 가운데 사회적 · 의학적으로 관심을 끌게 되었다. 그동안 많은 갑론을박의 연구 결과들을 바탕으로 현재 권고되는 치료약물은 아니다. 둘째, 멀타자핀이라는 새로운 우울증치료제, 라모트리진이라고 하는 항경련제(간질치료제), 아만타딘이라는 글루타민계에 작용하는 약물들이 현재 연구 중에 있으나 결과는 좀 더 기다려 봐야 한다. 셋째, 신경면역치료 혹은 항생제 투여 등이 동물실험 연구 등의 결과를 인용하여 간간이 소개되곤 하지만 아직 결론을 내리기는 시기상조이다.

5) 학술적으로 검증되지 않은 치료제들

첫째, 비타민 비(vitamin B), 비타민 C가 관련이 있다고 하여 오랫동안 사용되었으나 여전히 검증된 것은 아니다. 둘째, 항경련제도 일부 사용되었으나 크게 효과가 검증된 결과는 없고, 일부에서 자극민감성, 불면, 과잉활동에서 효과가 있다고 제시된 적이 있다. 셋째, 제독요법(detoxification)은 예전부터 수은을 비롯한 중금속이 체내에 지나치게 쌓여 여러 질병이나 증상을 일으킬 수 있기 때문에 제독요법을 통해 몸속의 중금속을 제거하여 병을 치료한다는 이론에서 출발하였다. 가장 널리 알려진 것으로 '홍역-볼거리-풍진(MMR) 예방접종약'에 들어가는 첨가제인 티메로살(thimerosal)이 영아에게서 수은 중독을 일으킬 수 있고, 이것이 자폐스펙트럼장애의 한 원인일 수 있다는 주장으로 인해 전 세계적으로 많은 논란이 있었다. 이에 불안한 부모들이 집단적으로 MMR 예방접종을 거부하기도 하였다. 이것이 문제가 되어 십 수년 동안 무려 100개 이상의 논문과 논의가 학술 잡지에 게재될 정도로 뜨거운 논쟁을 벌였지만, 이 주장은 잘못된 것으로 결론이 났고, 이들 논문은 학술잡지에서 삭제된 상태이다. 하지만 여전히 '안아키' 부모들처럼 일부에서는 여전히 이러한 사실을 신봉하고 있고 제독요법은 현재 자폐스펙트럼장애 치료에서는 시행하지 않는 것으로 결론짓고 있다. 넷째, 여러 대사물질, 국내에서 가장 널리 알려졌던 것으로 BH4 등이 있는데 학술적으로 검증하였으나 효과가 없는 것으로 결론짓고 있다. 다섯째, 식사요법으로 자폐스펙트럼장애의 원인으로 추정되는 물질이나 대상과정에 관여하는 체내의 독성물질을 줄이거나 제거하는 방법인데 아직 검증된 것이 없다.

결론적으로, 자폐스펙트럼장애 진단이 내려지면 여러 각도와 차원에서 아동의 강점, 약점, 결함을 찾아야 한다. 치료는 다학제적 접근이 필수적인데 여기에는 특수교육을 중심으로 행동치료, 언어치료, 사회성 훈련 등 여러 가지가 동원되고 협력을 맺어야 한다. 앞에서 논의한 대로 약물치료의 역할은 증상의 완화 및 다른 치료를 잘 받을 수 있도록 도와주고, 지나친 과민반응을 조절해 줌으로써 부모가 양육하는 데 용이하도록 해 주는 것이다. 주된 구체적 목표는 자신이나 타인을 향한 공격적 행동, 과다활동, 상동증, 위축과 같이 아동이 기능하거나 학습하는 데 방해를 주거나 부적절한 행동들을 감소시키는 것이다. 그렇지만 자폐스펙트럼장애 전부에서 필요한 것은 아니고, 이들 가운데 일부가 필요한 기간 동안 만큼만 약물치료를 필요로 한다. 투약하기 전에 철저한 평가가 우선되어야 하고, 약물치료를 시작하게 되면 관찰 가능한 변화와 부작용의 발생에 대해 모니터해야 한다. '언제까지 약을 복용할 것인가?' 하는 문제를 결정하는 것이 쉽지 않은데, 대략 4~6개월마다 중단하고 평가하는 것이 일반적으로 권고되고 있다. 약물치료는 자폐스펙트럼장애아동의 일부에서 도움을 주는 것이 분명하고, 이것의 득과 실을 저울질하여 시행 여부를 결정하는 것이 중요하다. 또한 자폐스펙트럼장애가 아직 원인이 확실하게 밝혀지지 않았기 때문에 조심스럽게 다양한 약물 투여를 시도해 보는 것도 필요할 수 있다. 하지만 그렇다고 해서 이미 불필요하거나 효과가 없는 것으로 결론이 난 치료법까지 사용해 보라는 것은 아니다. 그리고 약물치료를 할 때 반드시 다학제 접근이라는 대원칙에서 협력하여 이루어져야 할 것은 두말할 나위가 없다.

6. 발달장애아동의 약물치료 시작

언제부터 어떤 기준으로 약물치료를 시행할 것인지를 결정하는 것은 매우 어려운 일이다. 안동현은 자신의 저서에서 ADHD 아동의 약물치료에 대해 다음과 같이 제시하고 있다(안동현 외, 2015, p. 80).

> 약물치료를 언제, 어떤 기준으로 시작할지 여부에 대해 구체적인 기준은 제시되고 있지 않다. 영국 및 유럽(EU)은 다소 보수적인 경향을 보이고 있는데(NICE지침, 2009; Taylor et al., 2004), 최소한 DSM-IV 기준에 부합할 것, 사회심리적 치료만으로 충분하지 않을 때, 증상 및 지장이 심할 때, 혹은 비약물치료를 거부하고 중등도 이상의 증상 및 지장을 가질 경우에 시행할 것을 권고하고 있다. 하지만 일반적으로 학령전기 아동의 경우는 약물치료를 우선으로 하지 않는다. 하지만 미국 소아과학회 진료지침을 보면(AAP, 2011), 학령전기 아동이라고 하더라도 중등도 이상의 역기능을 갖는 ADHD 아동에서 1) 적어도 9개월 이상 증상이 지속할 경우, 2) 가정 및 유치원 등에서 역기능이 두드러질 경우, 3) 행동치료에 적절하게 호전되지 않을 때 약물치료를 시행할 것을 권고한다.

즉, 아동 증상(행동)의 심각한 정도를 우선적으로 고려해야 한다. 이와 함께 이러한 행동이나 문제로 인해 생활에서 어느 정도 지장을 받는지 아동이 힘들어하는지를 함께 고려해야 한다. 대개 심하지 않는 경우(경도, mild)에는 이로 인한 지장이나 고통도 적기 때문에 약물치료를 2차 혹은 3차로 고려하는 수가 많다. 먼저, 행동치료 등 비약물적 치료를 먼저 시행하도록 한다. 두 번째는 아동의 연령을 많이 고려한다. 대개 약물치료는 만 6세 이후에 시행한다. 드물게 그 이전에도 약물치료를 시행하는 수가 있지만, 아동의 증상이나 행동이 상당히 심하거나 지장을 초래할 때가 아니면 행동치료, 부모상담 및 훈련 등을 먼저 수개월간 선행해 본다. 세 번째는 아동의 주된 문제가 어떤 것인가 하는 점이다. 만일 자폐스펙트럼장애아동의 경우 지나치게 파괴적이거나 과격하고 산만할 때 사실 치료 혹은 교육이 적절하게 이루어지기 어려울 때가 많다. 이럴 때 적절하게 약물치료를 시행하게 되면 행동조절이 이루어지면서 보다 좋은 치료 혹은 교육 효과를 보일 수가 있다. 하지만 반대로 ADHD는 있지만, 아동의 주된 문제가 반항적 행동 혹은 불안일 때는 약물치료보다는 행동치료 등이 우선적으로 선택된다.

약물치료를 시행할 경우 안동현은 다음과 같은 선행 고려사항을 언급하고 있다(안동현 외, 2015, pp. 80-81).

치료 시작 전에 약물의 효과와 한계에 대해 설명해 주고, 반드시 적절한 교육 혹은 행동수정 프로그램이 배려된 후에 투여하도록 한다. 약물의 선택은 아동의 평가를 바탕으로 연령, 증상의 특성, 공존질환 여부 및 유형, 증상 및 지장의 심각도와 함께 여러 약물의 특성-효능(효과의 크기, effect size: ES), 지속 시간(약역학 및 역동학 특성), 제형(속방형/서방형, 패치 등), 가격 등-을 고려하여 결정한다. MPH/AMP의 선택에서 특별히 반응에 대한 예측요인이 없기 때문에 대부분 의사의 선호도에 의한다. 약물의 효과의 크기(ES)는 각성제가 1.0(혹은 0.91~0.95), 아토목세틴 0.7(혹은 0.62), 베타차단제 0.7 정도로 제시된다(AAP, 2011; AACAP, 2007). Seixas 등(2012)에 의하면 암페타민 혼합제에 대해 검토한 진료지침 가운데 3개는 권고하지 않고 있고, 아토목세틴에 대해서는 진료지침마다 조금씩 다른데 흔히 약물남용, 불안, 틱, 늦은 저녁의 증상 악화, 성장 저해, 혹은 불면이 있을 때 선호하고 있다고 하였다. 하지만 많은 진료지침에서 1차 선택약으로 제시하고 있다.

7. 약물치료의 중단과 지속

약을 언제까지 사용할 것인지를 결정하는 것도 매우 어려운 일이다. 대개 약물치료가 도움이 되는지, 효과가 있는지, 아동이 약을 견디어 내는지를 판단하기까지는 대략 2~3개월 정도의 기간이 필요하다. 이때까지 빠르면 1주일 간격으로 혹은 2~3주 간격으로 약 용량을 조절해 가면서 효과 및 부작용 등을 체크한다. 적정 용량(optimal dose)을 찾게 되면 짧게는 6개월에서 길게는 약 2년 정도를 유지해 나간다.

그러고 나서 약을 줄이거나 혹은 중단하고 주의 깊게 행동을 평가한다. 이때 경우에 따라서는 증상이나 행동에 대한 검사를 시행하는 수도 있다. 이때도 짧게는 2주~1달, 길게는 3~6개월 정도 경과를 관찰하거나 아니면 검사 소견 등을 참조하여 약을 계속 중단할 것인지 혹은 다시 복용하도록 할지를 결정한다.

8. ADHD 아동의 약물치료 원칙

부모나 교사에게 ADHD 아동들에게 약을 투여하여 치료를 한다고 하면 의아해하거나 반대부터 하는 수가 많다. 하지만 이 아동들의 약 70~80% 정도에서 매우 효과가 있다. 그러다 보니 미국의 경우, 비록 한 지역이지만 그 지역 공립초등학교 전체 학생의 약 6%가 약물치료를 받고 있다는 놀라운 보고가 있다(물론 지나치게 ADHD 진단이 남용되고 약을 너무 쓴다는 비판 또한 있다). 국내에는 아직 정확한 통계가 없지만 점차 그 사용량이 늘고 있는 것은 분명하다. 그 이유에 대해 몇 가지로 설명하고 있는데, 가장 많은 이유로 ADHD의 인지도가 높아진 점, ADHD의 발병률이 증가한 점, ADHD를 진단하는 방법 및 처방할 수 있는 약물의 용이함이 제시되고 있다. 그 외에도 치료 기간이 길어진 점, 청소년 및 성인들이 포함된 점, 그리고 학습장애, 여성 및 주의산만 우세형의 포함 등도 거론되고 있다. ADHD의 치료에 있어 약물의 효과와 필요성에 대해서는 전 세계 대부분의 진료지침은 물론 수많은 논문을 포함한 자료에서 의심의 여지가 없다.

1937년 미국의 브래들리(Bradley) 박사에 의해 지금의 진단으로 보면 ADHD로 추정되는 아동들에게 벤제드린이라는 약을 투여하여 놀라운 효과가 관찰되었다. 이후 수많은 연구가 ADHD의 약물치료와 관련하여 수행되었고, 여러 약제가 처방되지만 가장 효과적인 것으로 중추신경자극제(각성제)로 덱스트로암페타민, 메틸페니데이트 두 계열의 약물과 최근 비각성제로 개발된 아토목세틴이 있다. 그 외에 일부에서만 허가되어 제한적으로 사용하는 항우울제, 알파효현제 등이 이차 선택약물로 사용된다. 이 약은 일반적으로 알려진 정신건강의학과에서 사용하는 것과 달리 졸림이나 습관성이 없고, 매우 안전한 것으로 알려져 있다.

약물치료를 언제, 어떤 기준으로 시작할지 여부에 대해서는 이미 앞에서 논의하였다. 대체로 만 6세가 넘어 시작하는 것이 일반적이지만 그보다 어린 경우에도 너무 증상이 심하거나 아동이 겪는 지장이 심한 경우 허가 외 처방(off-label)으로 사용하기도 한다. 약물치료 시작 전에 앞서 고려해야 할 것에 대해서도 이미 앞에서 설명하여 여기서는 생략한다.

약물치료의 원칙은 다음과 같이 제시할 수 있다. 먼저 약물의 선택은, 첫째, 중추신경자극제(각성제) 혹은 아토목세틴을 1차 선택약으로 선택한다. 둘째, 아동 및 약물의 특성(효능, 지속 시간, 제형, 가격 등)을 고려하여 선택한다. 셋째, 속방형과 서방형 선택에서 가격 문제를 제외하면 서방형 제제가 우선된다. 넷째, 공존질환 혹은 증상(예: 틱, 불안/우울, 폭력)을 고려하여 우선순위를 정한다. 다섯째, 선택약이 효능이 부족하거나, 부작용이 심하면 다른 1차 선택약으로 변경한다. 여섯째, 결과가 만족스럽지 않으면 1차 선택약 2개를 중복하거나(예: MPH 서방형제+속방형제 혹은 MPH+ATX) 혹은 2차 선택약(허가 외 품목)으로 변경한다. 최근에는 1차 선택약에 알파효현제 등 2차 선택약을 병행하는 것도 일부에서 권고하고 있다.

두 번째로 약물의 시작은, 첫째, 아동과 부모에게 약물의 효능, 부작용, 및 제한점에 대해 설명한다. 둘째, 아동 및 부모에 대한 적절한 교육/상담과 병행하며 약물을 사용한다. 셋째, 구체적인 특정 목표 증상을 설정하고, 객관적 평가를 시도한다(예: 평정척도). 넷째, 기저선 평가로 아동의 키, 몸무게, 혈압, 맥박을 측정한다. 다섯째, 기타 검사(예: 심전도, 뇌파검사) 시행 여부는 고위험 요소가 있는 경우에 한해서 시행한다.

세 번째로 약물 처방의 실제(MPH 중간형/서방형을 기준으로)를 보면, 첫째, 초기 용량으로 아침(흔히 식후)에 1회, 5mg을 사용한다. 둘째, 용량 조절은 3~7일 간격으로 조절하는데, 보통 5mg씩 증량하여, 최적의 용량을 정하도록 한다. MPH의 경우, 체중이 25kg 미만의 아동의 경우 35mg을 넘지 않도록 하고, 최대 60mg까지 허용된다. 콘서타(Concerta)의 경우 13세 미만은 54mg, 이상의 경우 72mg까지 허용되지만 실제 더 고용량을 사용하기도 한다. 아토목세틴은 체중 대비 1.4mg/kg이 최대 허용량이다. 셋째, 호전 여부는 부모/교사의 목표 증상의 변화에 대한 평가, 평정척도가 이용된다. 넷째, 용량 조절의 지표로 객관적 검사(예: CPTs)의 사용은 타당도 부족으로 제한적이다. 다섯째, 증상이 충분히 호전되거나, 부작용으로 증량이 어렵거나, 최대 용량에 도달할 때까지 증량한다. 여섯째, 금기사항은 정신병, 녹내장, 간질환, 약물의존이 있는 경우에 해당하므로 반드시 상의하도록 한다. 일곱째, 약물로 충분한 치료 효과가 없을 경우, 진단을 주의 깊게 재검토하고, 다른 치료법을 병행할 것을 고려한다. 여덟째, 약물에 적정 반응을 보이지 않거나, 공존질환이 있거나, 혹은 가족 간 스트레스가 상당한 경우 약물치료와 함께 사회심리적 치료를 병행하도록 한다.

마지막으로, 약물 투여의 기간과 관련한 사항으로는, 첫째, 추적 방문은 최적 반응이 유지될 때까지 1달, 이후는 3개월 간격도 가능하다. 둘째, 목표에 도달하고 안정적이 되면 2~3년 정도는 유지한다. 셋째, 유지 기간이 지나면, 일정 기간(4~6주) 약을 중단하고 증상의 변화 여부를 평가한다. 평가에 따라 약물치료의 지속 여부를 정기적으로 결정한다. 증상이 계속되거나 기능장애가 지속하는 한 약물치료를 지속한다. 넷째, 약물휴일(drug holiday) 은 논란이 있는데, 성장저해가 없으면 시행하지 않는다.

참고문헌

김수정(2009). 가족치료놀이. 경기: 공동체.

김애화, 김의정, 김자경, 최승숙(2012). 학습장애 이론과 실제. 서울: 학지사.

박랑규, 박응임, 안동현, 왕석순, 이숙, 이정숙, 장미경, 정승아, 정혜정, 조용범 (2011). 아동심리치료학개론. 서울: 학지사.

박랑규, 안동현(2013). 내일을 기다리는 아이. 서울: 이랑.

성영혜(2002). 치료놀이 3. 서울: 형설출판사.

성영혜, 오지현, 홍정희, 김송아(2009). 엄마아빠와 함께하는 치료놀이. 서울: 시그마프 레스.

안동현, 김봉석, 두정일, 박태원(2015). ADHD의 통합적 이해. 서울: 학지사.

안동현, 김봉석, 두정일, 박태원, 반건호, 신민섭, 신윤미, 양수진, 이성직, 이소영, 이 재욱, 임병호, 정유숙, 천근아, 홍현주(2015). ADHD의 통합적 이해. 서울: 학지사.

Bender, W. N. (2007). 학습장애 학생을 위한 차별화 교수법. 김자경, 김기주 공역. 서울: 시그마프레스. (원전은 2002년에 출간).

Dora, M. K. (2012). 도라 칼프의 모래놀이. 이보섭 역. 서울: 학지사.

Gallo-Lopez, L., & Rubin, L. C. (2017). 자폐아동, 청소년을 위한 놀이기반 심리치료. 박 랑규, 윤진영, 정은주, 이은주, 김나영, 박은선, 정나영 공역. 서울: 시그마프레스.

Hanen Early Language Program (1999). *More Than Words*. Ontario: Fern Sussman.

Hometer, L. E., & Sweeney, D. S. (2014). 모래상자치료 임상지침서. 정경숙, 우주영, 정미나 공역. 서울: 학지사.

Jernberg, A. M., & Booth, P. B. (2005). 테라플레이 놀이치료. 김태련, 박랑규, 윤진영 역. 서울: 학지사.

Laugeson, E. A., & Frankel, F. (2013). PEERS 부모와 함께하는 자폐스펙트럼장애 청소년 사회기술훈련. 유희정 역. 서울: 시그마프레스. (원전은 2010년에 출간).

Turner, B. A. (2009). 모래놀이치료 핸드북. 김태련, 강우선, 김도연, 김은정, 김현정, 박랑규, 방희정, 신문자, 신민섭, 이계원, 이규미, 이정숙, 이종숙, 장은진, 조성원, 조숙자 공역. 서울: 학지사.

MEMO

저자 소개

박랑규(Park, Ranggyu)

이화여자대학교 심리학 석 · 박사
전 한국자폐학회, 한국발달지원학회 회장
  UCLA Center for Autism Research and Treatment,
  Northwestern University Communication Sciences and Disorders 방문심리학자
  이화여자대학교 교육대학원 교육학과, 한양대학교 대학원 아동심리치료학과 겸임교수
현 아이코리아 아동발달교육연구원 원장

안동현(Ahn, Donghyun)

서울대학교 의학박사(정신의학 전공) 및 서울대학교병원 전공의과정 수료
전 대한소아청소년정신의학회, 한국자폐학회, 한국아동권리학회, 한국가족치료학회 회장
현 한양대학교 정신건강의학과 교수, 한양대학교병원 발달의학센터장

유희정(Yoo, Heejeong)

경희대학교 의과대학 및 대학원 석 · 박사
전 경상대학교병원, 경상대학교 의과대학 교수
  UCLA Center for Autism Research and Treatment 방문교수
현 서울대학교 의과대학, 분당서울대학교병원 정신건강의학과 교수

어수지(Euh, Suji)

성신여자대학교 교육대학원 교육학 석사
나사렛대학교 언어치료학 석사
우석대학교 심리운동학 박사 과정
언어재활전문가, 슈퍼바이저, 심리운동사
전 아이코리아 아동발달교육연구원 전임연구원

이솔(Lee, Sol)

이화여자대학교 심리학 학사
이화여자대학교 심리학 발달 및 임상 석사 수료
대한학습치료사협회 인지학습심리사
현 아이코리아 아동발달교육연구원 전임연구원

신혜민(Shin, Hyemin)

성균관대학교 심리학, 국어국문학 학사
한양대학교 아동심리치료학 석사
한국영유아아동정신건강학회 놀이치료사
현 아이코리아 아동발달교육연구원 연구원

발달장애아동 통합치료교육

Integrative Therapeutic Education for Children with
Developmental Disorder

2019년 5월 10일 1판 1쇄 인쇄
2019년 5월 20일 1판 1쇄 발행

지은이 • 박랑규 · 안동현 · 유희정 · 어수지 · 이솔 · 신혜민
펴낸이 • 김진환
펴낸곳 • ㈜ 학지사

04031 서울특별시 마포구 양화로 15길 20 마인드월드빌딩
대표전화 • 02)330-5114   팩스 • 02)324-2345
등록번호 • 제313-2006-000265호

홈페이지 • http://www.hakjisa.co.kr
페이스북 • https://www.facebook.com/hakjisa

ISBN 978-89-997-1823-6 93370

정가 16,000원

이 도서의 국립중앙도서관 출판시도서목록(CIP)은 서지정보유통지
원시스템 홈페이지(http://seoji.nl.go.kr)와 국가자료공동목록시스템
(http://www.nl.go.kr/kolisnet)에서 이용하실 수 있습니다.
(CIP 제어번호: CIP2019014372)

출판 · 교육 · 미디어기업 **학지사**

간호보건의학출판 **학지사메디컬** www.hakjisamd.co.kr
심리검사연구소 **인싸이트** www.inpsyt.co.kr
학술논문서비스 **뉴논문** www.newnonmun.com
원격교육연수원 **카운피아** www.counpia.com